# 2050
에너지 레볼루션

당신의 미래를 지배할 탈(脫)탄소 경제 전환과 ESG

**2050 에너지 레볼루션**

**초판 1쇄 발행** 2021년 9월 30일
**초판 2쇄 발행** 2022년 1월 17일

**지은이** 김기현 천영호

**발행인** 백유미 조영석

**발행처** (주)라온아시아
**주소** 서울특별시 서초구 효령로 34길 4, 프린스효령빌딩 5F

**등록** 2016년 7월 5일 제 2016-000141호
**전화** 070-7600-8230 **팩스** 070-4754-2473

**값** 18,000원
**ISBN** 979-11-91283-86-0 (03320)

# 2050 에너지 레볼루션

김기현·천영호 지음

RAON BOOK

## 추천의 글

• • •

최근 세계적으로 기후환경 변화에 관한 관심이 커지고 있다. 또한 신기후체제의 출범에 따라 지구의 평균온도 상승을 억제하기 위해 이산화탄소 등 온실가스의 저감 노력도 이루어지고 있다. 세계 각국의 탄소중립 선언이 이어지고, 이러한 큰 흐름 속에서 우리나라도 지난해 '2050년 탄소중립 선언'을 공표했으며 이를 위한 추진 전략이 발표되었다. 그에 따라 저탄소 에너지로의 전환도 우리가 생각하는 것보다 더 빠르게 이루어질 것으로 예상된다. 또한 지금은 코로나19 팬데믹으로 에너지 수요 감소와 4차 산업혁명의 가속화로 기존 글로벌 에너지기업들의 변신과 에너지 신산업에 따른 새로운 기업들의 부상도 두드러지고 있는 상황이다. 그러나 향후 실제로 탄소중립이 이루어지려면, 에너지 분야에서 혁명에 버금가는 큰 변화가 있어야 할 것이다.

이와 같은 변화의 시기에 미래를 준비하는 세대를 위해 에너지

산업 전문가들이 책을 발간하게 된 것을 기쁘게 생각한다. 다양한 관련 지식과 정보, 최근 정책 방향에 관해 서술하고 있는 이 책은 에너지를 바라보는 새로운 시각을 전해준다.

이미 다가온 기후위기와 에너지 대전환의 시기에는 분명 새로운 기회가 있을 것이며, 저자들이 제시한 것과 같이 에너지 변화를 알고 준비하는 사람은 성장하는 신사업에서 새로운 시각으로 그 기회를 찾을 수 있을 것이다. 이 책이 그 시작점이 될 수 있기를 바란다.

임종세 | 한국해양대학교 에너지자원공학과 교수/학과장

• • •

현재 세계 각국은 다투어 탄소중립을 선언하고 있으며, 우리나라도 2020년 10월 국회 시정연설에서 문재인 대통령이 탄소중립을 선언했다. 탄소중립이 우리가 가야 할 길이라는 점은 아무도 부정하지 않을 것이다. 다만 그에 소요되는 막대한 재원을 어떻게 마련하고 누가 부담할 것인지 결정하는 것은 우리의 숙제이며, 현재의 탄소중립 기술은 여전히 불확실하기에 기술개발을 위한 노력도 기울여야 한다.

탄소중립이 우리에게 기존과는 다른 길을 걷도록 강력하게 요구하고 있는 것은 분명하다. 그 과정에서 앞으로 혁명에 가까운 변화가 초래될 것이며, 엄청난 투자가 발생할 것이다. 이러한 시대적 변화의 흐름을 잘 읽고 적응한다면 번영하겠지만, 그렇지 못한다면 뒤처질 수밖에 없다.

이 책은 앞으로 다가올 이러한 변화의 흐름을 쉽게 이해시켜준다. 에너지 분야의 종사자가 아니더라도 중고등학생이나 일반인들도 반드시 알아야 할 내용들을 일목요연하게 체계적으로 소개한다. 특히 전 세계 리딩 에너지기업들의 변신 및 탄소중립 이행전략을 잘 다루고 있어, 우리에게 주는 시사점이 적지 않다.

나 역시 나름대로 에너지 분야에서 많은 연구를 수행하였기에 에너지에 대해 잘 알고 있다고 생각해왔지만, 이 책을 읽고 나니 실상은 부족한 부분이 많았다는 생각을 지울 수 없다. 이 책을 통해 새로운 내용도 알게 되었고, 그동안 불완전하게 알았던 부분의 구멍도 메울 수 있었다. 에너지산업 현장에서 잔뼈가 굵은 두 분이 체계적으로 정리한 내용은, 학자의 입장에 머물며 이론 위주로 관련 내용을 뒤적였던 내게 새로운 즐거움을 주었다.

앞으로 에너지 부문이 어떻게 변해야 할지에 대해 이 책이 완벽한 정답을 제시하고 있다고 할 수는 없겠지만, 정답을 유추해낼 단초가 풍부하게 담겼다는 점은 분명하다. 에너지 관련 정보의 홍수 속에서 앞으로 나아가야 할 지름길을 명확하게 안내하고 있는 책이다. 에너지 4.0 시대를 살아야 할 현대인의 필독서로 단연 추천한다.

유승훈 | 서울과학기술대학교 융합과학대학원 에너지정책학과 교수

들어가는 글

# 에너지 레볼루션에 기회가 있다

2015년 12월, 전 세계 195개국이 파리 협정에 동의했다. 이후 기후변화 위기의 실상에 대해 많은 논의가 진행되었고, 2018년 유엔(UN) IPCC 총회에서는 산업화 이전 수준에 비해 전 지구 평균 온도의 상승폭을 2100년까지 1.5℃로 제한하기 위한 '지구온난화 1.5℃ 특별보고서'가 채택되었다(현재까지 지구 평균온도는 약 1.09℃ 상승했다).

2019년 9월에는 유엔 '기후행동정상회의'에서 65개국 정상들이 지구온난화를 막기 위하여 '2050년 탄소중립(Carbon Neutral) 달성'을 선언했다. 스웨덴의 10대 환경운동가인 그레타 툰베리(당시 16세)는 이날 회의에서 세계 정상급 인사들을 향해 "미래 세대의 눈은 여러분을 향해 있다"라면서, "여러분이 우리를 저버린다면 결코 용서하지 않을 것"이라고 지구온난화 위기에 대한 전 지구적인 참여를 호소하였다.

한편 코로나19는 기후변화 위기의 파급력과 시급성을 재인식하는 계기가 되고 있으며, 디지털 전환과 함께 저탄소 세계로의 진입을 가속화하고 있다. 우리나라 정부도 2020년 7월 디지털과 그린(저탄소)으로 구성된 '한국판 뉴딜 종합계획'을 발표했고, 10월에는 2050년까지 탄소중립을 이루겠다는 '탄소중립 선언'까지 하기에 이르렀다.

2020년 12월에는 탄소중립을 위한 에너지 관련 모든 부문, 에너지 공급·산업·수송·건물·폐기물 등을 포함한 '2050 탄소중립 추진전략'이 발표되었고, 석탄발전과 원자력발전을 대폭 줄여나가면서 신재생에너지를 이용한 발전을 지속적으로 확충한다는 내용의 '제9차 전력수급기본계획'도 발표하였다. 이처럼 '에너지 전환(Energy Transition)'이라는 거대한 물결 속에서 화석에너지의 공정하고 질서 있는 퇴장이 논의되고 있다.

신문, 방송, 유튜브(Youtube) 등 우리가 쉽게 접하는 많은 매체에서도 변화의 움직임을 만나게 된다. 경제성이 낮아 사업성이 적다고 하던 태양광발전, 풍력발전이 기술의 발전과 시장의 확대로, 국제적인 측면에서 기존 발전원 대비 원가 경쟁력을 확보해가고 있으며, 한편 내연기관 중심의 자동차 회사인 현대기아차는 수소차 분야에서 세계적 선도기업으로 시장을 주도하고 있다.

또한 LG화학, SK이노베이션과 삼성SDI를 필두로 대기업들도 전 세계 2차전지 시장의 40% 수준을 담당하며 전기차의 핵심인 2차전지 분야를 선도하고 있다. 미국의 테슬라는 자율주행 전기차라는 테마를 이끌며 주식 가격이 100배 이상 급등하였고, 재생에너지 기업들의 가치가 엑슨모빌(ExxonMobil) 등 기존 주류 에너지기업의 가치를 상회하기도 한다. 또한 전 세계의 금융은 이제 투자의사 결정 시 '지속가능투자'의 관점으로 ESG(Environmental, Social, Governance)를 기업의 재무적 요소들과 함께 고려하면서, 전 세계 기업들이 2050년 탄소중립을 위해 질주하도록 독려하고 투자 가이드를 제시하고 있다.

환경규제의 강화는 1980년대 후반부터 본격화되었다. 1987년 몬트리올 의정서가 채택되고, 1992년 브라질 리우의 지구환경회의에서 '유엔 기후변화협약(UNFCC)'이 체결되면서 이산화탄소를 비롯한 온실가스 배출 규제가 강화되었다. 산업혁명 이후 꾸준히 사용되어온 화석에너지를 사용하지 않는다는 것은 상상도 못하던 일이었지만, 결국 점차 화두에 오르기 시작했다. 화석에너지의 매장량 고갈 때문이 아니라, 지구온난화라는 환경문제 때문이다.

이제 세계는 에너지 자원의 확보에서 '지하'의 경제성만을 따지는 것이 아니라 '지상'의 기후환경적인 요소를 더 고려해야 하는 시점에 이르렀다. 이는 석유와 석탄 등 화석에너지의 사용을 줄이고 에너지 시스템을 풍력, 태양광, 수력, 지열, 수소 등 저탄소/탈탄소 신재생에너지로 바꾸어가는 구조적인 변화를 요구한다.

혁신의 필요성은 우리를 둘러싸고 있는 주변 환경의 변화에서 비롯된다. 패러다임 전환기에는 새로운 혁신이 일어나고, 또한 변화 과정에서 기존 산업이나 사업에 위기가 발생하기도 하며, 동시에 새로운 사업과 일자리 기회들이 생긴다. 이제는 적자생존이 아니라 "혁신하는 자만이 살아남는다"는 의미에서 '혁자생존(革者生存)'의 시대라고 할 수 있다. 전 지구적 위기인 이 기후변화 위기를 해결하려면 화석연료시대 이후의 새로운 에너지원을 확보하기 위한 혁신이 시급하다.

우리는 지금 거대한 패러다임 변화의 문을 지나고 있다. 첫 번째 문은 '에너지 전환'으로, 더 이상의 지구온난화를 막기 위해 저탄소/탈탄소 에너지로 전환하는 것이다. 더 이상 지구의 온도상승 속도를 늦추지 못하면 지구는 회복력을 잃게 되어, 우리 후손들은 더욱 혹독한 자연환경의 위험에 시달리게 될 것이다.

두 번째 문은 '디지털 전환'으로, 모든 것이 연결되고 지능화되는 4차 산업혁명 기술 기반에서 이루어지는 변화이다. 이미 인공지능(AI), 사물인터넷(IoT), 로봇 등 새로운 기술의 발전에 따라 일자리의 수요 및 역할이 변화되고 있으며, 기존의 일자리들은 사라지고 새로운 유형의 일자리가 생기고 있다.

이제는 되돌아갈 수 없는 환경과 기술 변화의 문을 지나면서, 우리 역시 새로운 패러다임에 맞게 변화해야 한다. 지금은 에너지 전환과 4차 산업혁명의 혁신적인 기술을 어느 국가, 어느 기업이 성공시키느냐에 따라서 세계의 중심으로 선도해나갈 수 있는 기회의 시장이 열려 있는 시기이기도 하다.

그렇다면 기후변화의 위기에 따른 미래 사회와 에너지 분야의 변화 트렌드에 어떻게 적응해야 할까? 상아탑에서 사회로 나올 준비를 하는 대학생과 이제 막 회사에 들어갔거나 자리를 잡아가는 MZ세대, 전통에너지 회사에 다니면서 자부심을 느끼던 직장인, 또한 미래에는 어떤 분야에 유망한 기회가 열릴 것인지 주시하는 사람들과 기업들 역시 이 변화의 기회를 어떻게 살릴지 고민하고 있다.

2015년 65%였던 4년제 대학 졸업자의 취업률은 이후 지속적으로 하락하여 2019년에는 63%를 기록했다고 한다. 지금의 일자리 시장은 저자들이 대학을 다니던 1980년대 후반의 산업 성장기와는 전혀 다르다. 갈수록 악화되는 취업 절벽의 시대, 이제는 새롭게 성장하는 산업에서 새로운 역량과 시각으로 기회를 찾아야 한다.

이 책 《2050 에너지 레볼루션》은 2050년까지 탄소중립을 이루어야 하는 전 세계적인 에너지·디지털 전환 과정에서 많은 이들이 새로운 기회를 찾는 데 도움이 되기를 바라는 마음으로 기획하였다. 이 책에서는 먼저 패러다임 전환의 역사, 지구온난화의 과거와 현재의 이슈에 대해서 논하고, 탄소경제의 위기와 우리나라 정부의 탄소중립 전략에 따른 신재생에너지의 현재와 미래에 대해서 설명한다. 마지막으로는 탄소중립을 실현하는 과정에서 맞이하게 될 에너지 관련 신규사업과 일자리의 기회, 우리가 참여해야 할 지구보호 활동에 대한 논의로 마무리한다.

마크 트웨인은 "앞서가는 비밀은 시작하는 것이다(The secret of getting ahead is getting started)"라고 말했다. 에너지 변화를 아는 사람과 모르는 사람의 미래는 달라질 것이다. 이 책의 독자들이 이제부터 벌어질 에너지 레볼루션에 대해 지금 바로 준비를 시작하여, 좋은 기회를 선점할 수 있길 바란다.

김기현·천영호

차 례

추천의 글 • 4
들어가는 글 에너지 레볼루션에 기회가 있다 • 8

1장

## 변화하는 세상, 새로운 패러다임으로 바라볼 때

지구온난화 위기, 인식의 전환이 필요하다 • 21
과학혁명과 패러다임의 전환 • 28
화석연료의 위기, 청정에너지가 부상한다 • 35
거대한 변화의 흐름, 에너지 전환과 디지털 전환 • 41

2장

## 기후위기를 알면 시장이 보인다

다가온 기후위기, 지구온난화 • 51
탄소시장을 둘러싼 저탄소/탈탄소 움직임 • 62
기후변화가 촉발하는 식량위기 • 80
경제학의 백조들 – 화이트 스완, 블랙 스완, 그린 스완 • 88

3장

## 탄소제로 경제로 나아가기

에너지원의 변화가 이끈 산업혁명 • 99
흔들리는 화석에너지 시장 • 109
화석연료의 미래 • 119
저탄소 경제는 가능할까 • 133

4장

# 탄소중립 전략과 신재생에너지


각국의 탄소중립 선언과 기업의 대응 · 145

저탄소 에너지원 신재생에너지의 부상 · 161

CCUS와 청정에너지 수소 · 174

재생에너지를 이용한 전력 생산 · 192

전력산업의 변화와 미래 · 203

4차 산업혁명과 디지털이 이끄는 에너지 전환 · 219

5장

## 2050 에너지 레볼루션 – 미래의 기회와 준비

디지털뉴딜과 그린뉴딜 시대의 전망과 기회 · 235
에너지 레볼루션 시대 유망 사업과 일자리 · 246
미래 경영과 투자의 중심, ESG · 259
모든 것이 재활용된다, 순환경제로의 전환 · 267
더 늦기 전에, 지구를 위한 행동 · 275

참고 용어 · 283
참고 문헌 · 298

1장

# 변화하는 세상,
# 새로운 패러다임으로 바라볼 때

# 지구온난화 위기,
## 인식의 전환이 필요하다

인류는 혹독한 기후변화 속에서도 위기를 극복하고 현재의 문명을 이루어왔다. 그러나 지금은 역사상 가장 번성한 문명을 만든 원동력인 화석에너지의 과다사용과 식량확보를 위한 산림파괴 등으로 지구의 온도가 가파르게 상승하고 있고, 인류문명은 절박한 생존 위기에 처해 있는 것이 현실이다.

"가장 강한 종 또는 가장 똑똑한 종들이 살아남는 것이 아니라, 변화에 가장 잘 적응하는 종들이 살아남는다"라는 말이 있다. 우리는 변화에 적응하고, 변화로 인해 발생하는 위기를 극복해야 한다. 지구온난화의 위기는 과거 250년 전에 시작되어 지금까지 누적되어왔지만, 그 파괴력에 대해 과학적인 이해를 바탕으로 전 지구적인 해결방안이 만들어진 것은 최근이다. 또한 지구온난화의 위기는 인류가 적응하는 것으로 해결할 수 있는 문제가 아니라, 정해진 기한 내에 모두가 동참해서 그 원인을 해소시켜야 하는 과제이다.

또한 미래와 후대, 인류 생존을 위해 피할 수 없는, 매우 도전적인 과제이기도 하다.

## 기후변화와 인류문명

지구는 지금으로부터 약 45억 년 전에 생성되었으며, 생명은 35억 년 전쯤 최초로 출현한 이래 진화를 거듭하여 약 20만 년 전에 현생인류인 호모사피엔스로 진화하기에 이르렀다. 인류는 마지막 빙하기 무렵 북아메리카와 오세아니아에까지 퍼져나갔고, 빙하기가 끝나는 기원전 1만 2천 년경에는 빙하가 덮지 않은 지구상의 모든 지역에 거주하게 되었다. 1만 년 전에 빙하기가 끝나자 지구는 현재의 따뜻한 간빙기인 홀로세(Holocene)에 진입하였고, 기후가 온난해지면서 인류는 7천 년 전쯤 정착생활로 접어들었다. 그리고 정착하여 살게 되면서 드디어 문명시대의 마중물이라 할

| 최근 1만 년 북반구 유럽 지역의 기후변화 |

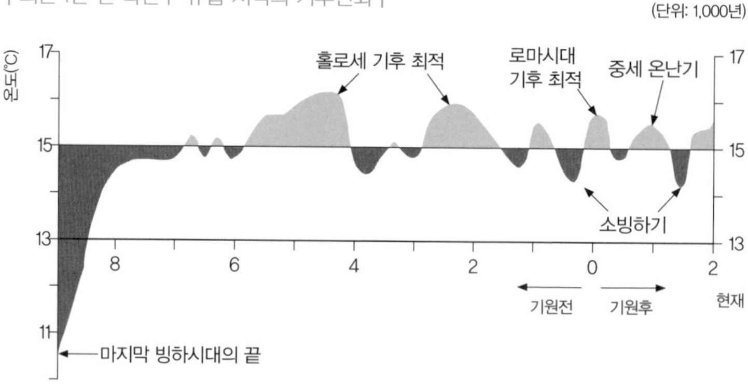


출처: Jennifer M. Fitchett, The Holocene Climates of South Africa, 2018.

수 있는 신석기 농업혁명을 이루었다.

물론 홀로세 동안에도 혹독한 기후변동이 있었지만, 그 변동폭은 수백 년 단위의 규모에서 최대 약 1℃ 정도 기온이 변하는 수준이었다고 알려져 있다. 그러나 이러한 정도의 기온변동에도 인류는 힘겹게 적응해야만 했다.

앞의 그래프를 보자. 홀로세에서도 기원전 6천 년에서 4천 년과 3천 년에서 2천 년 사이는 가장 온난했던 시기로 '기후 최적기'라 부른다. 이 시기에 나일강, 티그리스·유프라테스강, 인더스강, 황허강 유역 등에서 고대 문명이 탄생하였다. 신석기 농업이 시작된 이후 인류가 기후 때문에 가장 극심하게 고통받았던 시기로는 기원전 8세기에서 기원전 3세기까지, 그리고 14세기에서 19세기까지 두 번의 '소빙하기'를 꼽는다. 이 두 차례의 소빙하기는 인류 역사에서 가장 혼란스러웠던 시기인 동시에 문명을 도약시킨 시기이기도 했다.

기원전 2천 년부터 거대한 화산 폭발이 심해지고 기후는 점차 한랭 건조해졌다. 그로 인해 식량이 부족해지자 인간 사회에는 정치, 경제, 사회적 갈등이 증폭되었고, 결국 고대 문명이 무너졌다. 이후 기원전 8세기부터 기원전 3세기까지는 그 전보다 혹독한 재해성 기후로 농업 생산량이 크게 떨어졌다. 또한 식량 부족으로 동서양에 걸쳐 민족의 이동이 심해져 민족 간 충돌이 많아졌으며, 이는 정치·경제·사회뿐만 아니라 인류의 정신세계에도 영향을 미쳤다. 민족들이 뒤섞이는 상황에서 서로 다른 생각을 하는 사람들이 만나게 되고, 이로부터 새로운 사상이 싹틀 환경이 조성되면서 종교와 철학이 더욱 발달하게 되었다.

이후 유럽 지역의 중세 온난기였던 9세기에서 13세기까지는 기후 조건이 좋아졌다. 이때 영국 잉글랜드에서는 포도가, 노르웨이에서는 보리, 밀 등의 곡물이 재배되었다. 이 시기에는 사상적으로나 사회적으로도 큰 변화가 없었으며 13세기 말에는 지구상의 인구가 4억 명으로 증가할 정도로 번영하였다. 그러나 이후 14세기에서 18세기까지 400여 년에 걸쳐 북반구의 평균 기온이 0.6℃ 낮아진 소빙하기를 다시 겪게 되었다. 그런데 두 번째의 소빙하기를 맞은 인류는 기상이변, 흉작과 전염병의 원인을 이전과 같이 신의 섭리에서 찾지 않고 사회 체제의 문제로 보았다. 그에 따라 유럽에서는 영국의 청교도혁명과 명예혁명, 프랑스의 프랑스혁명 등 종교적·정치적 위기가 심화되었으며, 이는 다시 새로운 계몽주의 시대를 여는 계기가 되었다.

한편 이러한 혼란의 시기에 유럽인들은 세계 각지로 새로운 기회를 찾기 위해 나서기 시작했고, 이는 세계적 규모의 무역이 이루어지는 대항해시대로 이어졌다. 과학자들도 이전에 진리로 여겨졌던 명제들에 대해 질문을 던지면서 새로운 과학적 진실을 찾기 위한 연구가 많이 이루어졌다. 이러한 분위기 속에서 천동설이 무너지고 지동설이 확립되었고, 근대과학을 기반으로 18세기 중반에는 영국을 시작으로 산업혁명이 일어났다. 기후변화에 의한 재난과 재앙을 합리적으로 극복하는 과정에서 과학은 물론 농업을 비롯한 각종 산업에서 혁명적인 변화를 이루었던 것이다. 또 정치·사회적 어려움을 극복하는 과정에서 새로운 사상이 출현하여 정의, 자유, 평등에 좀 더 가까이 다가갈 수 있는 근대사회로 이행하게 되었다.

## 화석연료와 산업화가 불러온 지구온난화

과거의 기후변화와 사회변화 역사를 되돌아볼 때 두 번의 소빙하기는 당시 사람들에게는 고통스러운 시기였지만, 현대 문명을 싹틔운 기회의 시기이기도 했다. 기후 조건이 좋았던 고대 문명 시기와 중세 유럽의 온난기를 거치며 쌓여가던 문제점들이 기후 조건이 좋지 않았던 시기에 폭발했지만, 인류는 이러한 기후위기를 극복했다. 그리고 이후 석탄·석유 등 화석연료를 활용한 산업혁명기를 거쳐 오늘의 번영을 이루었다.

문제는 현재 인류가 누리고 있는 번영의 이면에 막대한 화석연료의 사용과 도시화, 토지개발 등에 따른 산림파괴가 자리 잡고 있으며, 그로 인해 다시금 지구온난화라는 기후위기가 진행되고 있다는 것이다.

18세기 중반의 산업혁명 이후 250년 만에 지구에는 1℃의 기온 상승이 일어났고, 2100년에는 해수면이 최대 1.1m 상승할것이라는 전방이 나왔다. 최근 2015~2019년 사이 가장 극심했던 기상재해는 폭염이었고, 동시에 산불도 빈번히 발생했다. 폭염 현상은 특히 그린란드, 알래스카, 시베리아 등 추운 극지방에서 두드러지게 나타났다. 2019년에는 이상기후로 인한 산림의 건조화로 미국, 호주, 시베리아, 아마존 산림 등에서 '기상방화'라고도 불리는 자연 산불이 발생하기도 했다. 브라질의 아마존에서 발생한 산불은 축구경기장 420만 개 넓이의 열대우림을 불태웠다. 2020년에도 미국 캘리포니아에서는 덥고 건조한 날씨로 서울시의 26배에 해당하는 면적이 산불로 불탔다. 또한 중국에서는 2020년 기록적인 폭우로 4천만 명의 수해 이재민이 발생했으며, 이 홍수는 싼샤댐의 붕괴까지 우려할 정도였다.

우리는 지구 온도의 상승으로 극단적인 기후변화를 겪기 시작하고 있다. 과거 역사를 보면 기후변화는 식량, 보건, 인구 이동, 정치 등에 큰 영향을 끼쳤다. 지금부터 온실가스를 줄이지 않으면 21세기 말에는 4℃가량 평균온도가 상승하게 될 것이다. 그에 따라 100억 명의 인류가 먹을 식량과 물을 확보하기가 더욱 어려워지는 것은 물론, 해안 근처의 대도시가 침수될 위험에 직면하게 된다. 지구온난화가 지속되면 지구의 평균온도도 올라가지만 기후의 변화가 점점 더 극한으로 치닫게 될 것이다. 즉 더울 때는 더 덥고, 추울 때는 더 추우며, 갑자기 큰 가뭄이 이어지다가 다시 큰 비가 내리는 식으로, 기후변화의 폭이 더 커지게 된다. 지금이야말로 지구온난화로 인한 기후위기를 극복할 혁신과 대전환이 필요한 시점이다.

인식의 전환기에는 기존의 사회·경제 체제에도 대대적으로 변화가 일어나므로 거친 풍랑이 몰아치는 혼란과 위기의 시기로 여겨지기도 한다. 그러나 한편으로는 새로운 기회가 생겨나는 시기이기도 하다. 새롭게 보는 노력을 하면 기회를 볼 수 있고, 위기를 극복할 수 있다. 이제는 기후변화로 인한 지구온난화 위기에 모두가 행동에 나서야 할 시점이다. 그래야만 혁신적인 해결책을 찾을 수 있고, 위기를 해결할 수 있다.

# 과학혁명과 패러다임의 전환

우리는 '혁명'이라는 단어를 프랑스 대혁명, 중국의 문화대혁명과 같이 역사와 사회의 극적인 변화와 사건들을 표현할 때 주로 사용하고, 들어왔다. 그래서 과학이나 기술에서 혁명이라고 하면 조금 더 낯설게 들릴지도 모른다.

'과학혁명'이란 미국 하버드 대학의 물리학도 출신으로 과학철학자이자 과학사학자인 토머스 쿤(Thomas Samuel Kuhn)이 《과학혁명의 구조(The Structure of Scientific Revolutions)》라는 책에서 '패러다임 전환'이라는 개념과 함께 제시한 용어이다. 토머스 쿤은 천동설과 지동설의 논쟁처럼 과학에서의 발전 구조, 즉 패러다임 전환 과정을 '정상과학 → 위기 → 혁명 → 새로운 정상과학'으로의 변화라고 설명하였다.

예를 들어 어느 한 시대에서 어떠한 과학적 사실이 발견됐고, 사람들이 그것을 사실로 인지하고 있는 경우, 이 과학적 사실을 우

| 과학혁명의 구조 |

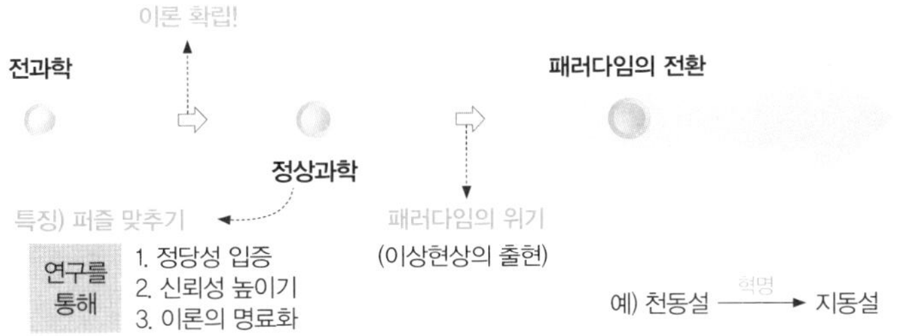


출처: 한국경제, 〈김홍일쌤의 서양철학 여행〉, 2018.

리는 정상과학이라고 한다. 그리고 이 정상과학은 다음과 같이 1단계 위기, 2단계 혁명이라는 단계를 거쳐 3단계 새로운 정상과학으로 변화하게 된다.

1단계: 기존의 패러다임으로는 설명하기 어려운 현상이 발생하고, 이로 인하여 이상현상이 발견되면서 기존 패러다임의 일관성이 상실되기 시작한다.

2단계: 기존 패러다임으로는 설명할 수 없는 이상현상이 계속 발견되면 기존 패러다임은 큰 위기를 맞게 되고, 새로운 패러다임에 대한 요구가 강하게 생긴다.

3단계: 기존 패러다임에 심각한 문제가 있음이 밝혀지고, 결국 기존 패러다임의 문제를 인식한 과학자가 새로운 패러다임을 찾아 제시한다.

## 과학 패러다임 전환 사례

현재 우리는 지구는 둥글며, 계절이 바뀌고 별자리가 바뀌는 것은 지구가 태양 주위를 공전하고 있기 때문이라는 것을 당연한 과학적 사실로 받아들이고 있다. 지구가 푸르고 둥글다는 것은 1972년 지구로 귀환하는 우주선 아폴로 17호에서 찍은 사진으로도 증명된 사실이다. 그러나 유럽의 과학사에서 가장 격렬하게 대립되었던 논쟁 중 하나는 바로 16세기까지 이어져왔던 천동설과 지동설의 논쟁이었다.

천동설은 우주의 중심은 우리가 사는 지구이고 그 주위를 태양과 달, 다른 행성들이 천상의 완벽한 법칙에 의해서 돌고 있다는 가설이다. 당시에는 많은 과학자들도 이를 과학적 진리로 믿었다. 그러나 14~16세기 유럽에서 일어난 문예부흥활동인 르네상스를 통해 그동안 절대적 진리로 여겨졌던 종교의 권위가 약화되었다. 그리고 이것이 당대 과학을 연구하던 자연철학자들에게도 영향을 미치면서, 그동안 과학적 진리로 여겨졌던 천동설은 점차 의심받게 되었다.

16세기에 그러한 과학자 중 한 명인 코페르니쿠스(Nicolaus Copernicus)는 천동설로는 설명될 수 없는 별의 움직임을 보고 의문을 품고 연구하여, 지구를 포함한 행성들이 태양 주위를 회전한다는 태양 중심설을 주장하게 된다. 당시 이러한 코페르니쿠스의 주장은 지구의 빠른 공전 속도에도 우리가 흔들리거나 떨어지지 않는 이유가 무엇이냐는 지구중심설 자연철학자들의 공격을 받았다. 그리고 이에 대한 해답은 17세기의 갈릴레이(Galileo Galile)에 의해서 비로소 제시되었다.

갈릴레이는 예를 들면 달리는 열차에 탄 상태에서 우리가 열차 속의 모든 것과 운동을 공유하고 있는 것처럼, 지구가 빠른 속도로 자전을 하고 공전을 하더라도 그 속에 있는 우리는 지구에서 튕겨 나가지 않고 지구의 운동을 공유하고 있다는 '상대성원리'를 통해 지동설의 논리에 힘을 보태었다. 또 갈릴레이는 망원경으로 목성 주위를 돌고 있는 4개의 위성을 발견하면서 모든 천체가 지구를 중심으로 주위를 돌고 있다는 논리를 정면으로 반박하여 결정적으로 지동설의 과학적 사실을 입증하였다. 그러나 갈릴레이는 결국 종교재판에 회부되어 종신 가택연금형을 선고받고 여생을 쓸쓸하게 보내다가 생을 마감했으니, 이처럼 기존의 관념에 도전하는 것은 생명을 걸 정도로 쉽지 않은 일이다.

과거 지구에 빙하시대가 있었다는 것은 지금은 당연한 상식이자 과학적 사실로 받아들여진다. 그리고 마지막 빙하기는 11만 년 전에 시작되어 1만 1천 년 전에 끝난 것으로 받아들이고 있다. 창조론과 진화론이 대립하던 시기인 1840년에 빙하기의 존재를 처음 공식적으로 주장한 사람은 스위스 출신의 과학자 장 루이 아가시(Jean Louis Agassiz)이다. 그는 자신이 태어난 스위스의 쥐라산맥(Massif du Jura) 인근 지역에 퍼져 있던 표석(漂石, erratic rock), 빙퇴석(氷堆石, moraine), 양배암(羊背巖, sheep back rock) 등을 관찰하고서 이러한 암석들은 수십 킬로미터 떨어진 알프스산 정상 부근에서 빙하에 의해 운반되어왔고, 이는 과거에 빙하시대가 존재한 근거라고 주장했다.

당시 그의 주장은 많은 반대에 부딪혔지만, 이를 계기로 빙하에 대한 과학적인 논의의 물꼬가 터졌다. 처음에는 주류 과학자들로부터 많은 멸시를 받았지만 과학적 증거가 쌓이면서 빙하기의 존재는 정설로 받아들여졌고, 그는 생물학계의 다윈과 어깨를 나란히 하는 당대의 과학자가 되었다.

어떻게 빙하기가 시작되었는지를 밝힌 과학자는 세르비아의 수학자이자 천문학자, 지구물리학자였던 밀루틴 밀란코비치(Milutin Milankovich)였다. 그는 지구의 공전궤도 이심율의 변화, 자전축의 변화와 세차운동 등의 천문학적인 운동이 기후변화를 일으키고, 4만 1천 년을 주기로 지구 기후에 변화가 있을 것이라고 주장했다. 이후 과학의 발달로 방사성 동위원소를 이용한 연대측정과 고기후 온도측정이 가능해지고, 또한 과학자들의 연구를 통하여 100만 년 전에 매 4만 1천 년을 주기로 빙기와 간빙기가 반복되었음이 밝혀졌다. 결국 밀란코비치가 일생을 바쳐 연구한 빙하시대의 천문학적 주기설이 과학적으로 입증된 것이다. 현재 우리가 지구과학 시간에 배우고 있는 지구의 기후변화 원인이 바로 그것이다.

17세기 과학혁명을 대표하는 뉴턴은 물리학에서는 아무도 넘을 수 없는 유럽 최고의 과학자였다. 하지만 동시대의 하위헌스(Christiaan Huygens)라는 과학자가 우주 공간을 가득 메우고 있는 에테르(Aether)라는 가상의 매질을 고안하여 뉴턴의 빛 입자설에 대한 반론을 제기하였다. 이후 19세기 중반에 들어서 토머스 영, 맥스웰, 헤르츠 등에 의해 빛을 파동이라고 믿는 과학자들이 늘었고, 토머스 영의 '빛의 간섭' 실험 등 빛의 파동설에 대한 과학적 증명과 맥스웰의 전자기장 이론 등이 나오면서 한동안은 파동설이 주류를 이루었다. 그러나 20세기 초 아인슈타인의 흑체복사와 막스 플랑크의 광전효과 등으로 빛의 양자설을 통한 입자설이 부활했고, 현재 과학계는 빛이 입자와 파동의 이중성을 띤다는 것을 수용하고 있다.

생물학 분야를 살펴보면, 1859년 다윈(Charles Robert Darwin)의 진화론 이전에는 유기체가 점차 고등한 형태로 변화한다는 목표지향적 발전의 개념을 가지고 있었다. 그러나 다윈의 진화론은 유기체가 자연선택에 의해 주어진 환경에 적응하도록 복잡해지고 더욱 세분화된다는 것으로, 기존에 널리 받아들였던 개념을 부정하는 것이었다.

가장 최근의 유명한 과학혁명은 138억 년 전의 대폭발을 시작으로 우주가 팽창했다는 벨기에의 물리학자 겸 신부 르메트르가 주장한 '빅뱅론(Big Bang)'이다. 이전에는 우주가 영원불변한 존재라는 '정상우주론'이 오랫동안 우주론의 패러다임으로 군림하였으나 이 이론 역시 더 이상 받아들여지지 않게 되었다.

이처럼 패러다임이란 한 시대의 인간 사고를 지배하는 사고체계이다. 그러나 이는 시대가 변하고 인식체계 및 과학기술 수준이 변함에 따라 바뀔 수 있다. 앞에서 살펴본 과학의 패러다임 전환

과정에서 그동안 탐구하던 대상의 현상을 올바르게 기술하기 위해 새로운 패러다임이 등장했던 것처럼, 우리도 현재의 사회와 정치, 과학기술 환경하에서 변화의 필요성을 찾아내고, 새롭게 도전하여 기회를 창출하는 것이 중요하다.

지금은 기후변화 측면에서 무엇이 변화해야 하는지 생각해야 한다. 현재 진행되는 지구온난화가 무엇에 기인하는지, 또 정치, 사회, 경제 및 기술의 영역에서 어떠한 과제를 해결해야 하는지 진지하게 고민해야 할 시점이다.

# 화석연료의 위기,
## 청정에너지가 부상한다

사우디아라비아의 전 석유장관 야마니(Ahmed Zaki Yamani)는 사우디아라비아의 석유자산 국유화를 단행하고 1973년 중동전쟁 때 석유 무기화를 통하여 1차 석유 파동을 일으켰다.

그는 2000년에 "앞으로 30년 후에도 석유는 많이 남아 있겠지만 아무도 사지 않을 것이다. 석유수출국기구(OPEC, Organization of the Petroleum Exporting Countries)의 진짜 적(敵)은 기술이다. 기술이 석유소비를 감소시키고 비 OPEC 국가들의 석유생산을 늘릴 것이다. 진짜 희생자는 사우디아라비아와 같이 많은 석유 매장량을 가진 나라가 될 것이며 석유는 아무 쓸모도 없이 영원히 땅속에 묻혀 있을 것이다. 석기시대는 끝났지만, 이것은 돌이 부족해서가 아니었다"라면서 석유의 종말을 경고한 바 있다. 그리고 그의 말처럼 이제는 석유를 비롯한 화석연료가 고갈되기 전이지만 사용을 줄여야 할 시점이 되었다. 이유는 비 OPEC 국가의 석유생산이 증가했기 때문이 아니라, 산업혁명 이후 화석연료의 과다사용으로 기후 변화가 가속되어 저탄소/탈탄소 에너지로의 에너지 전환이 요구되기 때문이다.

2015년에 OPEC는 2040년이 되어도 화석연료가 전 세계 에너지 이용의 78%를 차지해, 지금과 거의 변화가 없을 것이라고 자신했다. 석유에 대한 글로벌 수요는 2040년까지 하루 1,800만 배럴 증가한 1억 1천만 배럴에 이를 것이고, 장기적으로는 성장률 둔화로 100만 배럴 감소할 것으로 예상하였다. 또한 배터리로 가는 전기차도 시장에서 성공하기 어려울 것이라고 전망했다. 그러나 2019년 배터리 전기차(BEV, Battery Electric Vehicle)와 하이브리드 전기차(PHEV, Plug-in Hybrid Electric Vehicle)의 판매량 합계가 처음으로 200만 대를 넘어섰다.

딜로이트는 향후 10년간 전기차 시장의 성장율이 29%에 달할 것으로 전망하고 전기차 판매량은 2020년 250만 대, 2025년 1,120만 대, 2030년 3,110만 대까지 증가하여, 신차 판매량의 약 32%에 달하는 시장 점유율을 달성할 것으로 보고 있다. 이는 OPEC의 예상과는 다르게 진행되는 것이다. 2015년 당시 OPEC는 파리협정(2015년 12월 UNFCC에서 체결, 2016년 11월 발효)이 가져올 에너지 업계의 변화를 부인하지는 않았지만, 단순히 석탄업계의 문제일 뿐이라고 간주했다. 즉, 석탄 사용이 천연가스나 원자력 등으로 일부 전환되는 것에 그칠 것으로 보았다.

## 석유시대는 과연 저무는 것일까?

2020년 글로벌 오일 메이저들은 '석유의 시대는 끝났다'는 한탄을 할 정도로 굴욕을 겪었다. 한때 시가총액 2조 달러를 넘었던 사우디아라비아의 국영석유회사 아람코(ARAMCO)의 시가총액이 2020년 7월 31일 애플에 밀려 2위 자리로 밀려났다. 곧이어 2005년 2월부터 6년 6개월 동안 시가총액 1위 자리를 지키며 미국 대표기업으로 분류됐던 엑슨모빌은 92년 만인 2020년 8월 24일, 미국 다우지수에서 퇴출되었다. '굿바이, 오일' 시대의 막이 오른 것이다.

거대 글로벌 석유 기업인 엑슨모빌은 1928년 다우지수에 편입된 이래 100년 가까이 최장수 멤버로 자리를 지켜온 미국의 글로벌 대표기업이었다. 유가가 배럴당 100달러를 크게 웃돌던 2014년 중반에는 시가총액이 4,460억 달러를 넘어서기도 했다. 하지만 2020년 8월에는 약 1,728억 달러로 하락하였다. CNN은 "유럽 경쟁업체 BP, 토탈(Total) 등은 적극적으로 재생에너지에 투자하고 과감한 이산화탄소 배출 감축 목표를 세우는 등 기후환경 변화에 대응하고 있지만, 엑슨모빌에게서는 그러한 모습을 찾아볼 수 없다"라고 지적했다.

일단 위의 두 사건은 모두 애플 때문에 발생했다. 2021년 1월 애플은 시가총액 2조 4,570억 달러가 되면서 이익률이 거의 50%인 2조 510억 달러의 아람코를 제쳤다. 애플이 '티핑포인트(Tipping Point)' 역할을 하긴 했지만 이는 결국 기후변화에 따른 석유산업의 위기를 잘 드러내는 사례라고 할 수 있다.

국제에너지기구(IEA, International Energy Agency)에 따르면 지난 2018년 기준 전 세계의 석유 수요는 도로수송(42.2%)이 1위를 차지했다. 이어 석유화학(18.3%), 빌딩 및 발전(12.3%), 항공 및 선박(12%), 기타(12%) 순이다. 이 중 석유의 가장 큰 수요처인 도로수송은 내연기관 차량이 빠르게 전기차로 대체되면서 수요의 감소 또는 정체가 불가피하다. 석유의 주요 수요처 중 하나인 화학산업 또한 리사이클링 등 친환경 소비 확산으로 예전에 비해 위축된 상황이며 발전 부문도 태양광, 수소 등 친환경 에너지가 점차 대세로 자리 잡고 있다. 사우디아라비아의 석유장관이었던 야마니가 석유산업의 미래에 대해 했던 예언을 다시 생각하지 않을 수 없다.

## 인류의 지속을 위한 해법, 에너지 전환

산업혁명 이전까지 인류와 자연은 공존의 관계였다. 그러나 산업혁명을 계기로 인류는 강력한 에너지원인 화석에너지를 기반으로 각종 기계와 기술을 발달시켰고, 이를 이용하여 그동안 공존해오던 자연의 영역을 지나치게 침범하였다. 이제는 에너지 문제를 제외하고는 지구의 미래를 이야기할 수 없다. 기후환경 변화의 주원인이 되는 화석에너지는 인류 문명에 심각한 위협이 되고 있으며, 이를 해소하기 위한 대안은 청정 에너지라는 것에는 모두가 동의할 것이다. 다만, 언제 본격적으로 시작해야 하느냐의 문제이다. 미래를 위해서 현재의 안정적인 상태에서 벗어나 변화하는 것은 두렵고 힘든 일이기 때문이다.

특정 문명이 의존하는 주요 에너지는 단순히 에너지의 생산과 소비를 통한 생산력 확보 차원을 넘어, 해당 문명의 성격을 규정하고 사람들의 가치관에도 영향을 미친다. 화석 연료를 바탕으로 하는 에너지는 대규모의 투자가 필요한 중앙집중식 에너지원이고, 각 국가들 사이에 이를 확보하기 위한 지정학적 갈등을 필연적으로 수반한다. 그동안 석유 확보를 위한 강대국들 간의 경쟁, OPEC와 오일 메이저, 자동차와 석유화학산업 등은 모두 석유를 둘러싼 20세기 화석에너지 경제의 유산이다.

반면 재생 가능 에너지는 기후변화 문제를 해결하는 데 도움을 줄 뿐 아니라 지역적으로 분산된 에너지원이다. 에너지의 지역생산을 가능하게 하여 중앙집중식이 아닌 분산형 에너지로 전환할 수 있게 해준다. 분산형 재생에너지의 발전은 화력, 원자력 등 중앙집중식 에너지원으로부터 독립된 오프그리드 경제의 확산을 가져올 것이다. 그러나 패러다임 전환에서 설명했듯이, 기존의 패러다임에서 새롭게 변화하려면 관성에서 벗어나는 고통과 희생이 따르기 때문에, 이에 저항하고 변화하지 않으려는 움직임이 강하게 나타나게 마련이다.

돌아보면 인류가 돌을 다 써버렸기에 석기시대가 끝난 것이 아니었다. 더 나은 기술인 청동기가 등장하면서 석기를 몰아냈던 것이다. 지구상의 돌은 여전히 사라지지 않았다. 다만 도구로서 사용하는 것이 줄어들었을 뿐이다. 마차의 시대가 끝난 것도 말이 사라져서가 아니었다. 내연기관을 장착한 자동차가 등장하면서 새로운 기술에 의해 운송체계가 바뀐 것이다.

그렇다면 석탄과 석유 등 화석연료 또한 종언을 고하지 않을 수도 있다. 기술혁신 속에서 새로운 역할에 맞는 에너지원 또는 연료원으로서 변화를 모색할 수도 있다. 태양광발전이나 풍력발전 등 재생에너지 산업의 단점인 간헐성을 보완하면서 환경친화적인 에너지원이 되거나 저탄소/탈탄소의 원료로 변신하여 공존할 수도 있지 않을까.

# 거대한 변화의 흐름,
# 에너지 전환과 디지털 전환

메가트렌드(Megatrend)란 사회에서 일어나고 있는 거대한 변화의 흐름을 의미한다. 위기에는 특히 이러한 메가트렌드가 무엇인지 알고 그에 따라 대응하며, 기회를 적극 활용하는 것이 필요하다.

우리가 알아야 할 메가트렌트 중의 첫 번째는 기후변화로 인한 저탄소/탈탄소의 '에너지 전환'이다. 그리고 두 번째는 4차 산업혁명의 기술혁신에 의한 '디지털 전환'이다. 2019년 말 지구를 덮친 코로나19의 발생 이후, 그동안 진행되어온 디지털 전환은 더욱 가속화되었다. 그에 따라 기존 산업도 디지털 신기술을 적용하여 지구온난화에 대응하고 있으며, 경제 활성화를 위한 다양한 정책이 펼쳐지고 있다. EU에서는 그린딜의 형태로, 우리나라에서는 한국판 뉴딜 정책으로 에너지와 디지털 분야에 대해 대전환 정책을 추진하고 있다.

## 에너지 전환 - 저탄소/탈탄소 에너지원

인류는 오랜 세월 동안 인력과 축력, 그리고 수차, 풍차 등을 이용하는 자연 에너지에 의존했다. 그러나 한편으로는 효율적이고 안정적으로 사용할 수 있는 에너지를 끊임없이 찾고 개발하며 발전을 거듭해왔다. 그리고 18세기 산업혁명기에 비로소 에너지 역사의 대전환점을 맞았다. 자연 에너지에서 화석에너지로 바뀌는 대전환이 이루어진 것이다.

산업혁명 초기에는 주로 석탄에 의존했으나 20세기 전후로 석유와 천연가스가 잇따라 발견되면서 화석에너지는 주 에너지로서 현대 인류 문명의 발전에 기여해왔다. 그러나 20세기 중반을 넘어서자 공해 문제가 대두되고, 1970년대에 두 차례의 석유 위기를 거치면서 화석에너지, 특히 석유의 역할에 의문이 제기되었다. 그러면서 화석에너지의 환경적 약점과 고갈 위험성을 극복하는 대안으로 원자력이 개발되었고, 한때 '제3의 불'이라는 별칭을 들을 정도로 새로운 에너지로 주목받았다. 그러나 소련의 체르노빌, 미국의 스리마일 섬, 일본의 후쿠시마 등에서 세 차례의 대형 사고를 겪으면서 원자력의 위험성이 부각되었고, 지속가능한 대안 에너지를 찾게 되었다. 현재는 지구온난화를 글로벌 환경이슈로 인식하면서 태양광, 풍력 등과 같은 재생에너지가 새로운 대안으로 떠오르고 있는 상황이다. 그리고 이와 같이 지구온난화를 극복하고 지속가능한 에너지를 확보하는 과정을 '에너지 전환'이라고 한다.

에너지 전환의 기본적인 목적은 우리 인류의 생활에 필수인 전력, 난방, 운송 등에서 지속가능한 에너지 공급을 실현하는 것이다. 또한 에너지 분야의 탄소배출량을 감소하여 지구온난화 위기에 대응하는 것 역시 중요한 목적이다. 그동안의 과학적인 연구를 통해 대기 중 온실가스의 양과 지구의 평균기온 사이에 인과관계가 있다는 사실이 입증되었다. 따라서 기후변화의 폭을 줄이기 위하여 이산화탄소, 메탄가스를 포함한 온실가스 배출량을 일정 수준 이내로 제한해야 한다. 이는 석유, 석탄, 천연가스와 같은 화석연료를 재생에너지와 같은 청정연료로 전환해야 한다는 의미이다. 기술적, 경제적, 환경적 요인도 중요하지만 에너지 전환은 궁극적으로 우리의 현재와 미래, 인류 전체를 위한 것이다.

에너지 시스템의 변화는 수십 년의 시간 동안 여러 단계에 걸쳐 이루어지는 장기적인 변화이다. 첫 단계는 에너지 전환의 필요성을 인식하고 필수적인 기술을 개발하는 단계로, 신재생에너지원 및 관련 기술을 개발하는 것이다. 두 번째 단계에서는 신재생에너지를 전체 전력망에 통합하면서 동시에 전체 전력 포트폴리오에서 재생에너지를 60% 이상으로 확대하는 것이다. 3단계에서는 신재생에너지로 생산된 전력이 충분해지므로 잉여전력을 보관하는 방법을 중점적으로 모색한다.

P2G(Power to Gas)와 같은 기술을 활용해 전기를 화학적 에너지를 지닌 연료로 저장할 수 있다. 현재는 수소나 메탄이 유력한 후보이며 수소는 수소연료전지의 연료로, 메탄은 연소용 연료로 활용된다. 마지막 단계에서는 재래식 에너지원을 전혀 사용하지 않

고 신재생에너지로만 필요한 에너지를 공급하는 것이다. 이 단계에서는 다양한 재생에너지원이 상호 경쟁하며 발전하여 전체 전력망의 효율성을 끌어올릴 것으로 예상된다.

| 에너지 전환 프레임워크 |

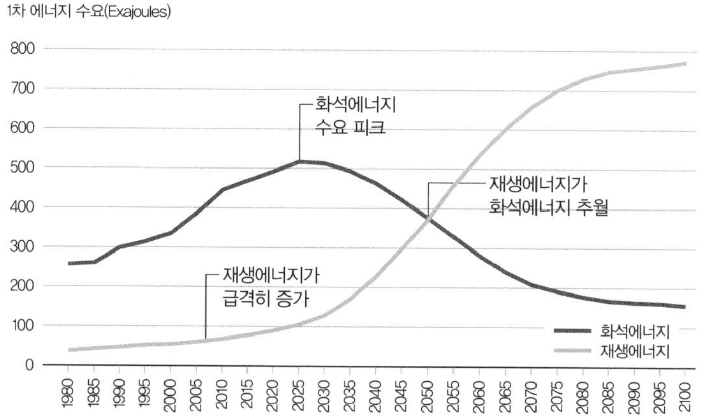


출처: Shell, 〈Sky Scenario〉, 2018.

## 디지털 전환 - 4차 산업혁명, 컨버전스, 플랫폼

두 번째 글로벌 메가트렌드는 4차 산업혁명 기술을 기반으로 한 '디지털 전환'이다. 디지털 전환이란 기업이 디지털과 물리적인 요소들을 통합하여 다양한 변화에 디지털 기반으로 기업의 전략, 조직, 프로세스, 사업모델, 문화, 커뮤니케이션, 시스템을 근본적으로 변화시키는 것이다.

4차 산업혁명 핵심기술은 산업의 디지털 전환과 더불어 저탄소 에너지원인 재생에너지의 분산발전과 간헐성 극복을 위한 기술결합 및 융합을 지원하고 있다. 4차 산업혁명 기술의 특징은 사물인터넷, 5G로 대변되는 초연결(hyper-connection), 인공지능으로 대변되는 초지능(hyper-intelligence), 디지털 기술을 활용한 초융합(hyper-convergence)이다. 전 산업에 걸쳐 이러한 4차 산업혁명의 유망기술이 결합되어 디지털 전환이 일어나고 있다.

20세기 후반 정보통신기술의 발달로 각 기술과 산업 내에서뿐만 아니라 서로 다른 산업 간에도 다양한 컨버전스(Convergence, 융합)가 이루어지고 있다. 먼저 산업 간 컨버전스의 예를 들어보면, 통신산업과 방송산업이 상호 융합하면서 거대한 멀티미디어 산업으로 성장하고 있으며, 산업의 주도권을 어느 쪽에서 리드할지의 경쟁도 치열하다. 뒤이어 BT(Bio Tech), NT(Nano Tech) 등 신기술의 등장으로 컨버전스의 폭과 깊이는 더 커지고 있다. 또한 금융, 의료, 건설, 제조업 등으로도 산업 간 컨버전스가 확대되면서 새로운 사업 및 시장이 창출되고 있다.

한편 기존의 산업구조와 기업들의 경쟁방식도 크게 변화하고 있다. 기존 산업에서의 가치사슬 구조가 해체되고 통합과 분화가 가속되면서, 가치의 원천이 기존 하드웨어 중심에서 부품이나 소재, 콘텐츠, 솔루션 및 서비스 등으로 옮겨가고 있기도 하다. 산업 단위에서의 컨버전스 확산에 따라 시장에서 기업들의 경쟁 패러다임도 크게 변화할 것으로 예상된다. 기존 주력 사업이 점차 레드오션으로 변모해가는 한계 상황에 처한 기업들에게 컨버전스는 새로운 사업의 기회를 제공하고, 도약의 기회로 작용할 것이 분명하다. 그러나 시장 및 경쟁 환경의 변화에 제대로 대처하지 못한다면 기존 시장에서의 경쟁우위마저도 잃을 수 있다는 위협요인도 동시에 존재한다. 그동안의 산업경제 시대에는 규모의 경제가 사업을 발전시키는 성장 엔진이었다. 20세기 초반에 거대한 기술적 부흥을 맞으면서 대량생산이 가능하게 되고 시장에 대한 대중의 접근성이 높아지자, 규모의 경제가 사업의 성공을 좌우했다. 전기를 동력으로 사용하고 자동화가 가능해지면서 기업들은 제품을 대량으로 생산할 수 있는 거대한 공장을 짓기 시작했다. 그리고 이러한 규모의 경제는 경쟁력의 원천이 되었다. 평균 생산비용을 낮출 수 있을 뿐 아니라, 경쟁자가 진입할 수 없는 거대한 장벽도 쌓을 수 있었기 때문이다. 이는 판매량을 더욱 증가시키고, 판매량이 늘어나면 가격을 더 내릴 수 있다.

그러나 이제는 새로운 기술의 발전으로 성장의 축이 탈규모의 경제로 이동하고 있다. 규모 대신 생산과 소비 시장 참여자 간의 상호작용을 촉진하여 네트워크 효과를 극대화하는 것이 가치 창출의 원동력이 되고 있으며, 이는 바로 플랫폼 사업의 등장을 가리킨다.

세계경제포럼(WEF, World Economic Forum)에 따르면 향후 10년간 새롭게 창출되는 가치의 70%는 이러한 플랫폼에 기반을 둘 것으로 예측된다. 이는 정보통신기술의 발달로 공급과 수요를 중개하는 여건이 활성화되면서 플랫폼 비즈니스에 성장의 기회가 무궁무진하다는 것을 의미한다. 공급 측면에서는 정보기술 발달로 플랫폼을 구축하고 크게 확장하는 작업이 단순하고 저렴해지고, 다양한 분야에서 플랫폼이 등장할 여건이 마련되었다.

수요 측면에서는 통신망 진화, 모바일 기기 확산 등으로 플랫폼 참여자의 종류와 규모가 대폭 확대되면서 플랫폼 비즈니스의 성장 기회가 더 많아지고 있다. 플랫폼 비즈니스의 주요 자산은 생산자와 소비자로 엮인 네트워크이다. 경쟁 기업보다 참여자를 더 많이 플랫폼으로 끌어들인 기업이 제공하는 가치가 더 높아진다.

'규모의 경제'에서 '네트워크 효과'로 무게중심이 변화함에 따라 기존의 제조업 강자들도 사업의 플랫폼화를 추진하기 시작했다. 가장 큰 이유는 디지털 기술이 제품의 핵심적인 부분으로 자리매김함으로써 제품들이 스마트화되고, 상호 연결되기 때문이다. 현재 국내의 네이버, 카카오 및 하이브(구 빅히트엔터테인먼트)의 사업이 경쟁의 틀을 새롭게 만들어가는 모습을 보면 디지털을 기반으로 하는 컨버전스 현상을 이해할 수 있다.

앞으로 국제사회의 목표는 신재생에너지를 기반으로 한 청정에너지와 4차 산업혁명의 기술을 바탕으로 한 디지털화된 에너지 사회로 전환하는 것이다. 기후변화에 대한 대응은 곧 저탄소/탈탄소 사회로의 전환이다. 그리고 저탄소/탈탄소 사회로의 전환은 4차 산업혁명 기술과 함께 실현될 것이다. 세계는 더욱 친환경적인 에너지 공급을 요구하며 산업 간 융복합 등 장벽을 초월한 창조적 시도로 새로운 차원의 에너지산업이 등장하기를 기대하고 있다. 이러한 변화의 흐름 속에서 국가와 기업, 개인은 각자의 기회와 생존 전략을 찾아야 할 것이다.

각국의 탄소중립 선언과 기업의 대응 145
저탄소 에너지원 신재생에너지의 부상 161
CCUS와 청정에너지 수소 174
재생에너지를 이용한 전력 생산 192
전력산업의 변화와 미래 203
4차 산업혁명과 디지털이 이끄는 에너지 전환 219

2장

# 기후위기를 알면 시장이 보인다

# 다가온 기후위기, 지구온난화

현재 지구 곳곳에서는 극단적인 기후변화의 빈도가 증가하고, 그에 따른 해수면 상승, 생물 다양성의 변화 등으로 점점 더 피해가 커져가고 있다. 유엔은 인류에게 환경오염에 대한 경각심을 일깨우고 환경을 되살리기 위해 1992년 브라질 리우데자네이루에서 개최된 유엔환경개발회의(UNCED, 별칭 '리우 정상회의')를 시작으로 전 세계 100여 개국, 2천여 명의 환경전문가들을 대상으로 한 설문조사를 기반으로 매년 '환경위기시계(Environmental Doomsday Clock)'를 발표하고 있다.

그렇다면 우리나라의 환경위기 시계는 몇 시 몇 분일까? 환경파괴에 대한 위기감을 시각적으로 표현한 환경위기시계는 0~3시까지는 '좋음', 3~6시는 '보통', 6~9시는 '나쁨', 9~12시는 '위험'을 나타내고, 12시는 환경파괴로 인한 지구 종말을 의미한다. 1992년의 세계 평균 환경위기 시간은 7시 49분이었다. 그러나 2020년에는 환경위기 시계가 9시 47분을 가리키며 '위험' 구간으로 진입했다. 이는 한 해 전보다 1분이 늦어진 것이다. 한편 우리나라의 환경위기 시계는 세계 평균보다 9분이나 빠른 9시 56분이다. 아시아의 주요국가 중 중국은 10시 1분, 인도는 9시 14분, 일본은 9시 46분, 대만은 8시 52분이다.

| 2020년 세계 환경위기 시계 |

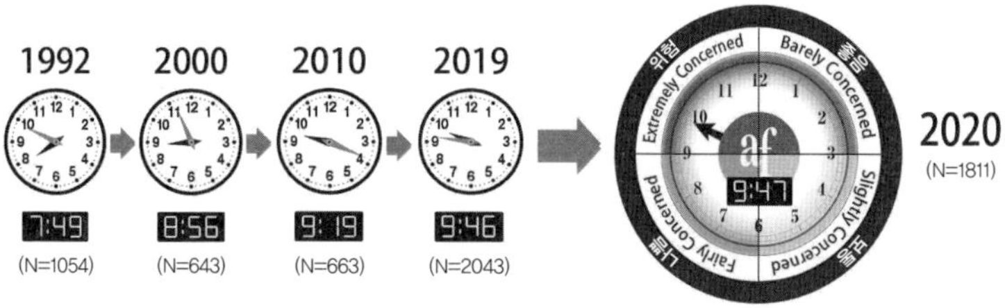


출처: Japan Asahi Glass Foundation, The Environmental Doomsday Clock, 2020.

## 기후변화와 온실가스

지구상의 자연적인 기후변화의 흐름은 '기후 변동성'이라고 한다. 반면 기후 변동성의 범위를 벗어나서 더 이상 평균 상태로 돌아오지 않는 기후 체계의 변화는 '기후변화'라고 하는데, 최근에는 지구온난화로 인한 기후변화를 가리키는 경우가 일반적이다.

기후변화의 원인으로는 첫째로 태양 활동의 변화, 지구 자전축 경사의 변화 등 오랜 기간에 걸쳐 서서히 일어나는 천문학적인 변화, 그리고 둘째로 1991년 필리핀 파나투보 화산 폭발로 인해 지구 평균기온이 0.5℃ 낮아진 것으로 추정되는 등 자연 활동으로 인한 자연적인 요인, 셋째로 화석연료 과다 사용, 토지개발 등으로 인한 인위적인 요인 등을 들 수 있다.

태양에서 지구에 도달하는 빛 에너지(342W/㎡) 중 약 30%는 우주 공간으로 반사되고, 20%는 대기권에 흡수된다. 지표면에는 50%(172W/㎡)가량만이 도달한다. 지구는 태양에서 도달한 에너지 중 적외선과 같이 긴 파장의 에너지를 방출하며, 일부는 대기 중의 이산화탄소와 같은 온실가스에 흡수된다. 적외선을 흡수한 온실가스 분자는 들뜬 상태가 되고, 안정한 상태를 유지하기 위해 에너지를 방출하는데, 이 에너지 덕분에 지구가 일정한 온도를(약 15℃) 유지할 수 있는 것이다.

온실가스는 지구온난화의 원인이기도 하지만, 온실가스가 없다면 지구는 평균기온이 영하 19℃가 되어 인간이 살기 어려운 환경이 되어버린다. 지금 문제가 되고 있는 온실가스 농도는 인류 생존에 적합한 온실효과를 넘어선 것으로, 과도한 수준의 이산화탄소, 메탄 등과 같이 인간의 활동으로 발생한 온실가스를 말한다. 온실가스의 농도가 필요 이상으로 높으면 지구에 너무 많은 열을 가두게 되고, 자연적인 변화의 폭을 초과하여 온도가 상승하게 된다.

온실가스의 또 다른 문제는 대기 중에 오래 머무른다는 점이다. 이산화황과 질소산화물은 최대 일주일, 일산화탄소는 10일에서 최대 1년 정도이지만 이산화탄소의 경우 100~250년에 걸쳐 장기간 대기 중에 머물며 농도가 지속적으로 증가하기 때문에 기후변화에 대한 인류의 싸움을 더욱 어렵게 만든다.

| 온실가스 효과 |

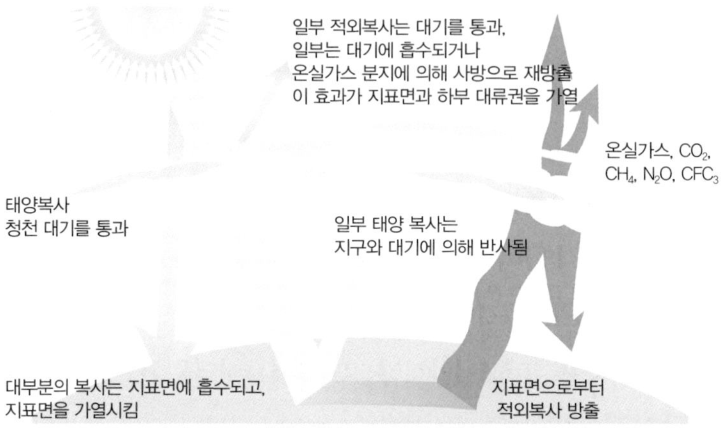


자료 출처: 기상청 기후변화정보센터, 2005.

## 과학적으로 증명된 지구온난화 현상

기후변화 현상, 화석연료의 탄소기반 에너지의 탄소기반 에너지 체계의 위험에 대한 과학적 연구는 1824년 프랑스의 수학자이자 물리학자인 조제프 푸리에(Joseph Fourier)가 처음 시작했다. 그가 처음으로 설명한 대기 에너지 전도의 비대칭성은 오늘날의 온실효과(Green House Effect)에 해당한다. 이러한 기온상승 효과는 1850년대에 미국의 과학자 유니스 푸트(Eunice Newton Foote)가 실험을 통해 이산화탄소 온실효과를 입증함으로써 최초로 과학적인 증명이 이루어졌고, 아일랜드의 존 틴달(John Tyndall)이 이산화탄소에 의한 온실효과를 이론적으로 정립했다.

이어서 1895년에 스웨덴의 물리학자인 스반테 아레니우스(Svante Arrhenius)가 대기 중 이산화탄소 농도와 기후변화의 연관성을 명확하게 제시하며 화석연료 사용이 기후변화 영향, 즉 온실효과를 초래할 수 있음을 증명했다. 인간의 활동이 기후변화에 영향을 미쳤을지도 모른다고 처음으로 의문을 제기한 사람은 영국의 공학자인 캘린더(Guy Stewart Callendar)이다. 그는 1938년에 발표한 논문에서 화석연료를 태울 때 나오는 이산화탄소가 기후변화에 많은 영향을 미치고 있다고 주장하였다.

기후변화에 대해 아직도 일부 회의론자들은 반박하기도 하지만, 이렇게 출발한 기후변화에 대한 연구를 통해 인류의 활동이 지구온난화를 초래했다는 것이 이제는 논란의 여지가 없는 과학적 사실로 인식되고 있다. 1958년 미국의 화학자 찰스 킬링(Charles David Keeling)이 하와이 마우나로아(Mauna Loa) 해발 4,000m 정상 근처 관측소에서 대기 중 이산화탄소 농도를 측정했는데, 당시 315ppm이던 이산화탄소 농도는 2021년 4월 8일 421.4ppm을 기록했다. 그리고 이 수치는 최근 20만 년 중 가장 높은 기록이라고 한다.

전 지구적인 온실가스 감소를 위해서는 1992년에 체결한 UNFCC의 '공동의, 그러나 차별화된 책임(CBDR, Common but Differentiated Responsibilities)'을 상기할 필요가 있다. 이 원칙은 모든 사람이 기후문제 해결에 동참할 의무를 가지지만, 그중에서도 최근 100년 동안 온실가스를 더 많이 배출한 국가들이 감축에 앞장서야 할 뿐만 아니라 후진국들의 청정에너지 발전모델 전환에 경제적·기술적 지원을 해야 한다고 명시하고 있다.

| 이산화탄소와 지구 온도 상승 추세 |

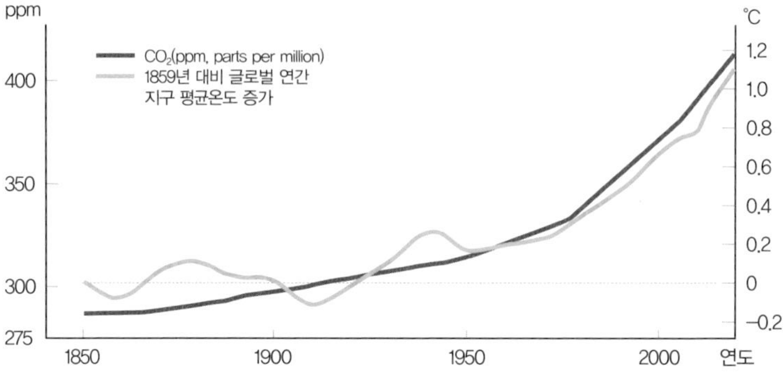


출처: Deutsche Welle, 〈How Can We Remove $CO_2$ From the Atmosphere〉, 2020.

## 국가별 배출량과 과제

이산화탄소는 지금까지 지구온난화에 가장 많이 영향을 끼치고 있는 온실가스로서 대부분 석탄, 석유, 천연가스와 같은 탄소 기반 화석연료가 연소할 때 발생한다. 산업혁명 이후 1750년부터 2019년까지의 이산화탄소 누적 배출량은 약 1.7조 톤 정도이다. 1950년대 이전 연간 이산화탄소 배출량은 전 세계를 통틀어 약 50억 톤 정도였으나, 이후 1990년에는 220억 톤, 현재는 360억 톤 수준까지 증가했다. 1990년까지의 이산화탄소 누적배출량이 8,038억 톤(49%)인 데 비하여 1991년부터 2019년까지의 배출량이 8,620억 톤(51%)으로, 최근에는 배출 증가 속도가 더욱 빨라져 매우 우려되는 상황이다.

산업혁명 이후 국가별로 배출한 온실가스 누적배출량을 보면 단연 1위는 미국으로 4,120억 톤, 2위 중국은 2,200억 톤, 3위 러시아는 1,139억 톤, 4위 독일 920억 톤, 5위 영국 778억 톤, 6위 일본 640억 톤, 7위 인도 519억 톤 8위 프랑스 383억 톤을 배출하였고, 우리나라는 171억 톤을 배출하여 17위이다. 미국, EU 28개국 등 선발 산업국가의 누적 배출량이 가장 많고, 최근 급속한 산업화가 진행된 중국은 가장 빠른 속도로 이산화탄소 발생량이 증가하고 있다.

2019년의 글로벌 온실가스 발생량은 이산화탄소 환산 기준 574억 톤으로 추정된다. 주로 에너지, 산업, 운송 부문의 연료 및 원료로 사용되고 있는 화석연료에서 이산화탄소 배출량의 80% 정도가 발생하였다. 기타 주요 온실가스로는 메탄, 아산화질소, 블랙카본(불완전 연소할 때 발생하는 검은색의 그을음), 다양한 불소가스가 있는데, 이산화탄소보다 적은 양이 발생하지만 대기 밖으로 방출되는 열을 가두는 효과는 더 크다. 미국환경보호원(United States Environmental Protection Agency)에 의하면 2018년 미국 내 메탄가스는 온실가스의 9.5%를 차지하며, 메탄가스 주요 배출원은 동물의 장내 발효 28%, 천연가스 및 석유류 사용 28%, 토지 개발 17%, 비료 사용 11%, 광산 개발 8% 등이다. 열을 가두는 능력은 지구온난화지수(GWP, Global Warming Potential)로 표시하며 가장 많이 발생하는 이산화탄소의 GWP를 1로 하고 다른 발생원을 상대적인 가능성으로 나타낸다. 메탄의 GWP는 21, 아산화질소의 GWP는 310, 블랙카본의 GWP는 3,200이다.

네델란드 환경평가청(PBL, Planbureau voor de Leefomgeving)에 따

르면 전 세계가 배출한 온실가스 양은 1990년 374억 2천만 톤 $CO_2eq$(온실가스 배출량을 이산화탄소로 환산한 양)에서 2019년 574억 톤 $CO_2eq$으로 증가하였고, 이 중에서 토지이용·토지이용변화·임업(LULUCF, Land Use, Land-Use Change and Forestry)을 제외하면 이산화탄소 환산 524억 톤 $CO_2eq$이 배출된 것으로 추정하였다. 국가별로는 단연 중국이 1위로 전 세계의 27%에 해당하는 140억 $CO_2eq$를 배출하였고, 우리나라는 14위였다.

한편, 2019년 글로벌 카본프로젝트(GCP)가 발표한 통계자료에 의하면 전 세계 이산화탄소 배출량은 364억 4,100만 톤이었고, 인구 대국과 선진 산업국가에서 주로 배출되었다. 단연 최대 배출 국가는 중국으로서 101억 7,500만 톤을 배출하였고, 미국이 2위로 52억 8,500만 톤, 인도가 3위로 26억 1,600만 톤, 러시아연방이 4위로 16억 7,800만 톤, 독일이 7위로 7억 200만 톤, 우리나라는 6억

| 글로벌 온실가스 발생량 |

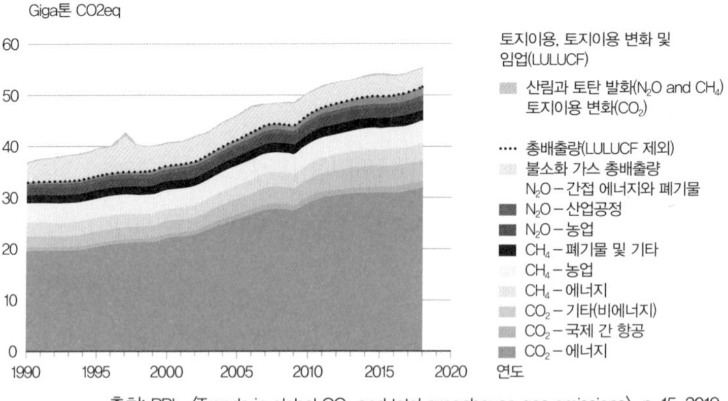


출처: PBL, 〈Trends in global $CO_2$ and total greenhouse gas emissions〉, p. 15, 2019.

1,100만 톤 수준으로(1905년 771톤 배출) 세계 9위를 기록했다.

우리나라의 경우, 국민 1인당 연간 이산화탄소 배출량은 약 11.8톤으로 세계 18위이며, 세계 평균인 4.75톤의 2.5배에 달했다. 반면 우리와 유사한 산업국가인 독일은 국민 1인당 연간 8.4톤의 이산화탄소를 배출하고 있다. 이를 보아도 향후 국제 경쟁력 확보를 위해서는 국내산업의 저탄소/탈탄소 에너지로의 전환이 시급함을 알 수 있다.

2019년 기준, 우리나라의 온실가스 총배출량은 7억 280만 톤으로 에너지 6억 1,120만 톤(87%), 산업공정 5,360만 톤(17.6%), 농업 2,100만 톤(3%), 폐기물 1,700만 톤(2.4%) 순으로 배출하였다. 2020년 10월, 2050년까지 탄소중립을 달성하겠다는 결코 쉽지 않은 목표를 선언한 만큼, 석탄발전 중심의 에너지 부문과 철강, 시멘트 등 제조업 부문에서의 화석연료 사용 감축과 에너지 전환이 커다란 과제이다.

## 온실가스 감축을 위한 구체적 과제

핵심은 재생에너지 발전을 늘려서 청정에너지원의 전기를 공급하겠다는 계획인데, 현재 4% 정도인 재생에너지 발전량을 2050년까지 64%로 확대하기에는 넘어야 할 난관이 많다. 경제 규모 대비 국토가 좁고, 또한 태양광발전 외에 대규모의 해상풍력발전단지를 건설하는 데에도 주민 수용성 및 생태계에 미칠 영향을 고려할 점이 많으므로, 건설에도 10년 이상이 소요될 것으로 예상된다.

지구온난화에 대한 전 세계적인 합의는 거의 이루어졌다고 할 수 있지만, 전 속도로 달리고 있는 기차의 속도를 어떻게 줄이느냐가 문제이다. 문명 발전의 원동력인 에너지라는 기차에는 2050년 탄소중립이라는 최종 정차역이 정해져 있다. 과연 2050년이라는 기차역까지 속도를 줄여서 무사히 도착할 수 있을지, 감속이 되지 않아서 지나쳐버릴지가 관건이다. 2018년 유엔 IPCC의 〈1.5℃ 특별보고서〉는 "지구 온도 상승을 산업화 이전 대비 1.5℃ 상승 이내로 제한하려면 전 세계가 온실가스 배출량을 2030년까지 2010년 대비 45% 줄이고 2050년까지 탄소중립을 달성해야 한다"라고 권고한 바 있다.

어떻게 이를 달성할 수 있을지 알기 위해서는 남아 있는 온실가스 배출량인 탄소예산(Carbon Budget)을 알아보아야 한다. 지구의 온도를 산업화 이전 대비 1.5℃ 이내로 상승한 수준으로 제한하기 위해서는 이산화탄소 최대 배출량을 2,350억 톤 이하로 유지해야 한

| 산업화 이전 수준 대비 지구온난화 억제 목표별 잔여 탄소예산 |

(2020.1.1. 기준)

| 지구온난화 억제 확율 | 1.5℃ 이내 억제 | 2℃ 이내 억제 |
|---|---|---|
| 50% | 3,950억 톤 | 1조 3,150억 톤 |
| 66% | 2,350억 톤 | 9,850억 톤 |
| 기존의 잔여탄소예산 (2018년 초 기준) | 3,200억 톤 | 1조 700억 톤 |
| 인간 활동으로 인한 2019년 $CO_2$ 배출량 | 431억 톤 | |

출처: CONSTRAIN, 〈The remaining carbon budget and decadal warming rates〉, p. 8, 2019.

다. 이를 2019년의 연간 배출량인 431억 톤으로 나누면 현재 수준의 배출량으로는 5.5년 이후에는 이산화탄소 배출량이 0이 되어야 한다는 계산이 나온다.

기후위기는 전 세계 모든 국가가 당면한 공통의 위기이다. 우리나라도 이 위기를 피해갈 수 없다. 2021년부터의 신기후체계가 가져올 불확실한 미래에 대비하여 우리에게도 다양한 대안과 전기차, 2차전지, 탄소저감기술인 탄소포집활용저장(CCUS, Carbon Capture, Utilization and Storage) 등 지속적인 기술혁신이 필요한 시점이다.

또한 에너지 사용을 줄일 수 있는 에너지효율 향상 기술을 기본으로 재생에너지 확대, 그린수소 도입, 순환경제 활성화 등으로 탄소 배출을 줄이고 친환경 사회를 구현하는 것이 급선무이다. 우리나라를 포함한 전 세계가 2050년 탄소중립을 실현하기 위해서는 각 국가, 기업들 및 모든 개인이 보다 적극적으로 동참하여 지구온난화 속도를 늦추도록 노력해야 한다.

# 탄소시장을 둘러싼
## 저탄소/탈탄소 움직임

에너지 다소비 산업구조를 가진 우리나라는 주력산업인 철강, 석유화학, 시멘트, 반도체, 디스플레이에서 배출되는 온실가스가 제조업 배출의 약 70%를 차지한다. 그러나 온실가스 감소를 위한 우리의 준비는 많이 뒤처져 있다. 이는 국제사회의 평가에서도 여실히 드러난다. 국제 환경단체인 기후행동추적(Climate Action Tracker)은 우리나라를 '기후 악당 국가'로 평가하고 있다. 또한 영국의 금융 싱크탱크 카본트래커(Carbon Traker)는 우리나라가 1,060억 달러의 석탄 관련 좌초자산(Stranded Assets)을 가지고 있다고 한다.

어떻게 하면 기업과 개인 모두가 보다 적극적으로 탄소 배출 감축활동에 참여하도록 유도할 수 있을까? 방법 중 하나는 시장 메커니즘을 이용하는 것이다. 이산화탄소 배출 감축에 탄소가격을 부과하는 것인데, 이는 탄소 배출 감축에 강력한 인센티브를 제공할 수 있다.

탄소가격은 탄소 배출량 증가로 발생하는 현재와 미래의 사회·경제적 피해를 현재 시점으로 환산한 현재가치로 부과한다. 이를 통해 소비자에게는 어떤 상품과 서비스가 탄소함량이 높은지에 대한 신호를 주면서 보다 적은 탄소함량의 상품과 서비스를 사용하도록 유도할 수 있다. 또 생산자들에게는 탄소를 적게 쓰거나 전혀 사용하지 않도록 비용을 낮추고 수익을 높일 수 있게 한다. 또한 혁신가들에게는 저탄소 제품과 공정을 개발하고 도입할 인센티브를 제공하여 고탄소 기술을 대체하도록 유도할 수 있다. 이렇게 탄소에 가격을 부과하는 정책으로는 그동안 가장 많이 채택된 제도인 화석연료에 대한 종량세 부과(기존의 에너지세) 탄소가격 메커니즘 등이 있다.

## 탄소 감축을 위한 시장기구 구축

〈교토의정서〉에서 도입한 시장 메커니즘 제도로는 탄소 배출 총량을 규제하는 배출권 거래제(ETS, Emission Trading System)와 이산화탄소 배출량을 기준으로 배출원에 부과하는 탄소세(Carbon Tax)가 있다. 총량제한제인 배출권 거래제는 이산화탄소 배출이 희소성을 띠게 만들어서 가격을 형성하는 방식이다. 한 국가가 전체 이산화탄소 및 다른 온실가스 배출량에 한도를 정하고, 배출할 권리가 담긴 한정된 수의 배출권 허가를 발행한다. 두 번째 시장 메커니즘인 탄소세는 정부가 온실가스 배출량 또는 화석연료의 탄소함량, 즉 톤 $CO_2eq$당 명시적인 세율을 설정하여 직접 세금을 부과하는 방식이다. 노벨상 수상자인 기후경제학자 윌리엄 노드하우스에 따르면 일반적으로 경제학자들은 탄소세 방식을 선호하고, 협상가와 환경전문가들은 총량제한 배출권 거래제를 선호한다고 한다.

유럽의 핀란드와 폴란드는 1990년에 처음으로 탄소세를 도입하여 선도적으로 온실가스 감축에 착수했다. 이후 1991년 노르웨이와 스웨덴에서도 탄소세를 도입하였으며, 2005년 〈교토의정서〉 발효 이후 유럽에서 배출권 거래제가 시행되어 시장 메커니즘을 통한 본격적인 탄소가격제도가 시작되었다.

2019년부터는 주요 국가의 기후 목표 달성을 위한 탄소가격제 도입이 확산되고 있으며 공공과 민간 부문에서 탄소가격제가 다양한 형태로 적용되고 있다. 2020년 5월 발표된 세계은행 보고서에 따르면 배출권 거래제가 31개, 탄소세가 30개, 총 61개의 탄소가격제도가 46개 국가, 32개 지방정부 등에서 시행되고 있다. 탄소가격제의 적용을 받는 대상은 연간 글로벌 총 발생량의 22% 수준인 총 120억 톤으로, 2019년 기준으로 관련 수입은 450억 달러 규모이다.

또한 전 세계에서 1만 4,500개 이상의 크레디트(Credit) 프로젝트가 진행 중이며, 거래 가능한 배출권 감축분에 해당하는 누적 탄소 크레디트는 40억 톤 규모 수준이다. 2020년에는 미국과 캐나다의 주 단위 탄소가격제 도입, 멕시코의 ETS 파일럿 도입 등 아메리카 대륙 중심으로 탄소가격제 도입이 확대되고 있다. 전 세계 탄소

| 전 세계 탄소가격제 시행 현황 |

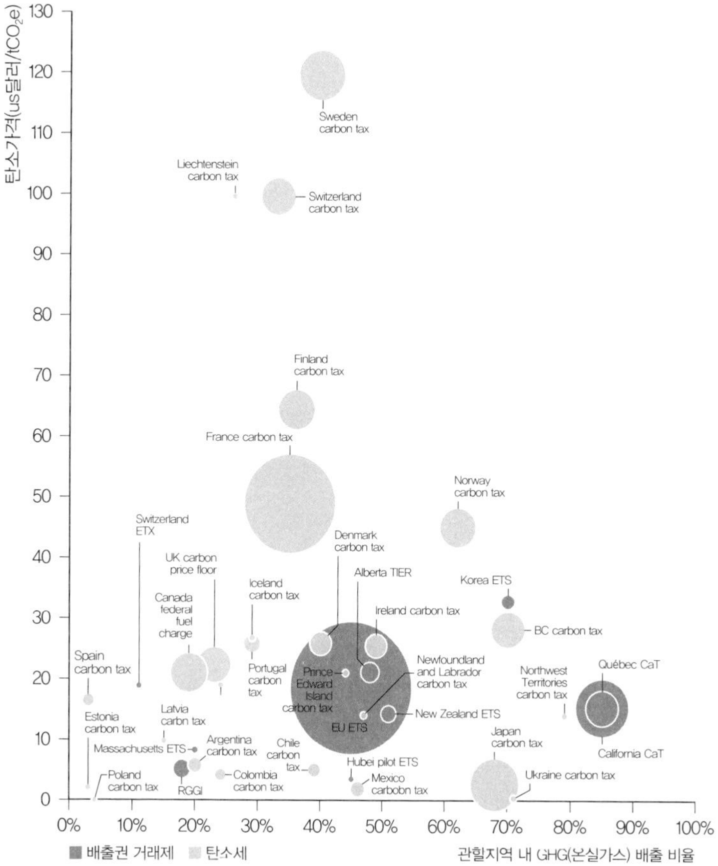


출처: World Bank Group, 〈State and Trends of Carbon Pricing〉, p. 13, 2020.

가격은 이산화탄소 환산 톤당 1~119달러 범위이고 대부분은 10달러 이내 수준이다.

2019년 국제통화기금(IMF, International Monetary Fund)은 2℃ 시나리오를 달성하기 위해서는 회원국들이 2030년까지 탄소세를 도입해야 한다고 주장하고, 세율은 톤당 75달러 수준이 돼야 한다고 권고한 바 있다. 또한 세계적으로 같은 수준의 탄소세를 도입하되 개발도상국의 온실가스 감축을 위해 선진국이 경제적·기술적 원조를 의무화하는 방안을 제안했다. 이와 같이 다양한 방법을 통한 저탄소 전략이 추진되고 있다.

앞의 그래프는 탄소가격제를 시행하고 있는 주요 국가의 탄소 가격, 적용범위 및 세입규모를 나타낸다. 원의 크기는 정부 세입(탄소세, 배출권 거래제, 종량세 등) 규모에 비례하고, 탄소가격은 2020년 4월 기준 이산화탄소 1톤당 달러(US$/톤$CO_2$)이다. 우리나라의 경우 ETS가 차지하는 범위는 전체 배출량의 70%에 해당하고 그 가격은 톤당 33달러 수준이다.

## 탄소세

탄소세는 지구온난화의 주요 원인인 온실가스를 배출하는 석유, 석탄, 천연가스 등 화석연료에 함유된 탄소량에 기초하여 부과한다. 경제적 선택을 제한하는 정책적 수단인 탄소세는 비시장재인 탄소 배출에 가격을 부여하고 인상시킴으로써 환경오염의 부정적 외부효과를 내부화하는 규제 정책이다. 직접적인 금지 규제와는 달리 환경오염이 유발하는 사회적 비용을 시장기구 내부로 들여와 참여자들의 행동 변화를 유도하는 친화적 규제라고 할 수 있다.

탄소세의 장점은 수익 창출 대비 효율적인 온실가스 감축이 가능하다는 점이다. 즉 소비 억제, 효율적 사용 유도 및 저탄소 대체 에너지 개발 등을 유도할 수 있다. 단점은 감축 효과가 불확실하고 조세 저항이 있을 수 있다는 점이다. 또한 상품가격 상승 등으로 인한 정치적 부담 및 에너지세, 기타 환경세 등과의 상충을 해결해야 하는 점이 있다. 한편 탄소세 부과로 저소득층의 부담이 커질 수 있기 때문에 유럽 일부 국가에서는 정의로운 에너지 전환의 일환으로 탄소배당이라는 제도를 통해 이를 보완하고 있다.

호주의 경우 2012년 500대 탄소 배출 대기업에 톤당 일정액의 탄소세를 부과했으나, 기업들이 세금 증가분을 소비자 가격에 반영하면서 반발이 늘어 2015년에 탄소세를 폐지한 최초의 국가가 되었다. 프랑스에서도 2014년에 에너지세에 간접 탄소가격의 형태로 탄소세 도입을 추진했으나(7유로/톤$CO_2$eq), 도입 5년 만인 2018년에 유류세 등 탄소세를 인상하면서 늘어난 세수만큼 소득세 및 법인세 인하를 앞두고 시위가 벌어져 결국 인상안을 철회하기에 이르렀다. 캐나다 온타리오주는 "지역 가정의 주머니에서 돈을 빼내고 일자리 창출도 더욱 어려워질 것"이라고 주장하고 서민들의 주머니와 직결된다며 연방 탄소세에 반기를 들어 소송을 제기했다. 위 국가들의 사례에서 보여주듯 사회적 합의 없이 성급하게 탄소세 정책 도입을 추진한 국가들은 쓰라린 실패를 경험하고 있다.

이와 반대로 IMF 보고서에 따르면 스웨덴은 탄소세 도입(1991년) 이후 세제 개편을 통해 꾸준히 세율을 높여 온실가스 배출량을 줄여온 모범국가이며, 탄소세를 도입한 25년(2016년 기준) 동안 온실가스 배출을 23% 줄이면서도 55%의 경제성장을 이뤄낸 것으로 나타났다. 반면 호주는 탄소세를 도입했던 2011년 이후 탄소 배출량이 조금씩 감소하는 경향을 보였으나 탄소세를 폐지한 2015년부터는 다시 탄소 배출량이 증가하는 경향을 보였다.

우리나라는 2021년 3월에 발의된 탄소세 법안에서 2030년까지 톤당 약 8만 원의 탄소세가 부과될 전망이며, 석탄에서 배출되는 탄소량을 고려하면 석탄가격은 톤당 90달러에서 320달러로 오를 것으로 예상하고 있다. 또한 탄소 관련 규제 강화(석탄총량제, 탄소세 부과)로 좌초자산이 될 가능성이 있는 한국전력의 석탄자산(기계, 구축물)은 20조 원으로 추정하고 있다.

### 배출권 거래제

배출권 거래제는 환경 오염재를 거래하는 일명 탄소시장을 조성하여 시장의 수급에 의해 탄소가격을 결정한다. 먼저 정부가 허용 가능한 오염물질의 연간 총배출량을 결정하고 배출권을 발행한다. 배출권은 오염물질을 배출할 수 있는 권리로서, 배출권을 보유한 기업만이 할당된 양만큼의 오염물질을 배출할 수 있도록 하는 제도이다.

배출권의 발행은 경매방식으로 하며 기업의 배출권 수요가 공급된 총량과 같아지는 가격에서 배출권을 판매한다. 기업은 배출권의 가격이 오염물질 배출의 한계비용이므로, 이것이 오염물질 배출의 한계 편익과 같아질 때까지 배출권을 수요하게 될 것이다. 이는 시장 메커니즘에 기반하고 있어 기업이 탄력적으로 대응할 수 있는 기회를 주고, 이러한 유연함이 비용 효율성을 극대화하기 때문에 가장 적은 비용으로 온실가스를 감축하도록 유도하는 것이 장점이다. 또한 온실가스 감축에 대해 인센티브를 부여하므로 기업이 자발적으로 감축 노력에 투자할 수 있도록 유인할 수 있다. 반면에 단점으로는 경기에 영향을 받기 때문에 탄소가격에 변동성이 있고, 적용대상에서 제외된 부문은 배출량 조절에 어려움이 있다는 점이다.

배출권 시장은 다시 '할당 베이스' 시장과 '프로젝트 베이스' 시장으로 나뉜다. 할당 베이스 시장은 기업별로 온실가스 배출 허용량이 할당되면 할당량 대비 잉여분 및 부족분을 거래하는 개념이다. 반면 프로젝트 베이스 시장은 배출량 감축 프로젝트를 실시하여 거둔 성과에 따라 획득한 크레디트를 배출권 거래 형태로 거래하는 개념이다. 즉 청정개발체제(CDM, Clean Development Mechanism) 프로젝트를 통해 획득한 크레디트는 CER(Certified Emission Reduction)라고 하며, 공동이행(JI, Joint Implementation) 프로젝트를 통해 획득한 크레디트는 ERU(Emission Reduction Unit)라고 한다.

2002년 영국에서 최초로 자발적인 배출권 거래제가 도입된 이후 2005년부터 EU 차원에서 의무할당 방식의 배출권 거래제가 시행되면서 온실가스 거래시장을 주도하고 있다. 2005년 발효된 〈교토의정서〉 체계가 온실가스 배출권 거래의 기반을 제공하며,

지구온난화 방지를 위한 국제협약에 따라 이산화탄소 등 온실가스 배출권에 대한 소유권이 설정되고, 수급에 따라 배출권 가격이 형성된다.

배출권 거래제를 도입한 도시·국가는 총 25개국으로 EU, 미국 북동부의 9개 주가 참여하는 지역 온실가스 감축협약(RGGI, Regional Greenhouse Gas Initiative), 중국, 뉴질랜드, 카자흐스탄, 한국 등이 있다. EU의 경우 시행 초기에는 과다 할당과 횡재 이윤의 문제로 실패했다는 평가를 받았으나, 명확한 분류체계와 기준을 바탕으로 할당 체계를 수정하고 투명하게 운영하여 현재는 가장 큰 탄소시장으로 배출권 거래제를 선도하고 있다. 배출권의 규모도 총배출량의 약 40%를 차지하며, 2017년 기준 총배출량은 43억 2,300만 톤 $CO_2eq$로 에너지 부문(78%)에서 가장 높은 비중을 보였다. 1990년 배출량을 기준으로 중장기 목표를 수립해 2030년에는 1990년 대비 40% 감축, 2050년까지 탄소중립을 달성하겠다는 계획이다.

미국 캘리포니아주는 2012년에 배출권 거래제(CTP, Cap and Trade Program)를 도입하고 2013년 1월부터 의무화하였다. 현재 캘리포니아주 온실가스 배출량의 약 80%가량이 배출권 거래제를 통해 거래되고 있으며 2017년 총배출량은 4억 2,400만 톤 $CO_2eq$에 이른다. 중국은 선전, 상하이, 베이징, 광둥, 톈진, 후베이, 충칭 등 7개 지역에서 배출권 거래제 시범사업을 성공적으로 운영했으며, 이 경험을 바탕으로 2017년 12월부터 국가 단위의 배출권 거래제를 시행했다. 2020년 1월 유럽에서는 스위스 ETS와 EU-ETS가 연결되었고, 이를 통해 스위스 ETS 규제 대상이 EU-ETS에서 거래 가능하게 되었다.

우리나라에서는 2015년부터 약 600개 기업을 대상으로 배출권 거래를 실시하고 있다. 배출권 거래시장은 현재 EU에 이어 세계 2위 규모이지만, 아직은 잉여 배출권 이월과 시장기능 미흡 등으로 효과적인 온실가스 감축 효과는 누리지 못하고 있다. 국내 배출권은 KAU(Korea Allocation Unit), KCU(Korea Credit Unit), KOC(Korea Offset Unit)의 세 가지 유형이 있다. 2015년 1월 12일 개장부터 2020년 9월까지의 총 거래량은 1억 6,400만 톤이고 거래금액 기준으로는 4조 420억 원에 해당한다. 연도별 배출권 거래량은 2015년 570만 톤, 2016년 1,190만 톤, 2017년 2,630만 톤, 2018년 4,750만 톤, 2019년 3,810만 톤, 2020년 9월까지 3,450만 톤이었다. 이 중 KAU가 1억 3,700만 톤으로 83%를 차지하고, KCU가 340만 톤으로 2%, KOC가 2,370만 톤으로 15%를 차지하였다.

2015년 1월 12일 개장 첫날 톤당 8,640원이던 배출권 가격은 2016년 평균 1만 7,179원으로 올랐고 2020년에는 평균 2만 9,126원 수준에 거래됐으며 2021년에는 톤당 2~3만 원을 오르내리고 있다. 정부는 배출 허용량 중 유상으로 할당하는 업종과 비율을 점차 늘리고 있다. 1차 계획기간(2015~2017년)에는 대상 기업에 100% 배출권을 무상 할당했지만 2차 계획기간(2018~2020년)에는 3%를 유상 할당했고, 2021년부터 2025년까지인 3차 계획기간에는 이

| 탄소배출권 시장의 운영 메커니즘 |

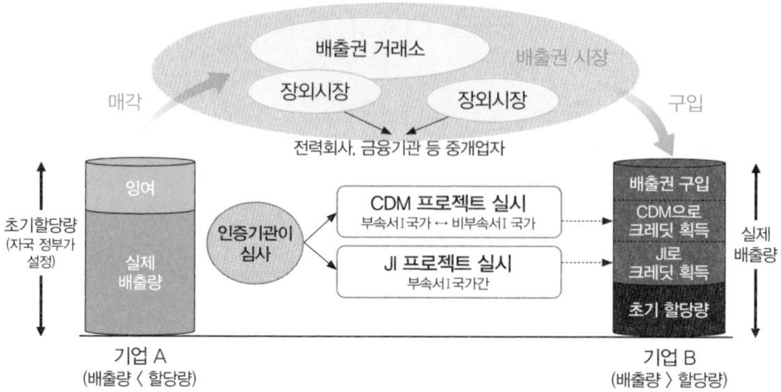


출처: 삼성경제연구소, 〈탄소시장의 부상과 비즈니스 모델〉, p. 3, 2007.

비율을 10%로 높인다. 유상 할당 대상 기업은 이 비율만큼 배출량을 줄이거나 시장에서 사들여야 한다.

2050년 탄소중립 선언에 따라 탄소감축 필요성이 커지면서 추후 유상 할당 비율은 더 늘어날 예정이다. 특히 철강, 석유화학, 시멘트, 정유 등 탄소 다배출 업종은 배출권 구매 부담에 더하여 탄소감축 설비 투자까지 병행해야 하므로, 시설투자에 대한 부담과 함께 정부의 탄소중립 정책에 따른 사업재편의 부담도 있다.

전기차는 저탄소 제품일까? 전기차 부문의 혁신기업인 미국 테슬라가 2020년에 흑자를 올린 것은 자동차 판매 덕분이 아니라 피아트크라이슬러(FCA) 등의 자동차회사에 탄소배출권을 판매했기 때문이다. 즉 탄소 배출을 줄인 전기차 관련 기술개발의 대가로 수익을 올리는 것이 가능하다는 사례이다.

현재 미국 내 11개 주는 2025년까지 일정 비율의 탄소 배출 제로 차량 판매를 요구하고 있다. 캘리포니아 등 미국의 13개 주는 친환경 자동차의 생산량에 따라 제조업체에 탄소배출권을 부여하고 있다. 전기차를 생산해 충분한 탄소배출권을 확보한 테슬라도 이를 다른 자동차 제조사에 팔아 수익을 올린 것이다. 테슬라는 지난 5년간 33억 달러어치의 탄소배출권을 팔았으며 이 중 절반이 2020년의 실적이다. 테슬라가 2020년에 받은 16억 달러의 탄소배출권은 테슬라의 순이익 7억 2,100만 달러를 상회했다. 만약 탄소배출권이 없었다면 2020년은 손실을 기록했을 것이라는 의미다.

## 탄소국경조정제

지구온난화는 핵확산, 마약밀매, 국제금융사기 등과 같은 전 지구적인 외부효과(Externality) 이슈 중의 하나이다. 지구온난화의 속도를 낮추고 전 지구적 수준의 온실가스 감축을 이루려면 각 국가나 기업들이 무임승차하지 않고 조화롭게 참여하고 협력해야 한다. 강한 온실가스 규제가 도입된 국가에 위치한 기업은 외국 경쟁업체에 비해 생산비용이 상승하여 피해를 입을 수 있으므로, 온실가스 규제가 약한 국가로 사업장을 이전하거나 경쟁국가의 생산을 증가시키려 하게 된다. 이러한 현상을 '탄소누출(Carbon Leakage)'이라 한다. 이러한 취지에서 탄소국경조정제(CBAM, Carbon Border Adjustment Mechanism)는 온실가스 배출에 대한 국가 간 감축의욕의 차이를 보정하는 무역제한을 도모하기 위한 제도로, 그 방법은 다양한 형태로 부과할 수 있다.

이러한 관점에서 EU도 이산화탄소를 비롯한 온실가스 배출에 과세하지 않는 국가에서 제조된 물건에 관세를 부과하는 탄소국경조정세(Carbon Border Tax)를 시행하고자 준비하고 있다. EU는 이미 1990년대부터 기후위기 대응을 위해 교통, 에너지, 농업에 대해 규제하며 EU 역내 탄소배출량을 크게 줄여오고 있다. 그런데 문제는 이산화탄소 배출을 규제하지 않고 생산된 역외 국가의 제품들이 이산화탄소 배출에 대한 규제가 상대적으로 강력한 EU의 제품들보다 가격경쟁력에서 앞서게 된 것이다. 또 이산화탄소 배출 문제는 EU만 노력한다고 해서 해결되는 문제가 아니라는 점도 분명한 한계점으로 드러났다. 이에 EU는 전 세계가 참여할 수 있는 새로운 전략을 고민하기에 이르렀고, 그 결과 탄소를 많이 배출하는 나라에서 생산된 제품에 탄소국경조정세를 부과하는 새로운 제도의 도입을 추진하고 있다. 이미 지난 2018년 탄소국경세 관련 법안 근거를 마련했고 2019년에는 역내외 이해관계자들의 의견 수렴을 마쳤다.

2021년 7월 14일 EU 집행위원회는 2030년까지 탄소순배출량을 1990년 대비 55% 수준으로 감축하고, 2050년에는 탄소중립을 달성하겠다는 'Fit for 55'를 발표하였다. 여기에는 경제 전반에 걸친 다양한 정책이 포함되어 있는데 이 중에서 탄소국경조정제는 철강, 알루미늄, 시멘트 등의 수입품에 탄소배출비용을 부과하는 제도이다. 2023년부터 3년의 유예기간을 둔 뒤 2026년부터 본격 시행하겠다는 계획이다. 이를 통하여 탄소배출량이 많은 중국 등 역외 기업과 EU 내 기업들의 형평을 맞추어 역내 기업들이 탄소비용을 피하고자 해외로 공장을 이전하는 행위를 차단하겠다는 것이다.

탄소국경조정세는 EU가 먼저 시작했지만 기후위기의 심각성과 더불어 바이든 행정부의 미국을 포함한 전 세계로 퍼져나가고 있다. 탄소국경조정제가 시행될 경우 EU는 연간 50억~140억 유로(약 6조 8천억~19조 원), 미국은 약 120억 달러(13조 3천억 원)의 세수 증대 효과를 거둘 것으로 예상된다.

국제교역에 내재된 국가별 이산화탄소 배출 연구 결과에 의하면 우리나라는 현재 OECD 대부분의 국가와 달리 중국, 인도, 아세안 국가에 이어 약 4,800만 톤을 전 세계로 수출하고 있는 탄소 수출국으로 분류된다. 그린피스와 EY한영회계법인의 2021년 연구보고서에 따르면 탄소국경조정제가 도입되는 2023년에 우리나라 기업들이 미국, EU, 중국에 지급해야 할 탄소국경조정세는 약 6,100억 원에 이르는 것으로 나타났다. 그리고 탄소국경조정제가 더 강화되는 2030년에는 1조 8,700억 원 수준으로 증가할 것으로 추정된다. 이는 철강 전체 수출액의 10% 이상, 석유화학의 5% 이상을 탄소국경조정세로 지불해야 하는 규모이며, 국내 기업들에게는 큰 원가부담으로 작용할 확률이 높다.

탄소가격은 IMF에서 제시한 수치를 준용하여 미국과 EU의 경우 탄소가격이 2030년까지 톤당 75달러, 중국은 35달러에 이를 것으로 가정하였다. 여러 수출업종 중에서도 특히 탄소를 많이 배출하는 철강과 석유화학 분야가 가장 큰 영향을 받는 것으로 나타났다.

| 탄소가격제도의 세 가지 유형 |

| 탄소요소 가격 | 시장 | | 가격 형태 |
|---|---|---|---|
| 배출권 거래 (ETS) | 개별적 거래 | 장점 | • 시장을 통한 효율적인 온실가스 감축 가능<br>• 명확한 온실가스 총량관리 가능<br>• 배출권 판매업체 및 구입업체의 기술개발 유인효과 높음<br>• 시장 메커니즘에 의한 가격 형성으로 탄소가격 형평성 확보 용이<br>• 국제 거래시장 개설 합의 가능성 높음<br>• 탄소세에 비해 조세저항 낮음 |
| | | 단점 | • 소규모 사업장 적용 어려움<br>• 시장 개설 및 거래비용, 행정비용 큼<br>• 우연적이고 일시적이며 불안정한 가격<br>• 배출권 설계가 복잡하고 온실가스 측정을 위한 기술적인 방법 개발 필요 |
| | | 도입 예시 | • EU-ETS, CCX, NSW, 한국, 프로젝트베이스 거래(CDM, JI) 등 |
| 탄소세 (Carbon Tax) | 국내 시장 | 장점 | • 국가가 탄소 배출량에 대해 부과하는 국내 가격<br>• 온실가스 배출에 대해 직접적인 가격 부과를 통해 청정에너지 사용 전환 인센티브 부여<br>• 조세 중립하에 환경 친화적인 조세체계 구축 가능<br>• 온실가스 감축과 관련된 신기술 도입 등 저감기술 개발 촉진<br>• 모니터링 및 감시 감독 비용 낮음 |
| | | 단점 | • 온실가스 감축 목표설정 어려움<br>• 국가 간 상이한 조세체계로 국제협력 어려움<br>• 적정세율(피구세) 설정 어려움<br>• 조세저항이 클 수 있음<br>• 타 조세정책과의 조화 필요 |
| | | 적용 예시 | • 덴마크, 핀란드, 스웨덴 등이 탄소함유량에 과세<br>• 영국, 독일은 탄소함유량에 무관하게 연료소비에 과세 |
| 탄소국경조정제 (Carbon Border Adjustment) | 국제 시장 | 장점 | • 국가 간 세수분배의 중립성 확보 |
| | | 단점 | • 국경에서 조세의 조정에 따른 행정비용 소요 |
| | | 적용 | • EU에서 2023년 시행 준비 중 |

출처: 노상환, 〈우리나라 온실가스 배출권거래제도의 도입에 관한 연구〉, 2009 및 기타 정책자료

국내 철강산업에서도 저탄소/탈탄소 공정으로 나아가려는 준비를 하고 있다. 철기시대 이래로 지금까지 뜨거운 용광로(고로)에서 철광석과 석탄 종류인 코크스를 환원제로 섞어 쇳물을 녹여내왔지만 이제는 코크스 대신 수소를 활용하는 수소환원 제철공법 등을 통하여 획기적으로 이산화탄소 발생을 줄이려는 것이다. 이를 위해 철강업계가 수소 환원 방식의 전기로로 전환하려면 기존 고로에서 쇳물을 뽑아내는 공정 전체를 바꿔야 하는데, 이에 따른 투자와 매몰 비용은 110조 원에 이를 것으로 예상했다.

정유산업은 친환경 모빌리티 보급 증가로 제품 수요가 줄어들 것에 대비해 석유제품 대신 화학 원료 생산을 늘리는 COTC(Crude Oil To Chemical) 전략을 수립하여 2030년까지 바이오경유 혼합비중도 5%로 확대할 계획이다. 나머지 탄소는 CCUS 기술개발을 통해 제거한다는 계획이다.

화학업계 관계자는 "최대한 플라스틱 재활용 비중을 높이고 기초 원료인 나프타는 물성이 비슷한 바이오 원료나 수소와 이산화탄소를 합성하는 방식으로 대체하는 기술을 준비하고 있다. 예를 들면, LG화학은 세계 최대 바이오디젤 생산업체인 핀란드 네스테와 전략적 파트너십을 맺고 올해 하반기에 바이오디젤을 기반으로 하는 친환경 합성수지 제품을 내놓을 계획이다"라고 전하고 있다.

### 위기 속에 기회가 있다

때로는 과거로부터 교훈을 상기할 필요가 있다. 오존층은 대기 중에 있는 산소가 태양에서 나오는 자외선을 받아 화학작용을 일으켜 형성되며, 생물의 중요한 세포분자를 파괴하는 짧은 파장의 자외선을 대부분 흡수, 차단하는 여과장치의 역할을 함으로써 생명체를 보호하고 지구의 온도를 적절히 조절해주는 중요한 기능을 하고 있다. 1974년 프레온가스가 오존층을 파괴한다는 사실이 밝혀진 이후 프레온가스 등 냉매제의 사용을 억제하자는 움직임이 있었지만, 미국 측의 비협조로 국제 협상은 지지부진했다. 그러다 1987년 미국은 태도를 바꾸어 구체적, 대폭적 감축 계획의 채택을 제안했다. 이러한 태도의 변화에는 미국 듀폰 사가 대체물질의 개발을 목전에 두고 있었다는 배경이 있다.

기후변화에 대해서도 마찬가지이다. 즉, 환경적인 요구와 선진국의 경제적인 동기가 맞아떨어질 때, 우리의 예상을 뛰어넘는 매우 빠른 속도로 보다 구속력 있는 국제 규범이 도입될 수도 있다. 지구온난화 대책도 예외가 아닐 것이다. 이런 점에서 국내 기업들이 저탄소/탈탄소 에너지 개발에 동참해야 하는 것은 선택이 아닌 필수이다. 이제는 국제사회의 일원으로서 기후변화라는 세계적인 흐름에 동참하며 기업의 경쟁력을 확보하고, 또한 새로운 비즈니스 기회를 창출할 수 있도록 적극적으로 행동해야 한다.

우리나라의 주력산업은 이미 신재생에너지의 확대 흐름에 잘 맞춰져 있다. 전기차 핵심부품인 2차전지, 풍력발전설비의 철강 포함 구축물 제조, 태양광발전설비 제조, 발전소에서 생산된 전기를 이송하기 위해 필요한 케이블 등에서 이미 세계적 경쟁력을 보유하고 있다. 우리 기업들도 보다 적극적으로 현재 사업에서 경쟁력 있는 저탄소/탈탄소화 기술을 조기에 확보하여 기업경쟁력을 높이는 한편, 청정에너지원의 개발과 확대 흐름 속에서 새로운 기술과 서비스, 사업의 확대를 위한 기회를 창출해야 한다.

우리나라는 4차 산업혁명 기술이 가장 잘 적용될 수 있는 여건을 가지고 있다고 한다. 에너지 전환 과정 속에서 4차 산업혁명 기술을 접목하면 더욱 큰 시너지 효과를 발휘할 수 있을 것이다.

# 기후변화가 촉발하는 식량위기

인류는 최근 200년 이상을 온난한 기후와 산업의 발전으로 풍요롭게 살아왔다. 반면 그 과정에서 초래된 기후위기는 농업을 비롯하여 지구의 생태계에 큰 영향을 미친다. 지구의 평균기온은 산업화 이후 급격히 상승했고, 이상기후 현상이 점점 더 자주 발생하고 있다. 지구 생태계는 과거와는 다른 규모의 폭염, 장마, 가뭄, 태풍 등으로 파괴되고 있다.

생태계의 파괴는 필연적으로 우리가 먹는 식량과 물에도 영향을 미친다. 기상학자와 기후학자들은 평균기온이 상승함에 따라 홍수와 가뭄 등의 양극화 현상과 빈도가 높아질 것이며, 지구 전역에 걸쳐 강수량의 변화가 일어날 것이라고 예상한다. 반면 강수량이 증가한다 해도 온도상승에 따라 증발량이 증가하면서 오히려 한발을 불러올 것이라는 예측도 있다. 또 해수면 기압이 크게 달라져 기후의 불규칙성이 커질 것으로 예상한다. 이렇게 기상재해가

빈번해지면 식량생산에 미치는 부정적 영향도 더욱 커질 것으로 우려된다.

## 기후변화로 인한 식량과 물의 위기

지구온난화로 인한 기온상승은 일부 지역에 전례 없던 폭염과 긴 장마, 가뭄을 초래하고 있다. 그리고 이러한 긴 장마와 가뭄은 치명적인 식량위기를 초래한다. 세계자연기금(WWF, World Wide Fund for Nature)에 따르면 지구 생태계 변화로 전 세계 국내총생산(GDP, Gross Domestic Product)은 매년 최소 4,790억 달러의 손실이 발생하고, 2050년까지의 총 손실액은 9조 8,600억 달러에 이를 것이라고 전망했다. 전문가들은 지구의 온도가 계속 상승하면 식량위기가 더욱 가속화될 것이라고 경고한다. 그리고 전 세계적 식량위기 앞에서 우리 한국도 예외일 수 없다.

우리나라의 식량자급률은 매년 낮아지고 있으며 2019년에는 45.8%로 역대 최저치를 기록했다. 최근 5년간 식량자급률을 보면 지난 2015년 50.2%, 2016년 50.8%, 2017년 48.9%, 2018년 46.7%, 2019년 45.8%로 매년 하락 추세를 보이고 있다. 2019년 품목별 식량자급률 현황을 보면 고구마, 감자 등의 서류가 105.2%로 가장 높고 쌀이 92.1%로 높은 수준인 반면, 밀 0.7%, 옥수수 3.5%, 콩 26.7%, 보리 47.7%로 다수 품목의 자급률이 절반에도 미치지 못하는 실정이다.

우크라이나(303%), 호주(252%), 캐나다(177%), 미국(125%), 중국

(99%) 등 다른 국가의 곡물 자급률에 비하여 우리나라는 23% 정도로, 사우디아라비아 다음으로 최하위다. 사료용 곡물을 빼고 식용 곡물의 자급률만 따져도 약 45% 수준밖에 안 된다. 극단적인 경우이지만 기후변화로 식량생산에 차질이 빚어지고 식량전쟁이 일어난다면 식량 안보가 매우 취약할 수밖에 없다. 식량 안보 연구로 주목받는 미국 워싱턴대 교수 데이비드 바티스트는 "지구의 평균기온이 1℃ 상승할 때마다 쌀, 밀, 옥수수 등 주요 작물의 생산량이 최대 16%까지 감소할 수 있다"라고 경고한 바 있다.

식량위기가 전 세계에 미치는 영향은 지대하며, 다양한 갈등을 일으키는 원인이 되기도 한다. 지난 2010년 중동에서 일어난 시위와 혁명은 2008년의 식량위기에서 시작됐다는 분석이 지배적이다. 이집트에서는 2008년부터 식량위기로 시위가 발생했고, 결국 이를 감당하지 못해 3년 후 2011년에 정권 붕괴로 이어졌다는 것이다. 기후변화와 정치의 관계를 좀 더 살펴보자.

2010년 러시아에 큰 가뭄으로 인한 흉작이 발생하여 러시아가 밀 수출을 못 하게 되자 밀가루 가격이 폭등했다. 러시아는 곡물 수출을 한때 중단하거나 수출량을 제한하기에 이르렀는데, 상황이 이렇게 되자 주요 쌀 수출국인 베트남과 캄보디아도 곡물 수출 제한에 동참했다. 당시 극심한 식량난으로 가장 피해를 본 국가는 시리아였다. 정치적 혼란까지 겹쳐서 대규모 난민이 발생하는 초유의 사태가 발생하였지만, 유럽 국가들은 시리아 난민을 받지 않겠다고 봉쇄령까지 내렸다. 자연재해가 나비효과(Butterfly Effect)로 파급되어 한 국가의 생존권마저 위협하는 대표적 사례이다. 지구 온도가 상승할수록 이와 같은 이상 기후현상은 더욱 자주 발생할 수 있다.

기후변화는 생태계에도 영향을 미친다. 만약 50년 만에 1℃ 상승한다면 이러한 변화는 생물종이 적응하거나 따라갈 수 없는 수준의 온도변화이다. 이러한 기후변화 속도를 따라가려면 10년에 30㎞를 이동해야 한다. 이 경우 이동속도가 느린 생물종이나 식물과 같이 스스로 이동할 수 없는 개체는 빠르게 바뀌는 기후의 속도를 따라갈 수 없다. 이렇게 생태계가 해체되면 서로 민감하게 적응하던 종들 사이의 균형이 깨지게 된다.

2000년 이후 우리나라 전체 산림 면적과 비슷한 크기의 약 650만 ha의 산림이 매년 사라지고 있고, 또한 지구상에 존재하는 동식물 전체 종의 8분의 1에 해당하는 100만 종 이상이 멸종의 위기에 처해 있다고 추정한다. 전 세계 꿀벌도 1/3이 멸종 위기에 있다고 한다. 주요 농작물 중 70%가 꿀벌의 도움으로 수분이 이루어지기 때문에 이는 단지 꿀벌만의 문제가 아니다. 만약 꿀벌이 멸종한다면 바로 전 지구적 식량 위기로도 이어질 수 있다.

현재 꿀벌이 식량자원 재배에 기여하는 경제적 가치는 최소 370조 원이라고 한다. 꿀벌과 같은 생물 멸종의 가장 큰 원인은 산업화와 도시화 등 인간의 토지 이용 변화에 따른 동식물의 서식지 감소, 인간이 식물을 채집하고 동물을 사냥하는 행위, 기후변화 등이다. 그중 최대의 위협 요인은 기후변화로, 6,600만 년 전 공룡이 멸종한 이래 또 다른 지구 생명체가 대멸종에 직면할 수도 있다는 경고가 있다. 바로 우리 인류가 최고의 번영을 누리고 있는 현재가 여섯 번째 대멸종의 서막이 될 수도 있는 것이다.

인구증가와 도시화로 우리는 점점 더 많은 물을 사용하고 있지만 기후변화, 물 낭비, 수질오염으로 인하여 물 위기도 다가오고 있다. "앞으로는 핵전쟁의 가능성보다 물 전쟁 가능성이 훨씬 크다"라는 전문가의 말이 나올 정도로, 물 안보 문제도 국제적 현안 중 하나이다. 현재 '물을 물 쓰듯' 하는 우리나라는 앞에서 살펴본 바와 같이 식량안보 위기국가이면서 물 부족 국가에 처할 수 있는 국가로 분류된다.

OECD 〈환경 전망 2050보고서〉(2012)에서는 우리나라도 2025년에 물 기근 국가가 되고, 2050년에는 전 세계 인구 40% 이상이 심각한 물 부족을 겪을 것으로 예상했다. 세계보건기구(WHO, World Health Organization)에 따르면 세계 인구의 절반가량은 1인당 하루 94ℓ의 물로 살아가고 있는 데 비해, 지난 2016년 말 기준 우리 국민의 1인당 하루 물 사용량은 287ℓ로 미국, 일본에 이어 세계에서 세 번째로 물을 많이 사용한다. 이는 독일(127ℓ)이나 덴마크(131ℓ) 등 유럽 국가에 비해서도 2배가 넘는 것이다.

기후위기로 인한 물 부족은 식량 생산량에도 영향을 끼치며 식량안보를 위협할 것으로 분석된다. 기후위기는 또한 습한 지역을 더욱 습하게 만들어 폭우 발생을 잦게 하고, 건조 지역의 토양을 더 메마르게 할 것이다. 반면 식량 수요는 오는 2050년까지 10년마다

14%씩 늘어날 것으로 예상되지만, 쌀과 옥수수 등 주요 곡물 수확량은 오는 2100년까지 20~40% 감소할 수도 있다는 전망도 나온다.

이처럼 기후변화의 위기는 물 부족으로 이어지고, 물 부족은 식량 부족으로 이어지게 된다. 지금 당장 지구온난화 방지를 위해 행동하지 않으면 미래에는 인류의 삶과 생태계 회복에 막대한 비용이 드는 것은 물론, 돌이킬 수 없는 결과로 이어질 것이다.

### 2100년에 사과는 어디에서 재배될까?

기상청의 〈한국 기후변화 평가보고서 2020〉에서는 지금과 같은 추세로 온실가스 배출이 계속된다면 21세기 말 한반도의 평균기온은 지금보다 4.7℃ 올라갈 것으로 전망한다. 이 전망대로 기온이 상승하면 연간 폭염일수는 현재 10.1일에서 35.5일로 급증하고, 올여름 한반도를 덮친 홍수와 장마 등의 이상기후가 일상화된다. 그리고 21세기 중반에는 이산화탄소가 배로 늘어나고, 연평균기온은 10년마다 0.15~0.45℃씩 상승하여 2.0~2.5℃ 올라갈 것으로 예측된다.

연평균 기온이 2℃ 상승한다면 중부 평야지대의 연평균기온은 13℃가 되어 대구 등 영남 분지와 같은 기후지대가 되고, 영남 분지대는 15℃가 되어 현재 제주도와 같은 기온을 보이게 될 것이다. 또한 현재 연평균기온이 14℃인 남부해안지대는 16℃가 되어 지금의 서귀포보다 더 따뜻한 날씨가 될 것으로 예상된다.

이미 지금도 우리가 과거에 알고 있던 농수산물의 주산지가 바뀌고 있다. 감귤 중 제주 지역 특산물인 온주밀감은 2090년이면 강원도에서도 재배가 가능해질 것으로 예측되며 복숭아, 포도, 단감의 주산지도 북상한다. 1980년대만 해도 대구를 중심으로 형성되었던 사과 재배지는 1990년 후반 경북 지역으로 올라갔다. 현재 사과의 최대 주산지는 경북 청송, 영주 등이지만 2030년에는 주산지가 강원도 양구, 정선 일대로 바뀔 것이다. 2060년대에는 경북에서는 아예 사과 재배가 어려워지고, 2090년에는 전국에 사과 재배 가능지가 급감해 강원도 일부 지역에서만 재배가 가능해진다.

| 기후변화로 인한 국내 주요 농작물 주산지 이동 변화 |

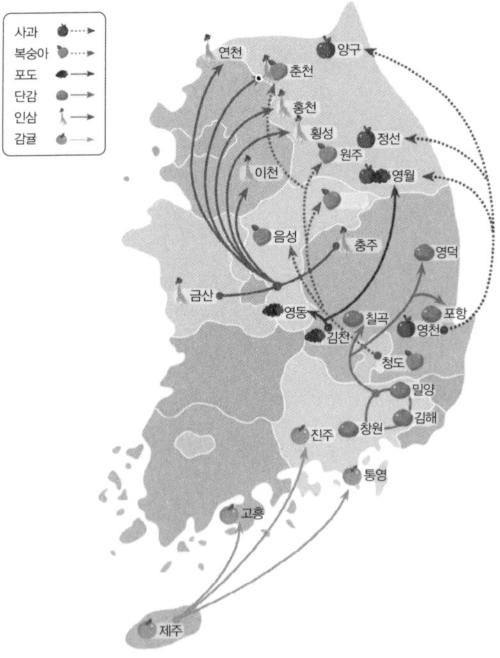


출처: 통계청, 〈기후변화에 따른 주요 농작물 주산지 이동현황〉. 2018.4.10.

북상하는 건 사과만이 아니다. 지구온난화로 한라봉 등 만감류 재배 가능지가 북상하면서 현재 전남 완도 등지에서도 한라봉을 재배하고, 경기도 일부 지역에서도 감귤을 재배하고 있다. 2090년에는 강원도를 포함한 전국 대부분의 해안 지역에서 감귤 재배가 가능할 것으로 보고 있다. 대신 제주도의 경우 기온이 낮은 중간산 일대 정도로 재배지가 줄어든다. 복숭아 산지도 경북 청도에서 강원도 원주와 춘천 일대까지 북상했다.

기후변화에 따른 식량과 물의 위기는 두려운 일이 아닐 수 없다. 토머스 맬서스(Thomas Malthus)는 《인구론(An Essay on the Principle of Population)》에서 "식량은 산술적으로 증가하는 데 비해 인구는 기하급수적으로 증가하여 결국 인류는 인구과잉, 식량부족 문제에 봉착할 것"이라고 예측했다. 그 예측을 빗나가게 만든 것은 석유와 같은 화석연료 기반의 비료와 기계화를 통한 생산성의 획기적인 증대였다.

그러나 이제는 지구온난화로 곡창지대가 사라지고 있다. 과학자들은 기후변화로 온도가 1℃ 상승할 때마다 밀, 쌀, 옥수수와 같은 주요 작물들은 10%씩 수확량이 감소할 것으로 예상한다. 만약 2100년경 온도가 5℃ 상승한다고 가정한다면 세계 곡물 생산량은 50%로 급감하게 될 것이다. 그리고 2100년경의 예상 인구는 100억 명이 넘는다. 두려운 미래가 아닌가?

# 경제학의 백조들
## 화이트 스완, 블랙 스완, 그린 스완

인류가 경제적 이윤을 추구하는 사이 남극의 얼음은 녹고, 북극에는 유빙이 사라지고 있다. 우리나라의 대표적인 자랑인 봄, 여름, 가을, 겨울의 사계절은 더 이상 과거의 사계절과 같지 않다. 여름은 더 덥고 겨울은 더 추우며 계절의 경계가 모호해지고 있다. 그동안 우리가 풍요로운 삶을 살 수 있도록 도와주었던 환경을 지키지 못한 결과, 자연의 역습이 시작된다. 이제는 환경이 그 무엇보다 중요한 문제가 되었다. 2020년에는 산불과 가뭄으로 피해를 입었던 시드니 등 호주 동남부 지역은 2021년 초에는 60년 만의 대홍수로 물난리를 겪었다. 글로벌 재해보험사 스위스리(Swiss Re)는 최근 보고서를 통해 2020년 한 해 동안 전 세계 보험사들이 자연재해와 인재로 총 830억 달러의 손실을 입었다고 추정했다. 이는 2019년보다 32% 늘어난 금액이라고 한다. 환경의 위기가 기후와 식량을 넘어 금융권에까지 영향을 끼치고 있는 것이다.

## 경제학에 등장한 백조들

인류의 위기에 대해 설명할 때, 경제학자들은 '백조(Swan)'를 예시로 들곤 한다. 화이트 스완, 블랙 스완, 그린 스완, 네온 스완 등 종류도 다양하다. 코로나19 이후에도 자주 등장하는 용어이다.

200여 년 전 유럽인들에게 백조는 당연히 흰색이었다. 그러나 1697년 호주에서 검은 백조, 즉 흑고니가 발견되었다. 우리의 경험과 고정관념을 깨뜨리는, 일어날 것 같지 않은 일이 발생한 것이다. 이후 2007년 미국의 금융전문가 나심 니콜라스 탈레브(Nassim Nicholas Taleb)는 미국의 서브프라임 모기지 사태를 언급한 저서 《블랙 스완》에서 금융 분야에서 '불확실한 위험'을 묘사하기 위하여 이 용어를 사용하였다. 즉 '블랙 스완'은 일반적인 방식으로는 예측하기 어렵고, 일단 발생하면 시장을 큰 충격에 빠뜨리며, 오직 사건이 발생한 뒤에만 설명할 수 있는 사태를 의미하는 용어가 되었다. 블랙 스완으로 지칭되는 대표적인 사건으로는 미국의 9·11 테러, 서브프라임 모기지 사태 등이 있다.

반면 '화이트 스완'은 금융위기처럼 과거의 경험들로부터 충분히 예상되는 위기이지만 적절한 대응책을 마련하지 못해 반복적으로 발생하는 위기를 말한다. 이 용어는 미국 뉴욕대의 루비니 교수가 2011년 《위기 경제학(Crisis Economics: A Crash Course in the Future of Finance)》에서 처음 사용한 것으로, 역사적으로 반복되어 온 금융위기, 매년 반복되는 조류 인플루엔자 등이 대표적 화이트 스완 위기라 하겠다.

## 기후변화의 위기를 나타내는 그린 스완

'그린 스완'은 국제결제은행(BIS, Bank for International Settlement)의 〈그린 스완 : 기후변화 시대의 중앙은행과 금융 안정성〉이라는 보고서에서 처음 사용된 용어로, 기후 관련 위험을 뜻한다. 인류가 기후변화에 빠르게 대응하지 않으면 글로벌 금융위기가 발생할 수 있다는 경고에 대응하기 위한 경제 용어이다.

블랙 스완처럼 발생 가능성이 낮으나 한번 발생하면 사회 전 부분에 걸쳐 막대한 영향을 미친다는 특징이 있다. 그러나 그린 스완은 예측하기 어렵지만 미래에 반드시 실현될 것이라는 확실성이 있고, 앞서 발생한 금융위기들과 비교할 수 없을 만큼 시장에 미치는 영향이 크다는 점에서 차이가 있다. 즉 기후변화가 물리적 리스크 및 이행 리스크를 통해 금융 리스크를 발생시키고, 금융 시스템 안정에 영향을 미친다는 것이다.

BIS는 기후변화에 관한 금융 위험, 즉 그린 스완을 크게 물리적 위험과 전환 위험으로 분류했다. 기상이변에 따라 부동산 등 기업의 자산 가치가 하락하여 금융기관에 부정적인 충격을 주는 위험은 '물리적 위험'으로, 저탄소경제로의 전환 과정에서 화석연료 등의 좌초자산이 가치를 상실함에 따라 금융기관에 부정적인 영향을 초래하는 위험은 '전환 위험'으로 정의하였다.

BIS는 금융기관과 기업이 기후변화에 관한 위험 요인을 경영 전략에 내재화하여 그린 스완에 대응할 수 있는 방안을 1) TCFD(Task for Climate-related Financial Disclosures, 기후 관련 재무공시 협

| 기후변화 리스크가 시스템 리스크로 증폭되는 과정 |

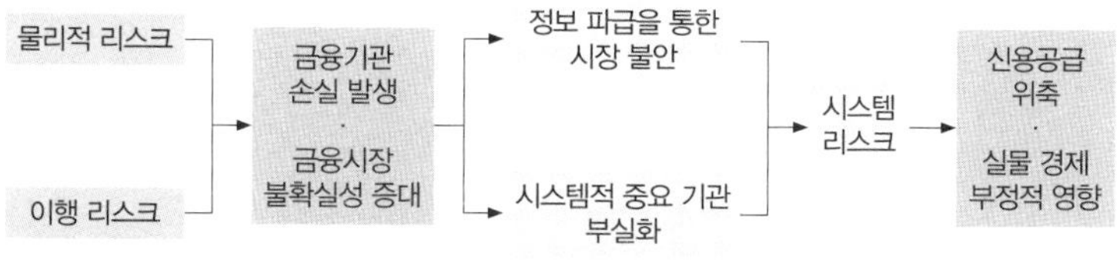


출처: 한국은행, 〈글로벌 금융규제 뉴스레터-기후변화와 금융안정〉, p. 8, 2018.

의체), 2)기후 스트레스 테스트(Climate Stress Test), 3) 지속가능 회계 기준으로 나누어 제시했다.

2015년에 G20의 요청으로 금융안정위원회(FSB, Financial Stability Board)가 설립한 TCFD는 금융기관 및 기업이 기후 관련 위험을 각자의 지배구조와 경영전략, 리스크 관리, 지표 및 목표 설정에 해당하는 4개 요소에 반영하도록 권고했다. 이에 더해 BIS는 금융기관의 리스크 관리 절차에 기후 스트레스 테스트를 도입하도록 지시했으며, 기후 및 환경과 같은 지속가능성 요소를 연차 보고서에 반영하도록 했다.

블랙 스완과 그린 스완은 모두 과거에 기반을 둔 예측을 통해서는 예상하기 어렵고, 다양한 변수로 인하여 나타나며 동시에 여러 부문과 국가에 심각한 영향을 끼친다. 그러나 블랙 스완의 위기와 달리 그린 스완의 위기는 경제시스템뿐만 아니라 인류의 삶과 지구 생태계 전반에 영향을 미친다.

이제 지구온난화는 과학자들에 의해 증명되었고 어느 정도 예견할 수 있는 위기이다. 문제는 전 지구적인 노력과 행동이 이루어

| 화이트 스완, 블랙 스완과 그린 스완의 위기 비교 |

| 구분 | 화이트 스완 | 블랙 스완 | 그린 스완 |
|---|---|---|---|
| 의미 | 역사적으로 되풀이되는 위기 | 예측하기 어려운 이례적인 사건 | 기후변화가 초래할 위기 |
| 예측 가능성 | 가우스분포, 정규분포 | 테일 리스크, 비가우스 분포, 발행 후에 합리적 설명 가능 | 발생 가능성이 높거나 확실한 발생이 예상되나 시기나 구체화는 불확실, 완전히 이해하기 어려움 |
| 진단 | 통계학자, 경제학자 | 경제학자, 금융분석가, 리스크관리 담당자 | 과학자 |
| 영향 | 낮거나 점진적 | 거대, 직접적, 사건 후 조정 충격 및 손실 발생 | 인간의 삶과 문명에 거대하고 직접적인 충격, 대부분 불가역적인 손실 발생 |
| 정책 추진 | 리스크 모델 및 관리의 개선 | 리스크에 대한 재자각, 사건을 통해 취약성 방지 전략 설계 | 근본적인 불확실성하에서 즉각적인 실행 및 공조 필요 |

출처: 임동민, 〈기후위기 대응 왜 그린뉴딜인가〉, p. 4, 2020.

지느냐이다. BIS의 보고서는 자연재해와 극단적인 기후가 나타난 이후 식품 가격이 단기적으로 상승하는 경향이 있고, 또한 기후변화로 자원이 부족해지거나 혹한 또는 폭염 때문에 바깥에서 일할 수 있는 시간이 줄어 생산량이 떨어질 수 있다고 예상한다. 이 때문에 사람들의 자산과 소비가 줄어 수요 측면에서도 타격을 입을 수 있다고 내다봤다.

## 국내외 금융권도 기후변화에 반응하다

금융권도 촉각을 세우고 있다. 기후변화가 불러온 폭풍우와 홍수, 대형 산불과 같은 자연재해가 금융·부동산 자산 가치에 영향을 미칠 수 있고 누적된 기후변화가 금융 시스템에 예측 불가능한 충격을 줄 수 있기 때문이다. 특히 기후변화는 단편적이거나 일시적인 충격과 달리 진행 중이며, 누적되는 특징을 지니고 있어 연쇄적인 충격을 줄 수 있기 때문에 체계적인 금융 시스템의 대비도 필요하다고 한다.

미국 중앙은행인 연방준비제도(FED, Federal Reserve Banks, 연준)에서도 기후변화의 위험에서 금융 시스템을 보호하기 위하여 2021년 3월 '금융안정기후위원회(FSCC, Financial Stability Climate Committee)'를 출범시켰다. FSCC는 1월에 설립된 기후감독위원회(SCC, Supervision Climate Committee)와 함께 기후변화와 관련된 경제적 위험을 분석하고 대응책을 맡는 업무를 운영할 계획이다.

국내 금융권도 기후변화로 인한 예기치 않은 금융시장 불안 등의 리스크를 금융감독위원회(이하 금융위)가 선제적으로 관리하기로 했다. 금융위는 기후변화와 관련하여 직면한 리스크를 식별하고 이를 관리·감독할 수 있는 모니터링 체계를 구축할 방침이다. 예를 들면 지구온난화로 인한 폭염으로 농산물 피해가 발생하면 은행권에서는 농·식품산업 대출이나 보증, 융자 등에 대한 상환이 지연돼 건전성이 악화될 우려가 있다.

또 온실가스 감축 움직임으로 탄소배출권 가격이 상승하면 탄소배출기업의 영업이익이나 담보가치가 하락하면서 해당 기업에 대출을 내준 은행의 건전성이 나빠질 수 있다. 금융위는 기업의 환경 관련 정보공시도 점진적으로 확대해 금융투자 시 환경 리스크가 고려될 수 있도록 제도적인 뒷받침에 나설 계획이다.

또 금융권에서는 그린뉴딜 사업을 통해 녹색 분야로 자금이 유입되도록 유도하여 녹색산업에 대한 투자를 활성화할 방침이다. 단기적으로는 정책금융기관을 통해 선도적으로 녹색투자를 확대하는 한편, 중장기적으로는 녹색산업에 대한 투자 유인체계를 개편하겠다는 것이다. 아울러 기후·환경 관련 금융 리스크 관리를 위한 협의회인 녹색금융협의체(NGFS, Network for Greening the Financial System)와 기후변화 관련 재무정보공개(TCFD) 등 국제 네트워크 가입도 추진하기로 했다.

전 세계는 이처럼 그린 스완의 리스크를 대비하기 위해서 친환경 에너지 전환정책을 시행하고 있으며, 특히 화석연료에 대한 의존도 낮추기에 참여하고 있다. 재생에너지의 경우 초기 단계에서는 발전단가가 높고 인프라 구축도 쉽지 않지만, 글로벌 LCOE(Levelized Cost of Electricity) 측면에서 기술 발전으로 원가가 하락하면서, 기존 에너지원과 동등하거나 또는 더 낮은 수준에 도달하고 있다.

우리나라를 비롯하여 재생에너지 확보가 여의치 않은 일부 국가들은 단기적으로 석탄 연료의 대안으로 천연가스를 사용하되 궁극적으로 신재생에너지 동력을 확보하겠다는 구상을 내놓고 있다. 또한 천연가스를 활용한 추출 수소 시장을 기반으로 신재생에너지 생태계를 조성하여 미래의 수소경제 시대에 그린수소를 맞이할 마중물로 활용하려는 노력도 하고 있다.

기후위기는 닥쳐올 미래이자 이미 다가온 현실이다. 시장에 미치는 영향은 클 수밖에 없으므로, 우리도 사전에 다각적으로 철저한 준비를 해야 할 것이다.

3장

# 탄소제로 경제로 나아가기

# 에너지원의 변화가 이끈 산업혁명

## 산업혁명의 특징

1, 2차 산업혁명의 중요한 특징은 새로운 기술과 에너지원이 결합하면서 사회·경제적인 변혁을 가져왔다는 것이다. 1차 산업혁명에서는 석탄이 증기기관의 에너지원으로 사용되었고, 2차 산업혁명기에는 석유와 가스로 주요 에너지원이 대체되며 전기 사용이 시작되었다. 3차 산업혁명에서는 원자력과 신재생에너지가 더해지면서 전기의 대중화와 인터넷의 발달로 정보통신사회가 시작되었다. 지금의 4차 산업혁명은 빅데이터와 인공지능 등을 이용한 초연결, 초지능, 초융합이 그 특징이다.

산업혁명은 단순히 기술의 혁신만을 의미하지는 않는다. 또 단 하나의 기술만으로 일어나는 변화도 아니다. 혁명이란 기술을 포함한 사회 시스템 전체의 커다란 변화에 사용할 수 있는 용어이다. 산업혁명은 새로운 에너지 체계와 커뮤니케이션 기술의 결합으로

| 산업혁명의 특징 |

| | 시기 | 에너지원 | 주요 기술 | 특징 |
|---|---|---|---|---|
| 1차 산업 혁명 | 1780 ~ | 석탄 | 증기기관<br>기계화 | 증기를 이용하는 기계에 기반을 둔 산업 생산<br>뉴턴의 고전역학과 열역학이 기본이 됨<br>노동력의 증강(사람과 동물에 의존하던 노동력이 화석연료 기반의 기계로 대체) |
| 2차 산업 혁명 | 1870 ~ | 석유, 가스 | 전기동력 | 조립라인을 이용한 대량생산<br>교류기반의 송배전과 화석연료 발전소 건설<br>에너지를 필요로 하는 디바이스의 증가<br>전기기구 사용 증가 |
| 3차 산업 혁명 | 1970 ~ | 석유, 가스, 원자력, 신재생에너지 | 자동화<br>정보화<br>인터넷 | 전자기기와 컴퓨터를 활용한 자동화<br>디지털 컴퓨터 보급<br>인터넷의 발달로 휴대전화 및 스마트폰 보급<br>지식정보화사회 |
| 4차 산업 혁명 | 현재 ~ | 신재생에너지 | 인공지능<br>빅데이터<br>클라우드<br>블록체인 | 초연결, 초지능, 초융합<br>사물인터넷, 에너지플랫폼, 스마트 혁명<br>자율주행 전기차 및 드론의 대중화<br>사이버 물리 시스템, 메타버스 |

추진된다. 에너지산업은 모든 산업에 지대한 영향을 미친다. 에너지 체계의 혁신은 새로운 경제활동을 창출하며, 폭넓은 사회적 관계의 변화를 촉진한다.

산업혁명이라는 용어는 1884년 역사학자 아놀드 토인비(Arnold Joseph toynbee)가 '18세기 영국 산업혁명 강의'에서 언급하며 사용되기 시작했다. 그는 산업혁명을 '과학과 기술의 발전으로 유발된 경제·사회적 대변환'이라고 정의했는데, 이때 지칭하는 산업혁명은 18세기 중엽부터 19세기 중엽까지 영국을 중심으로 발생한 기술, 조직, 경제, 사회적 변화를 말한다. 이 1차 산업혁명은 화석연료를 이용한 증기기관의 발명으로 시작되었다. 1763년에 엔지니어였던 제임스 와트(James Watt)는 당시에 많이 사용되던 석탄광에서 물을 퍼올리는 펌프인 뉴커먼 기관의 수리를 부탁받았고, 기계적인 약점을 보완해 증기기관을 만들었다. 그리고 증기기관의 발명으로 방적산업, 기계공업, 철공업 등이 서로 연결되며 발전하기 시작했다. 조직적인 측면에서는 수백 년간 내려온 가내수공업이 공장제도로 대체되었고, 경제적인 측면에서는 한 국가나 지역 내의 자가 소비형 경제에서 생산력 증대에 따른 해외 무역으로 자본 축적이 이루어졌다. 사회적인 측면에서는 도로, 운하, 철도의 구축과 같이 지역이 보다 더 긴밀하게 연결되면서 전체적인 사회경제가 보다 더 강화되어 발전하는 계기가 되었다.

2차 산업혁명은 대략 1870년에서 1920년 사이에 전개된 것으로 평가되는데, 독일과 미국을 중심으로 석탄에서 석유로 에너지원의 중심이 이동하며 일어났다. 영국 해군제독 피셔는 당시 해군장관인 윈스턴 처칠을 설득하고 영국 군함을 석탄화력에서 석유기관으로 개혁함으로써 유틀랜드 해전(Battle of Jutland, 1916)에서 독일의 도전으로부터 영국의 제해권(制海權)을 확보하였다. 이후에는 석유를 사용한 내연기관이 더욱 증가하였다.

중동의 최대 산유국인 사우디아라비아에서는 최초의 석유개발로부터 30~40년 이후에 본격적으로 개발이 시작되었다. 이 시기에는 강철, 무선전신, 내연기관 등 새로운 기술들이 꼬리를 물고 등장했고 기술혁신을 통해 가전산업이 크게 변혁되거나 전기산업, 통신산업, 자동차산업 등과 같은 새로운 산업이 창출되기 시작했다. 전기가 이 시기의 핵심기술이자 에너지원이 되었으며, 기업 경영에서도 생산관리 개념이 도입되어 대량생산체계를 통한 획기적인 생산성 증가를 가져왔다.

2차 세계대전이 끝난 후 20세기 후반에는 전쟁 시기의 산물인 컴퓨터와 인터넷 기술이 발전하며 정보화 관점의 3차 산업혁명이 시작되었다. 1, 2차 산업혁명이 기계기술의 혁신이라면 3차 산업혁명의 핵심기술은 인터넷을 이용한 전자기술의 활용이라고 할 수 있다. 인터넷은 각종 상품과 서비스가 거래될 수 있는 새로운 가상공간을 창출하면서 새로운 사업에 대한 기회를 제공했다. 이러한 정보기술의 발전은 각종 기술과 서비스의 디지털 융합, 산업 간의 융합을 통하여 새로운 부가가치를 만들어내고 있다. 또 대기업 이외에도 벤처기업들이 혁신의 주체로 등장하여 참신한 아이디어와 기술로 새로운 사업에 적극적으로 도전하며, 새로운 비즈니스를 탄생시키는 장을 만들었다.

4차 산업혁명이라는 용어는 독일의 '인더스트리 4.0'에 관한 논

| 산업혁명 역사 및 개념도 |

출처: 서울신문, 〈우버 한다고 20만 택시기사 일자리 없어지진 않는다〉, 2018.7.12.

의에서 시작되었지만 정말로 혁명적인지에 대한 기대는 크지 않았다. 그러나 인더스트리 4.0에서 정의하고 있는 사물인터넷, 인공지능, 빅데이터는 청정에너지를 활용한 전기화의 심화로 귀결되는 에너지 전환과 코로나19라는 돌발 요소에 의해서 '초연결 – 초지능 – 초융합' 사회의 특징을 갖는 사이버 물리 사회로의(Cyber-Physical Society) 변화 가능성이 가시화되고 있다.

## 인류 문명과 에너지의 역사

인류 문명의 발전은 탄화수소 에너지의 개척과 함께 이루어져 왔다. 탄화수소 에너지는 동식물의 탄화수소 결합 내에 태양에너지가 저장된 형태이다. 이후 인류는 산업혁명으로 획기적인 전환기를 맞는다. 석탄을 이용한 외연기관의 발명은 산업혁명의 원동력이 되었다. 사람 또는 말이나 소가 할 수 없는 일을 기계들이 할 수 있게 되었고, 그 기계를 움직이는 힘이 석탄을 동력원으로 하는 엔진에서 나오게 된 것이다.

석탄이 인류에게 알려진 것은 아득한 옛날이다. 기원전 315년의 그리스 문헌에는 석탄을 대장간의 원료로 사용한 사실이 기록되어 있다. 중국에서는 4세기에 '石炭'이라는 글자가 나타나고, 12세기 송나라 시대에는 석탄을 채굴해 가정용 연료로 이용했으며 세금도 부과했다. 유럽의 경우 영국에서는 9세기, 독일에서는 10세기부터 석탄이 사용된 것으로 전해진다.

석탄이 에너지로서 비약적으로 활용도가 높아진 것은 증기기관의 발명 덕분이다. 증기기관의 발명으로 석탄을 본격적으로 사용하면서 1차 산업혁명이 일어났다. 2차 산업혁명 과정에서는 전기가 큰 역할을 했다. 19세기 초 영국의 험프리 데이비(Humphry Davy)가 전구의 시초를 발명한 데 이어 19세기 후반 미국의 토머스 에디슨이 직류전기를 사용한 전구를 발명했고, 니콜라 테슬라가 교류전기를 만들어 전기를 실용화했다.

1827년 이탈리아의 알레산드로 볼타(Alessandro Volta)는 아연판과 구리판 사이에 전해질을 포함한 가죽을 넣고 두 금속을 선으로 연결한 전지를 발명했으며 1831년 영국의 마이클 패러데이(Michael Faraday)는 모터로 발전기를 만들었다. 19세기 후반에는 영국의 윌리엄 암스트롱이 물의 낙차를 활용한 수력발전기를 발명했다.

석유는 1859년 미국의 드레이크(Edwin Drake)가 펜실베이니아주에서 21.2m 깊이로 암반을 굴착해 원유(Crude oil)를 대량 채굴한 것을 계기로 1960년대부터 주요 에너지원으로 떠올랐다. 원유는 수억 년 전부터 퇴적된 플랑크톤 등 바다생물이 압력과 열을 받아 생성된 것으로 보는데, 사암이나 석회암질에 덮개암이 있는 곳에서 얻을 수 있다. 한편 석유에 의한 내연기관은 석탄에 의한 외연기관에 비해 훨씬 강력한 힘과 속도를 가지며, 친환경적이라는 장점도 가지고 있었다.

제1차 세계대전에서 석유 없이는 전쟁을 이길 수 없다는 것을 알게 된 독일은 전쟁 후반에 러시아를 침공할 수밖에 없었고, 결국 유전지역을 중심으로 침공했으나, 자연환경과 지리적 문제로 인해 실패하고 만다. 일본 또한 인도네시아 등 동남아시아의 유전지역을 침공하는 데 성공했지만, 미국의 막강한 해군력에 가로막혀 본토로 석유를 수송하지 못하고, 결국 원자폭탄 공격에 무릎을 꿇게 된다.

제2차 세계대전 중 연합군에 석유를 공급해야 했던 미국은 내부적으로 석유의 배급이라는 처방을 할 수밖에 없었고, 이때 대체 에너지로 등장한 것이 천연가스이다. 과거에는 천연가스를 단지 석유의 부산물이나 처분하기 힘든 귀찮은 존재로 여겨 대기로 방출하거나 태워버렸다. 그러나 군수물자의 생산을 위해 이루어진 철강산업의 발전과 난방연료로 사용되던 석유의 부족이라는 시대적 상황에 따라, 비로소 전성기를 맞이하게 된다. 천연가스는 메탄($CH_4$), 에탄($C_2H_6$), 프로탄($C_3H_8$), 부탄($C_4H_{10}$), 펜탄($C_5H_{12}$) 등의 탄화수소 성분과 이산화탄소, 황화물, 물, 질소 등으로 구성되며, 천연가스 생산 시 펜탄 이상의 무거운 성분은 액체성분인 NGL(Natural Gas Liquid)로 생산된다.

LNG(Liquefied Natural Gas)는 천연가스 중 메탄과 에탄 성분 위주의 가스를 −162℃의 상태에서 냉각하여 액화하는 과정에서 부피가 1/600로 압축된 것이다. 정제 과정을 거쳐 순수 메탄의 성분이 매우 높고 무색의 투명한 액체로 수분 함량이 없다. LPG(Liquefied Petroleum Gas)는 프로판과 부탄으로 구성되며, 원유 생산 시 회수되거나 정유, 석유화학 공장에서 생산하여 난방, 전기 생산, 석유화학 산업과 운송수단의 연료로 사용된다.

석유는 탄화수소를 주성분으로 하는 가연성 기름이다. 검은 갈색을 띤 액체 그대로를 원유라 하고, 이것을 증류해 휘발유, 등유, 경유, 중유, 아스팔트 등을 얻는다. 또한 석유는 나일론, 플라스틱, 화학섬유, 합성세제, 화장품, 의약품 등 현대생활에 필요한 많은 제품의 원재료로 활용된다. 어떤 이들은 석유를 '피를 부르는 원료'라고 부른다. 인류에게 더없이 필요한 에너지원이면서 석유 패권을 둘러싼 갈등이 그만큼 심하다는 의미다. 석유는 단순히 동력을 발생시키는 에너지를 넘어 산업에도 큰 혁명을 불러왔으며, 이는 석유를 둘러싼 패권 전쟁이 여전히 진행형인 이유이기도 하다. 지금은 석유라고 하면 중동의 국가들이 먼저 떠오르지만, 중동의 유전이 개발된 것은 1938년 사우디아라비아의 알하사(Al Ahsa) 지역에 거대한 유전을 발견하면서부터이다. 그 이전에 전 세계에 석유를 공급한 나라는 미국과 러시아였다. 미국과 러시아가 20세기 초강대국이 될 수 있었던 배경에도 석유가 있다.

원자력은 원자핵의 변환에 따라 방출되는 에너지로서, 핵분열을 이용해 에너지를 만들어내는 것이 원자력발전이다. 구소련이 1954년 원전에서 처음 전력을 생산하기 시작했다. 유럽 쪽에서는 1956년 영국 셀라필드 원전을 최초의 상업용 원전으로 본다.

한국수력원자력 측은 "물을 끓여 증기를 만들고 터빈을 돌려 발전하는 것은 석유·석탄 화력발전과 같지만 원전은 우라늄 원자핵에 중성자를 흡수시켜 발생하는 핵분열 속도를 조절하고 고열을 냉각해 에너지를 얻는 것이 차이점"이라고 설명했다. 원자력은 '제3의 불'이라고도 불리며 인류의 에너지난을 해결하는 히든카드라는 분석도 많다. 에너지효율성으로만 따지면 현재로선 원자력이 최고다. 그러나 문제는 안전성이다. 체르노빌과 후쿠시마 원전 사고가 보여주듯 원전은 단 한 번의 사고로도 치명적 결과를 초래한다. 미국, 중국, 일본, 유럽 등 주요 국가들이 원전 건설을 놓고 고민이 깊어지는 이유이며, 이런 상황은 우리나라도 마찬가지다.

인류는 에너지를 인간의 지식과 융합해 지속적으로 문명을 발전시켜왔다. 에너지는 인류의 삶의 패턴을 바꾸고, 문명의 발전 속도를 좌지우지했다. 에너지는 인류 문명 진화의 핵심이며 에너지의 역사가 바로 인류 문명의 역사인 셈이다. 또한 석탄, 석유 등 에너지는 수많은 전쟁의 빌미가 됐다. 석유가 '악마의 눈물'로 불리는 이유이기도 하다. 현재도 지구촌은 에너지와 전쟁을 치르고 있다. 석유 패권을 차지하려는 싸움, 새로운 에너지를 개발하려는 치열한 경쟁이 바로 그것이다.

역사는 에너지 전쟁에서 주도권을 쥐는 나라가 세계를 제패한다는 사실을 잘 보여준다. 현재 유행하기 시작하는 신재생에너지가 석탄, 석유, 천연가스 등의 탄화수소 에너지와 원자력 에너지를 넘어서 에너지 패권을 차지할 것인지 궁금해지는 상황이다.

석탄의 시대에서 석유의 시대로 넘어올 때, 내연기관을 이용하는 수많은 사업들이 시작되었다. 대표적인 것이 석유를 연료로 하는 내연기관차이다. 석탄의 시대에는 증기기관차를 이용하여 철도가 설치되어 있는 길로만 다닐 수 있었지만, 석유의 시대에는 석유와 길만 있으면 어디든 갈 수 있게 되었다. 석유왕 록펠러(John Davison Rockefeller)는 석유의 전성시대를 내다보고 스탠더드오일사를 설립하였다. 그리고 이 회사는 1880년에는 미국 국내에 유통되는 연간 360만 배럴 정도의 석유 가운데 95%를 유통하는 회사로 성장했다. 록펠러가 세계적인 부의 대명사가 된 것도 그 덕분이다. 스탠더드오일은 1911년 33개 회사로 분할되면서 해체되었으나 분할된 회사 가운데 엑슨모빌, 콘티넨털(Continental), 아모코(Amoco) 등이 지금까지 사업을 계속하고 있다.

우리는 인류 역사상 몇 번 오지 않는 또 다른 에너지 전환의 기로에 서 있다. 이 에너지 전환의 핵심을 이해하고 본질을 꿰뚫을 수 있는 개인과 기업은 다시없는 새로운 기회를 선점할 수 있을 것이다.

# 흔들리는 화석에너지 시장

## 증가하는 에너지 소비와 화석에너지의 역할

석유회사 BP에서 매년 발표하는 세계 에너지 소비 및 점유율에 따르면, 세계 에너지소비량은 꾸준히 증가하고 있으며 아직도 화석연료에 80% 이상 의존하고 있다. 지난 50년 동안 화석연료 사용은 석탄에서 석유로, 석유에서 가스로, 최근에는 화석연료에서 재생에너지로 전환을 하고 있다.

소비량 측면에서는 1965년에 약 4억 TOE(석유 1톤을 연속시킬 때 발생하는 에너지로 환산한 단위)에서 지속 증가하여 2019년에는 약 140억 TOE의 에너지를 소비하였다. 다음 표에서 최근 에너지 소비 현황과 점유율의 변화를 보자. 1차 에너지 소비는 2019년 1.3% 증가해 2018년(2.8%)의 절반에도 미치지 못했다. 성장은 재생에너지(3.2Exajoules)와 천연가스(2.8Exajoules)가 주도했으며, 이 두 가지가 함께 증가의 4분의 3을 차지했다.

| 2019년 1차 에너지 소비 현황 및 점유율 변화 |

| 구분 | 소비 (Exajoules) | 연간 증감 (Exajoules) | 점유율 | 2018년 대비 점유율 변화 |
|---|---|---|---|---|
| 석유 | 193.0 | 1.6 | 33.1% | −0.2% |
| 가스 | 141.5 | 2.8 | 24.2% | 0.2% |
| 석탄 | 157.9 | −0.9 | 27.0% | −0.5% |
| 재생에너지 | 29.0 | 3.2 | 5.0% | 0.5% |
| 수력 | 37.6 | 0.3 | 6.4% | 0.0% |
| 원자력 | 24.9 | 0.8 | 4.3% | 0.1% |
| 합계 | 583.9 | 7.7 | | |

출처: BP, 《Stastical Review of World Energy》, p. 4, 2020.

모든 연료는 원자력을 제외하고 10년 평균보다 낮은 속도로 성장했으며 석탄 소비량은 6년 만에 네 번째로 감소했다. 지역별로는 북미, 유럽, 독립국가연합(CIS, Commonwealth of Independent States: 1991년까지 소련 연방의 일원이던 독립 국가들)에서 소비가 감소했고 중남미에서는 성장률이 평균을 밑돌았다. 다른 지역의 성장은 역사적 평균과 거의 일치했다.

중국은 1차 에너지 성장의 가장 큰 동인으로, 세계 순성장의 4분의 3 이상을 차지했다. 석유는 여전히 에너지 믹스의 가장 큰 비중을 차지하고 있다(33.1%). 석탄은 연료로는 두 번째로 크지만 2019년에 27.0%를 차지해 2003년 이후 최저 수준을 기록했다. 천연가스와 재생에너지 비중은 각각 24.2%, 5.0%로 사상 최고치를 기록했으며, 재생에너지는 이제 점유율 4.3%에 불과한 원자력을 능가했다. 수력발전의 비율은 몇 년 동안 약 6%로 안정되어왔다.

### 석유 중심 에너지 시장의 전망

2018년 기준 전 세계 1차 에너지 소비량(576Exajoules)은 석탄 28%, 석유 33%, 천연가스 24%, 수력 6%, 재생에너지 4%, 원자력 4%로 구성된다. 전체 에너지 소비의 85%가 화석연료인 석탄, 석유 및 천연가스에 의존하고 있는 것이다. 한편 에너지원별 최종에너지 소비량(378Exajoules)은 석탄 10.3%, 석유 37.3%, 천연가스 15.6%, 전기 21.2%, 바이오/폐기물 11.1%, 기타 4.5%로 구성된다. 여기서 알 수 있는 것은 1차 에너지가 최종 에너지로 소비될 때까지 약 34%(198Exajoules)의 손실이 일어났다는 것이며, 이는 발전 및 송전 과정에서 일어나는 손실과 석유의 정유 및 이송 과정에서 일어나는 손실 등을 합친 것이다.

에너지 시장에서 석유의 영향을 보면, 석유의 약 60%는 운송 분야에서 사용되고, 운송용 분야에서 석유의 비중은 약 95%에 달할 정도로 절대적이다. 하지만 운송 이외의 분야에서는 석유의 영향력이 생각보다 절대적이지 않다. 전 세계에서 에너지 소비가 가장 큰 분야는 운송이 아니라 산업 수요이며, 이 부분에서 석유의 비중은 약 26%로, 천연가스 23% 및 석탄 26%와 유사한 수준이다. 전력발전에 사용되는 에너지원에서 석유의 비중은 3.1% 수준으로 재생에너지 비중 11.2%에도 한참 미치지 못하는 수준이다.

즉 석유 수요 중 수송연료인 휘발유, 경유, 항공유가 전기 및 수

| 2018년 1차 에너지 소비량 및 에너지원별 점유율 |

| | 석탄 | 석유 | 가스 | 원자력 | 수력 | 재생 에너지 | 합계 |
|---|---|---|---|---|---|---|---|
| 1차 에너지 소비량(Exajoules) | 159 | 191 | 139 | 24 | 37 | 26 | 576 |
| 1차 에너지 소비량(%) | 28% | 33% | 24% | 4% | 6% | 4% | 100% |

출처: BP, 《Stastical Review of World Energy》, 2020.

| 2018년 에너지원별 최종 에너지 소비 현황 및 점유율 |

| | 석탄 | 석유 | 가스 | 전기 | 바이오 /폐기물 | 기타 | 합계 |
|---|---|---|---|---|---|---|---|
| 에너지원별 최종 에너지 소비량(Exajoules) | 39 | 141 | 59 | 80 | 42 | 17 | 378 |
| 에너지원별 최종 에너지 소비량(%) | 10.3% | 37.3% | 21.2% | 15.6% | 11.1% | 4.5% | 100% |

출처: BP, 《Stastical Review of World Energy》, 2020.

| 2018년 부문별 최종에너지 소비 현황 및 점유율 변화 |

| | 산업 | 수송 | 주거 | 상업 | 기타 | 합계 |
|---|---|---|---|---|---|---|
| 부문별 최종 에너지 소비량(Exajoules) | 119 | 121 | 88 | 34 | 16 | 378 |
| 부문별 최종 에너지 소비량(%) | 31.5% | 32.0% | 23.3% | 9.0% | 4.2% | 100% |

출처: BP, 《Stastical Review of World Energy》, 2020.

| 2018년 에너지원별 전력발전 비중 |

| | 석탄 | 석유 | 가스 | 원자력 | 수력 | 신재생 에너지 | 합계 |
|---|---|---|---|---|---|---|---|
| 에너지원별 전력발전 비중(%) | 36.4% | 3.1% | 23.3% | 10.4% | 15.6% | 11.2% | 100% |

출처: BP, 《Stastical Review of World Energy》, 2020.

소로 대체되고, 공장 가동을 위한 산업 수요인 등유, 경유, 중유의 대부분이 전기로 대체된다면 석유에 의존하고 있는 지금의 경제에 많은 변화가 있을 것으로 보인다.

## 화석에너지에서 신재생에너지로

2019년 맥킨지(McKinsey) 글로벌 연구소에서 발표한 세계 1차 에너지 수요의 변화를 보면 재미있는 점을 발견할 수 있다. 산업화 이후로 에너지 수요가 급격하게 늘어났지만 2016년 이후로는 가파르게 줄면서 2030년 이후에는 연 0.1% 증가에 그치며 수요 증가가 정체된다는 것이다. 이는 늘어나는 에너지 수요의 상당 부분을 에너지효율(Energy Efficiency)로 감당할 수 있다는 의미이다. 또한 2020년 각국의 탄소중립 선언 이후 재생에너지의 증가가 급격히 늘어나지만 2050년에 필요한 에너지는 약 650Exajoules이며 2050년 1차 에너지 수요 중 화석연료가 차지하는 점유율은 약 70%이다. 예상 수요값은 조사 시기 및 조사 기관의 특성(신재생에너지 옹호기관인지 아닌지)에 따라 조금씩 달라질 수 있다.

맥킨지의 보고서는 점진적 변화 시나리오에 해당할 수 있는데, 2020년 이후의 전 세계 경제성장과 탈동조화되는 에너지 수요의 원인으로 네 가지를 이야기한다. 1) 중국과 인도처럼 빠른 경제성장을 보이는 나라들의 산업이 서비스 경제로 전환됨에 따라 GDP에서 차지하는 에너지 강도가 빠르게 감소하고, 2) 기술진보 및 에너지 사용 행동양식의 변화에 따라 에너지효율이 급격히 증가하며, 3) 다양한 방면에서 에너지를 필요로 하는 곳에 효율적인 전기의 이용이 증가하고 4) 1차 에너지 수요 곡선을 평평하게 할 뿐만 아니라 전력에 대한 사고방식을 완전히 바꿀 수 있는 가능성이 있는 재생에너지 사용이 증가하기 때문이라는 것이다.

급진적 변화 시나리오에 찬성하는 쪽인 석유 메이저인 쉘(Shell)사는 IEA의 데이터를 인용하여 탄소중립(Net Zero)을 위한 세 가지 시나리오를 제시했다. 첫 번째는 'Waves 시나리오'로 전 세계 경제 회복에 우선순위를 두어 2100년에 탄소중립을 이루고 지구 온도가 산업화 이전 온도보다 2.3℃ 높게 유지되는 시나리오이며, 두 번째는 'Islands 시나리오'로 2100년이 되어도 탄소중립을 이루지 못하며 지구온도가 산업화 이전 온도보다 2.5℃ 이상 높게 유지되는 시나리오이다. 마지막 'Sky 1.5 시나리오'는 글로벌 팬데믹 쇼크에 의해 에너지 전환이 가속화되어 2050년대에 탄소중립을 달성하고 지구 온도가 산업화 이전 수준보다 1.5℃ 이내로 유지되는 시나리오이다.

쉘은 'Sky 1.5 시나리오' 달성을 위한 네 가지 결론을 내렸다. 첫 번째는 에너지 수요의 계속되는 증가이다. 모두가 더 나은 삶을 살기 위해서는 모든 사람에게 양질의 삶을 제공하기 위한 충분한 에너지가 필요하며, 지속 가능한 에너지원을 점점 더 많이 사용할 수 있도록 전환해야 한다는 것이다.

두 번째는 에너지 시스템이 전환된다는 것이다. 문제는 속도인데, 탄소를 제거하는 동안 모든 에너지 수요를 충족시키기 위해서

| 세계 1차 에너지 수요 |

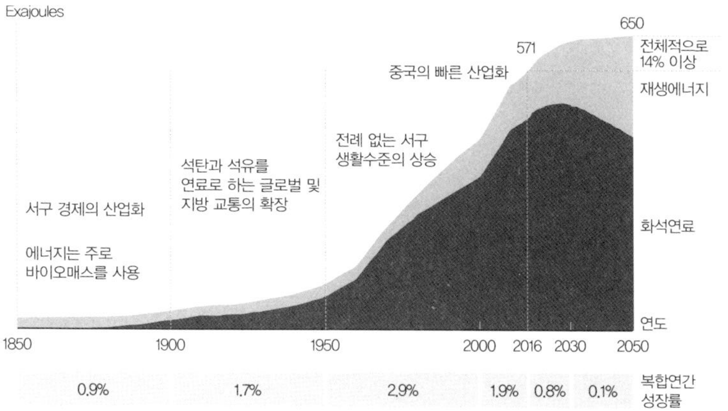


출처: McKinsey, 〈Energy Insights' Global Perspective〉, 2019.1.

는 재생가능 전력을 통한 경제의 전기화가 필요할 것이고, 또한 여전히 전기가 공급되기 어려운 분야에서는 석유 및 천연가스 사용이 필요하다는 것이다. 동시에, 이러한 에너지는 결국 전통적인 화석연료에서 저탄소 및 무탄소 에너지원으로 꾸준히 전환될 것이라 한다.

세 번째는 에너지 전환에는 비용도 들지만 이점도 있다는 것이다. 파리협정을 지키기 위한 조치에는 물론 비용이 들지만, 경제적으로나 환경적으로 보상이 될 수 있다. 현재의 코로나19 위기와 같은 계기는 전통적인 접근방식을 변화시키고 미래의 긴급한 요구에 더 잘 조정된 새로운 접근방식을 적용할 기회를 제공한다는 것이다.

마지막으로 네 번째는 탄소중립의 기후 열망을 충족시키려면 액션 액셀러레이터가 필요하다는 것이다. 목표한 에너지 전환을 달성하는 것은 기술적으로 매우 어렵지만 가능할 것이며, 시기적절하고 공정한 전환을 위해 전 세계의 정부와 에너지 부문 및 정책이 일치해야 하며, 스마트한 정책 규칙과 인센티브, 그리고 선구적인 지도자들이 필요하다고 말한다.

2020년 6월 말 전 세계에서 운행 중인 전기차는 812만 대로 지구상에 운행 중인 승용차 12억 대의 0.7% 수준이다. Bloomberg NEF(BNEF)가 발표한 보고서 〈2019 전기차 전망(Electric Vehicle Outlook 2019)〉은 2040년에 판매되는 승용차의 57%, 전 세계 승용차의 30% 이상이 전기차가 될 것이라고 전망한다.

전기차 보급의 확대로 세계 전기소비에서 도로 운송 부분의 비율이 2017년 1.3%에서 2050년에는 17%로 증가할 것으로 전망된다. 또 저탄소 에너지원인 천연가스와 풍력, 태양광 등 재생에너지 발전으로의 전환이 활발히 진행되어 2050년에는 발전량과 발전설비 용량에서 모두 저탄소에너지원 비중이 크게 증가할 예정이다.

에너지 총 소비에서 전기의 비율은 2017년 19%에서 2050년에는 40%로 증가할 것으로 예상되지만, 2050년 세계 전기 생산량의 63%는 다양한 신재생에너지를 활용하여 이루어질 것으로 전망된다.

전 세계적으로 석탄 및 석유 등 화석연료의 생산, 유통, 정제, 활용 등을 기반으로 하는 에너지 관련 회사는 무수히 많다. 그리고 이 회사들은 지속적으로 늘어나는 에너지 전환 수요에 따라 신재생에너지 사업으로의 진출을 지속적으로 도모하고 있다. 이러한

| 2050 최종 에너지원 변화 전망 |

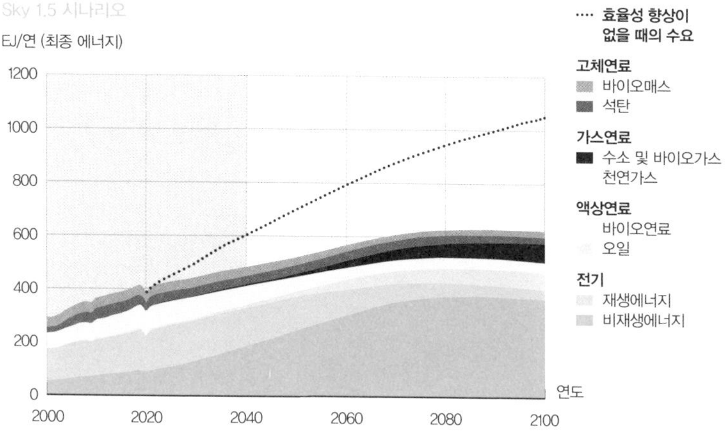


출처: Shell, 〈The Energy Transformation Scenarios〉, p. 49, 2021.

| 2050 이산화탄소 배출량 |

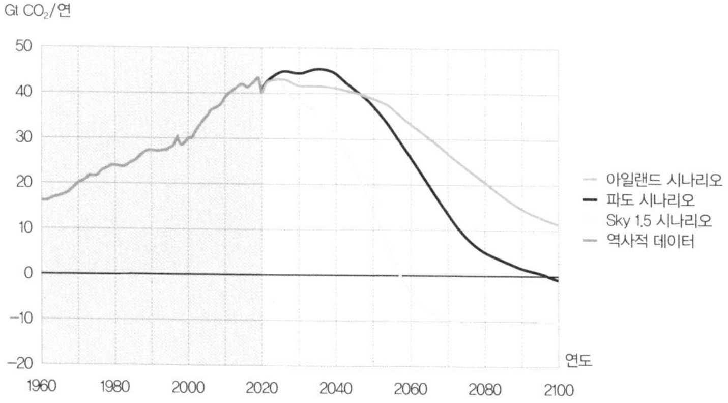


출처: Shell, 〈The Energy Transformation Scenarios〉, p. 58, 2021.

움직임과 함께 이들 회사 내부에서도 화석연료 관련 사업은 점차 줄어들 것이며, 태양광 및 풍력 발전, 수소 생산 및 활용, 전기차 관련 배터리 및 충전 인프라 및 전력산업으로의 진출 등 지속적으로 사업영역이 확대될 것이다. 그에 따라 관련 업무가 증가하고 인력 충원도 늘어날 것으로 보인다.

# 화석연료의 미래

## 석유의 미래

석유는 석탄에 이어 온실가스 발생의 주요 원인 중 하나로 꼽힌다. 원유의 정제부터 소비에 이르기까지 지속적으로 발생되는 이산화탄소 배출 때문이기도 하다. 그렇다면 석유는 과연 없어져야 할 운명일까? BP의 보고서 〈Statistical Review of World Energy 2020〉에 따르면 2019년 기준 석유 매장량은 17,339억 배럴(R/P Ratio 49.9년), 일생산량은 9,520만 배럴이다. 일사용량은 9,830만 배럴(1차 에너지원의 33.1%)로 2018년 대비 0.9% 증가하였으며, 2008년 이후 평균 1.3%씩 상승했다. 참고로 생산량보다 석유 사용량이 많은 것은 전년도 대비 저장용량의 변화, 석유첨가물, 대체연료, 측정 및 단위전환 차이 등에 기인한다. R/P Ratio란 상업적 발견 매장량(Reserve)을 연간생산량(Annual Production)으로 나누었을 때의 숫자로, 자원을 사용할 수 있는 기간을 의미한다.

석유의 미래는 쉘 사에서 발표한 'Sky 1.5 시나리오'에서 엿볼 수 있다. 이 보고서는 에너지 밀도가 높은 액체 연료에 대한 필요성은 계속될 것이므로 이를 고려할 때 세계는 금세기 내내 석유를 계속 필요로 할 것이지만, 운송 부문에서 에너지 전환의 속도에 따라 그 수요가 크게 감소할 것으로 전망하고 있다.

향후에도 여전히 석유 생산과 새로운 유전 개발에 대한 투자는 필요할 것이다. 현재 생산 중인 유전들은 수요가 적은 Sky 1.5 시나리오에서도 장기적인 수요를 충족시키기 어려울 것이기 때문이다. 그러나 석유 수요 증가 속도가 느려짐에 따라 새로운 유전을 위한 탐사는 거의 이루어지지 않을 것이며, 이미 발견된 미개발 유전에서의 생산과 현재 생산 중인 유전의 증산 활동 등 효율적 생산에 초점을 맞출 것으로 보인다. 2040년에는 하루 생산량 약 9천만 배럴, 2060년에는 약 6천만 배럴의 석유 생산이 필요할 것이다.

유럽의 석유회사들이 석유탐사 및 개발 관련 투자를 줄이면서 재생에너지 사업을 확대하는 것과 달리 미국의 엑슨모빌과 셰브론 등은 석유탐사 및 개발투자를 유지하면서 탄소 배출을 줄이는 방향으로 전략을 가져가고 있다. 어느 쪽이 맞는지는 시간이 지나야 알 수 있겠지만, 분명한 것은 유럽과 미국의 석유회사들도 이산화탄소 감축을 추진하고 있다는 점이다. 앞으로 이미 발견된 유전들의 개발 및 증산작업 위주로 사업이 전개된다면 석유 탐사 및 개발사업과 관련 인력에 대한 수요도 지속적으로 줄어들 것이다.

| 시나리오별 석유 생산 예측 |

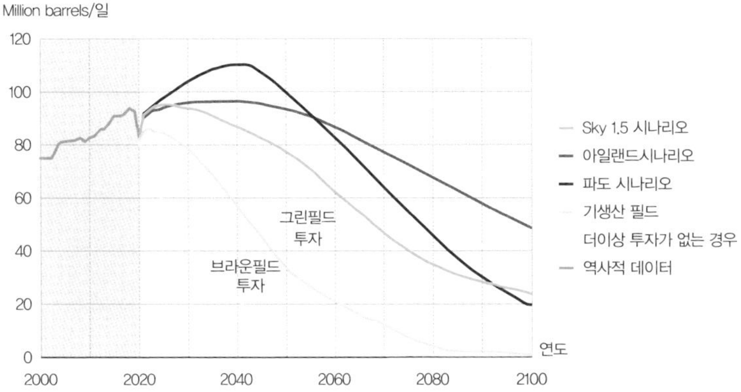


출처: Shell, 〈The Energy Transformation Scenarios〉, p. 68, 2021.

## 천연가스와 석탄의 현재와 미래

BP의 보고서에 따르면 2019년 기준 천연가스 매장량은 7,019TCF (R/P ratio 49.8년), 생산량은 140.9TCF이며 사용량은 138.7TCF(1차 에너지원의 24.2%)로 2018년 대비 2.0% 증가하였으며, 2008년 이후 평균(CAGR) 2.5%씩 상승하였다. 천연가스의 생산량과 사용량의 차이는 전년도 대비 저장용량의 변화 및 NGL이 생산량에 포함되었기 때문이다.

천연가스는 탄소에너지 시대에서 탈탄소 시대로 넘어가는 에너지 전환 시대의 브리지(bridge)에너지라고 불린다. 천연가스는 셰일가스 및 타이트 오일 생산 시에 부수적으로 생산되므로, 공급 측면에서 가격 메리트를 충분히 가지고 있어, 발전에서 석탄을 대체하고 있다. 석탄발전보다 천연가스발전이 미세먼지 감축 등 환경보호에 기여하며 에너지 시스템에서 이산화탄소를 제거하는 데 유리하다. 유연탄발전과 천연가스발전의 탄소배출량은 각각 0.8136~ 0.83kg-$CO_2$/kwh, 0.3625~0.3711kg-$CO_2$/kwh로 같은 설비용량일 경우 천연가스 발전이 유연탄 발전 대비 50% 이하의 이산화탄소를 배출한다. 참고로 석유발전은 약 0.69kg-$CO_2$/kwh, 무연탄은 약 1.16kg-$CO_2$/kwh 정도의 탄소배출량을 보인다.

국제 천연가스 거래 물량의 2/3는 LNG 거래로 이루어지는데, BloomergNEF는 2020년 글로벌 LNG 수요가 코로나19로 인해 4.2% 감소한 후 2021년에 회복될 것으로 보았다. 천연가스 시장 가격은 코로나19로 인한 공급 지장 및 LNG 프로젝트의 생산개시 지연 등으로 재조정될 것으로 예상된다. 또 산업 분야에서 천연가스는 아시아 지역의 소비 증가로 2018년부터 2040년까지 평균 2.3%씩 성장할 것으로 전망하고 있다.

천연가스의 수요 증가는 아시아 지역의 전반적 수요 증가와 함께 미국, 러시아, 중동 및 주요 천연가스 생산국의 석유화학 원료 사용으로 인한 수요 증가를 원인으로 들 수 있다. 전력산업에서 천연가스 소비는 계속 증가할 것으로 예상되지만, 에너지원 비율은 2018년 24%에서 2040년 22%로 소폭 감소할 것으로 보고 있다. 유럽 같은 선진 시장에서는 원가 및 정책 측면에서 재생에너지를 지원하므로 전력산업에서 천연가스 소비 증가는 제한적일 것이다.

반면 저렴한 천연가스가 없거나 이산화탄소 발생에 대한 규제가 없는 국가에서는 석탄발전이 여전히 경쟁력을 지니고 있다. 하지만 신재생에너지의 발전단가가 지속적으로 하락하는 데다 지구 온난화 이슈로 석탄발전보다는 천연가스발전이 전력공급 면에서 보다 유연한 에너지공급원으로 자리 잡아가고 있다.

BP사의 급격한 전환 시나리오에서는 천연가스가 석탄을 대체하여 거의 2배 정도 사용이 증가할 것으로 예상하고, IEA와 쉘사의 도전적인 기후변화 대응 시나리오에서는 천연가스 소비가 2030년에 정점에 도달할 것으로 예상한다. 또한 그린수소에 대한 경제성 있는 기술이 확보되기 전까지 수소에너지의 현실적인 대안으로 거론되는 그레이수소 및 블루수소의 원료로서 천연가스의 수요는 상당한 시간 동안 지속될 것으로 본다. 천연가스의 생산도 약 2040년까지는 증가할 것이며, 수소연료 시장이 열릴 경우에도 탄소포집기술인 CCS(Carbon Capture & Storage)와 함께 가스의 생산은 상당 기간 지속 또는 증가할 것으로 본다.

하지만 천연가스 역시 화석연료이므로 메탄가스와 같은 온실가스 배출에서 완전히 자유로울 수 없다는 점을 기억해야 한다. 전 세계적으로 탄소중립을 위한 더 강력한 정책들이 나오기 시작한다면 발전 기능은 신재생에너지로, 연료로서의 기능은 수소 등으로 대체될 수 있으므로 급격한 천연가스 수요 조정이 가까운 시기에 올 수도 있다. 이를 염두에 두고 전 세계의 정책 방향을 지켜봐야 할 것이다.

아울러 BP 보고서에 따르면 2019년 기준 석탄 매장량은 1.07조 톤(R/P Ratio 132년), 생산량은 167.6Exajoules이며 사용량은

| 시나리오별 천연가스 생산 예측 |

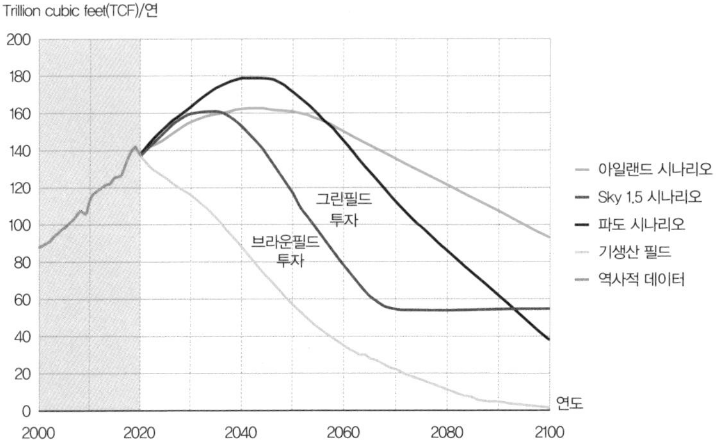


출처: Shell, 〈The Energy Transformation Scenarios〉, p. 71, 2021.

157.9Exajoules(1차 에너지원의 27%)로 2018년 대비 0.6% 감소했다. 석탄은 시간이 지날수록 점유률이 낮아지지만, 산업 에너지 소비의 연료로서 일정한 역할은 유지될 전망이다.

낮은 온도의 난방과 같은 가벼운 활동은 전기를 이용할 수 있으므로 재생에너지를 통해 석탄을 대체할 수 있다. 하지만 대규모의 고온, 고열이 필요한 제철산업과 고로에 대해서는 향후 상당한 기술 혁신이 전개될 때까지 당분간 석탄이 필요할 것이다. 탈탄소화 과정에서 석탄, 석유, 가스는 수소와 바이오매스를 포함한 다른 비화석 공급원으로 꾸준히 대체되겠지만 일부 산업용 재료를 생산하기 위해서는 탄화수소 공급 원료가 여전히 필요한 상황이다.

### 설비 효율화 및 유해물질 배출 저감 기술

에너지원 자체를 교체하는 것만이 온실가스 감축의 유일한 방법은 아니다. 현실적으로 화석연료를 사용하는 기존의 시스템을 한꺼번에 재생에너지 설비로 교체할 수는 없으므로, 기존 화석연료를 기반으로 한 설비에서 유해물질 배출량을 감축하는 것도 효과적인 방법이다. 에너지효율을 높이기 위한 노후 송배전 설비 교체가 대표적인 예이다. IEA 자료에 따르면 전 세계 에너지 생산량의 27%, 전력 생산량의 68%가 최종 소비자에게 전달되기 전에 소실된다. 에너지 생산과정에서 발열과 송전손실 등이 발생하기 때문이다.

앞에서 서술한 바와 같이 석유는 에너지 연료로서, 그리고 석유화학 원료로서의 두 가지 중요한 기능이 있다. 미래의 석유 및 석유화학 산업은 친환경적이면서 기업 이윤과 사회적 공정성을 보장하는 기술 공정상의 변화를 주어야 하며, 이를 위해 이산화탄소 배출 억제 및 친환경제품 출시 등이 필요하다. 석유업계에서는 CCUS의 적용으로 이산화탄소 배출을 억제하는 것이 가능하다.

전통적인 석유 생산방법은 지하 수천 미터 아래의 고온 고압상태의 저류층에서 원유를 시추하는 것이다. 그리고 어느 정도 시간이 지나 원유생산에 따른 압력 감소가 일어나면 압력을 보강해주는 수단으로 저류층에 물 또는 이산화탄소 등을 주입하여 이용해왔다.

블루수소는 천연가스에서 수소를 생산할 때 상당한 양의 이산화탄소가 배출된다. 현재의 기술로 배출된 이산화탄소를 포집하여 압력증대가 필요한 저류층으로 주입하는 데 이용하고, 나아가 저류층에 영구 저장하는 등 원유 저류층은 이산화탄소 저장에 이용될 수 있다. 이미 미국, 노르웨이 등에서는 이를 상업적으로 가동하고 있으며 사우디아라비아, 아랍에미리트 등에서는 수소생산과 이로 인한 이산화탄소를 생산유전에 주입하는 프로젝트를 시험 가동하고 있다. 비용상의 강점으로 인해 일부 석유기업들 중에는 적극적인 에너지 전환 대신 포집기술에 대한 투자를 확대하는 기업도 있다. 현재까지는 대부분 미국과 유럽의 에너지 기업인 엔지(ENGIE), 린데(The Linde Group), 셰브론(Chevron), 더치셸(Dutch Sell) 등이 기술개발을 주도하고 있다.

시간이 흐르면서 앞으로는 석유의 주 사용처 중 에너지원의 기능은 줄어들고 석유화학 원료의 기능이 늘어날 것이다. 즉 전기차의 대중화로 내연기관의 생산이 중지되기 시작하면 용도가 불분명해질 휘발유, 디젤유와 등유, 선박유의 처리를 고민해야 할 것이다. 휘발유는 납사(naphtha, 나프타)로 전환해 석유화학 에틸렌, 프로필렌 생산원료로 공급이 가능하다고 알려져 있다. 디젤유와 등유, 선박유 등은 벤젠, 나프탈렌 등의 고분자화합물이 많이 포함돼 있어 유동형 촉매분해설비(FCCU, Fluidized Catalytic Cracking Unit)를 거치면 LPG와 납사, 경질유제품으로 재생산될 수 있을 것이다.

대표적인 에너지 다소비 산업인 철강 공정은 철강 1톤을 생산할 때 약 2톤가량의 이산화탄소가 발생한다. 기존 기술로는 이산화탄소 배출 저감 한계에 직면했기에, 수소환원제철법 등 궁극적으로 배출량을 줄일 수 있는 혁신이 필요한 상황이다.

자연 상태의 철광석은 철 성분이 산소와 결합된 적철광($Fe_2O_3$), 자철광($Fe_3O_4$) 등 산화철 상태로 존재한다. 철광석에서 산소를 떼어내고 순수한 철 성분만 얻는 작업이 제철공정이다. 흔히 용광로라 불리는 고로에서는 철광석이 철로 환원되는데, 철강산업에서 발생하는 온실가스 대부분은 이 과정에서 발생한다. 철광석에 붙어있는 산소를 제거하기 위해 환원제로 어떤 것을 이용하느냐에 따라 탄소 배출량이 결정되는 셈이다.

현재 사용하는 탄소환원제철법은 고로에 철광석과 코크스를 넣고 녹여 액체 상태의 철을 만드는데, 이 과정에서 제철용 석탄 등 탄소계 환원제가 투입된다. 산소와 친화적인 물질 중 하나가 탄소이기 때문이다. 환원작업이 진행되면서 산소가 탄소로 옮겨가면 순수한 철만 남게 되지만, 이산화탄소가 대량으로 발생할 수밖에 없다. 반면 수소환원제철법은 환원제로 탄소가 아닌 수소를 사용한다.

철광석에 포함된 산소는 탄소 외에도 수소와도 친화적이다. 산소와 고농도의 수소가 결합되면 물만 생성되기 때문에 이산화탄소 배출량이 줄어든다는 것이 골자다. 실제 기술이 상용화될 경우 이산화탄소를 배출하지 않고도 철 생산이 가능해진다. 운송 수단 중 선박의 유해가스 저감기술, 천연가스를 추진제로 이용하는 LNG 추진 엔진기술, 질소산화물 저감장치, 황산화물 저감장치 등의 기술들도 대표적인 이산화탄소 및 유해물질 배출저감기술이다.

### 순환경제 하에서의 화석연료 절감

현재 대부분의 화석연료 산업은 자원을 취득하여 제조하고, 사용한 후 폐기하는 직선적인 선형경제의 구조를 가지고 있다. 하지만 순환경제는 자원을 사용한 후 회수하여 재활용까지 하는 것으로, 자원의 순환에 초점이 맞춰져 있다. 탄소배출량뿐만 아니라 폐기물 문제가 갈수록 심각해지는 플라스틱, 즉 화학산업에 보다 절실하게 필요한 것이 바로 순환경제이다.

순환경제의 가장 중심적인 전략 중 하나는 플라스틱 재활용이다. 통상 플라스틱 재활용은 기계적 재활용과 화학적 재활용으로 나뉜다. 기계적 재활용은 사용된 플라스틱을 수거-세척-파쇄하여 새로운 플라스틱으로 만들어내는 과정이다. 일반적으로 실생활에서 수거되는 플라스틱은 대부분 기계적 재활용을 위한 것이다. 하지만 기계적 재활용으로 만들어진 플라스틱은 처음 만들어진 플라스틱보다 물성이 약하고 색 구현이 어려우며, 음식 용기로 사용되기에는 까다롭다는 단점이 있다. 현재 주요 업체들은 이러한 문제점을 개선하기 위해 연구하고 있다.

한편 플라스틱 분자구조를 분해시켜 순수한 원료상태로 되돌리는 방법이 새롭게 대두되고 있는데, 화학적 공정을 이용하는 이런 방법을 화학적 재활용이라 한다. 플라스틱 쓰레기를 화학반응이 일어나는 용기 안에 넣고, 열과 압력을 가하거나 유기용제 등을 첨가해서 플라스틱의 분자구조를 변화시켜 원료물질로 다시 쓸 수 있도록 만드는 것이다.

화학적 재활용은 이론적으로는 무한 반복이 가능하지만, 화학구조를 변화시키기 위한 공정이 까다롭고 기계적 재활용보다 기술적 완성도가 떨어져, 많은 글로벌 업체들이 수년간 연구개발에 집중해오고 있다.

## 에너지집약도와 2050년의 전망

2021년 5월에 발표된 IEA의 특별보고서 〈Net Zero by 2050-A Roadmap for the Global Energy Sector〉에 의하면 2030년 총에너지 공급량은 550Exajoules로 2020년보다 7% 감소한다. 세계 인구증가와 경제발전에도 불구하고, 에너지집약도(Energy Intensity, units of energy per unit of GDP)의 감소로 인해 발생하는 것이다. 에너지집약도는 2020년과 2030년 사이에 매년 평균 4%씩 떨어진다. 이는 전기화, 모든 에너지 및 재료의 효율화, 에너지 서비스에 대한 수요 감축 노력, 그리고 기존의 화석연료 사용을 자제하려는 큰 변화를 통해 달성된다. 이러한 에너지집약도의 개선 수준은 2010년과 2020년 사이에 달성된 매년 약 2% 미만보다 훨씬 큰 수준이다.

최종에너지 사용에서 지속적으로 전기화가 이루어지면 에너지집약도를 더 낮추는 데 도움이 되지만, 2030년 이후부터는 큰 영향을 미치지 못한다. 반면에 첨단 바이오연료, 수소, 합성연료와 같은 새로운 연료의 증가는 에너지 사용을 증가시키는 경향이 있다. 그 결과 2030년에서 2050년 사이 에너지집약도의 감소는 연간 2.7%로 둔화될 것이다. 이는 경제 및 인구 증가가 지속됨에 따라 총 에너지 공급량은 2030년에서 2040년 사이에 약간 감소하지만 2050년까지는 대체로 변동이 없다는 것을 의미한다. 인구 30억 명이 더 많은 세계 인구(100억 명)와 3배 이상의 세계 경제규모에도 불구하고, 2050년의 총 에너지 공급은 2010년 수준에 가깝다. 2050년의 에너지 믹스는 오늘날보다 훨씬 더 다양할 것이다.

2020년에 석유는 총 에너지 공급의 30%를 차지했고 석탄은 26%, 천연가스는 23%를 공급했다. 2050년에 바이오 에너지, 풍력, 태양광, 수력 전기 및 지열 등의 재생에너지는 전체 에너지 사용의 2/3를 제공할 것이다. 원자력 발전으로 인한 에너지 공급도 2020년에서 2050년 사이에 거의 2배가 된다.

보고서는 또한 2050년에는 화석연료의 사용이 크게 감소된다고 전망한다. 총 에너지 공급량에서 차지하는 화석연료의 비중이 2020년 80%에서 2050년 20%를 조금 넘는 수준으로 떨어진다. 석탄 사용은 2020년 5,250Mtce에서 2030년 2,500Mtce로, 2050년에는 600Mtce 미만으로 떨어져 2020년부터 2050년까지 매년 연평균 7%씩 감소한다.

석유 수요는 2020년 하루 90백만/일(mb/d) 이하로 떨어졌고, 2030년 72mb/d, 2050년 24mb/d로 떨어져 2020년부터 2050년까지 연평균 4% 이상 감소한다. 천연가스 사용량은 가스발전소가 폐쇄되면서 점차 감소할 것으로 예측하는데, 2020년 3,900bcm에

| 2050년까지 에너지 공급 변화 예측 |

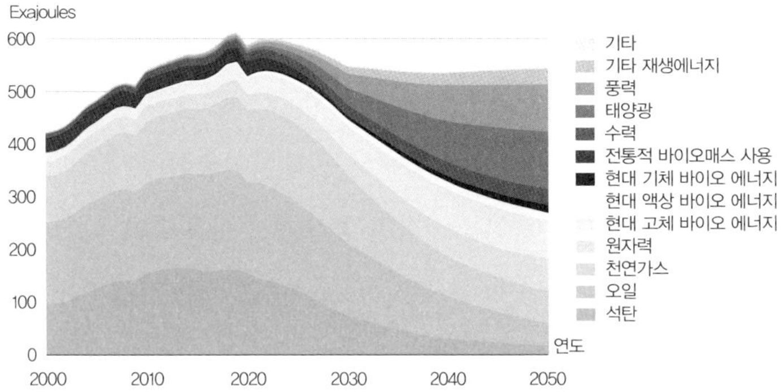


출처: IEA, 〈Net Zero by 2050〉, p. 57, 2021.5.

서 2030년 3,700bcm, 2050년 1,750bcm으로 줄어들 것으로 본다. 이는 2020년부터 2050년까지 연평균 3% 미만으로 감소하는 것이다. IEA 특별보고서의 2050년까지 화석연료 공급의 감소는 앞에서 소개한 쉘 사의 'Sky 1.5 시나리오'보다도 더 급격하게 진행될 것이라는 예측을 보여주고 있다.

IEA의 특별보고서는 2020년 화석연료 소비량은 460Exajoules이지만 2050년에는 120Exajoules의 화석연료가 소비될 것이라고 예측한다. 화석 연료 사용이 2050년에도 0으로 떨어지지 않는 이유는 크게 세 가지이다.

첫째는 화석연료를 에너지 용도가 아닌 다른 용도로 사용하게 될 것이기 때문이다. 2050년 총 화석연료 사용량의 30% 이상(석유 사용량 70% 포함)은 이산화탄소가 직접 발생하지 않는 용도로 사용될 것이라고 본다. 화학적 원료로 사용되는 경우와 윤활제, 파라핀

왁스 및 아스팔트 등에 사용되는 경우다. 화석연료 사용을 제한하고자 많은 노력을 하고 있지만, 2050년까지 에너지원이 아닌 다른 용도로의 화석연료 사용은 다소 증가할 것으로 생각된다.

두 번째는 CCUS와 함께 사용하는 화석연료이다. 화석연료 사용량의 약 50%는 CCUS를 장착한 공장에서 사용되며, 약 3.5 기가톤의 이산화탄소 배출량이 화석연료에서 포집될 것으로 본다. 약 925bcm의 천연가스는 CCUS와 함께 수소로 전환될 것이다. 세 번째는 다른 기술 옵션이 없는 분야에서의 사용이다. 2050년 화석연료 사용의 나머지 20%는 화석연료 사용을 완전히 대체하기 어려운 분야이다.

이는 대부분 석유로, 항공기 연료로서 필요하기 때문이다. 또한 소량의 석탄과 천연가스는 산업 부문과 에너지 생산에 계속 사용될 것이다. 남아 있는 화석연료의 사용은 2050년에 약 1.7기가톤의 이산화탄소를 배출할 것으로 예상되지만, 이는 산림의 자연적 탄소포집저장 및 공기 중 탄소직접포집저장(DACCS, Direct Air Carbon Capture and Storage)에 의해 상쇄될 것으로 보고 있다.

# 저탄소 경제는 가능할까

## 온실가스 감축과 경제성장의 탈동조화

경제는 자본, 노동, 기술과 에너지가 투입되어 생산과 소비의 규모를 키움으로써 성장한다. 현대 산업경제에서는 경제성장률이 높아질수록 이산화탄소 배출량도 비례해서 늘어났고, 유럽 선진국을 포함한 우리의 경제가 그것을 증명해주고 있다. 그에 따라 화석연료 사용을 줄이고 태양광, 풍력 등 재생에너지 사용을 늘리는 등 이산화탄소 배출을 줄이면서 경제가 성장하는 것이 가능한지에 대해서도 많은 연구가 이루어지고 있다.

경제가 지속적으로 성장하면서도 온실가스 배출량이 감소하는 현상을 '탈동조화(Decoupling)'라고 부른다. 물론 현실은 생각만큼 낙관적이지 않다. 2019년 7월 유럽환경국이 발표한 보고서 〈폭로된 탈동조화(Decoupling Debunked)〉의 내용을 보면, 각국의 사례분석 결과 탈동조화가 되었다고 해도 '상대적(relative)이거나 일시적

(temporarily)이거나 아니면 국지적(locally)'인 수준에서만 확인되었다. 또한 대부분은 상대적 탈동조화였다. 절대적 탈동조화가 일어나는 경우에도 단기간이었거나, 특정 자원에 국한되거나, 아니면 특정 지역에 한정되었거나 매우 소소한 비율에 불과했다고 보고서는 결론짓는다.

그렇다고 2050년 탈탄소 사회로 가기 위해 경제성장을 포기하고 성장감소를 받아들일 수는 없을 것이다. 의도하지는 않았지만 코로나19로 인해 2020년에는 일시적이나마 온실가스가 전년 대비 7%, 약 24억 톤 감소한 것으로 추정되고 있다. 지금까지 세계적으로 온실가스 배출량이 급감했던 사례로는 2009년 경제위기 당시 5억 톤, 그리고 제2차 세계대전 종료 후 9억 톤이 감소했던 적이 있으니, 그보다 큰 최대 감소사례이다. 반면 세계 경제규모는 무려 4% 이상 대폭 줄었고, 그 결과 전 세계의 많은 이들이 극심한 실업난과 경제적 고통에 시달리고 있다. 그런데 이 정도 규모의 감소가 매년 일어나야 2030년 탄소 배출 절반 감축과 2050년 탄소중립으로 갈 수 있다고 한다. 즉 인류는 과거에 전혀 경험해보지 못한 빠른 속도로 탄소 배출을 감축해야 한다. 세계 평균 매년 7%씩 줄여나가야 하며, 한국을 포함한 선진국들은 그 이상을 줄여나가야 한다. 한마디로 탄소 배출 감소의 기울기는 최상급자를 위한 스키 슬로프와 같이 가파른 곡선이 되어야 한다. 이런 상황에서 재생에너지와 에너지효율화 기술을 총동원해서 탄소 배출을 매년 급격히 줄여나가면서도 상당한 경제성장을 동반하는 '탈동조화'를 이루겠다는 것은, 좋게 표현해도 '극단적으로 야심찬' 것이라고도 할 수 있다.

탈동조화가 가능하다는 시각도 있다. 2020년 9월 국회예산처에서 발행한 《Nabo Focus》 제24호 〈주요국의 온실가스 배출량과 GDP의 탈동조화 경향과 시사점〉에서는 OECD 국가의 국내총생산(GDP)은 1990년 대비 2.6배 상승했지만, 온실가스 배출량은 2007년 이후 점차 감소하여 2017년 배출량이 1990년과 유사한 수준이라는 것을 나타내고 있다. 즉, 경제는 성장하고 있지만 온실가스 총배출량과 1인당 배출량은 모두 감소하는 추세이다.

OECD 국가의 탈동조화는 산업 부문 온실가스 배출량의 감소가 가장 크게 기여했으나, 수송 부문과 건물 부문의 배출량도 전반적으로 감소한 것에서 이유를 찾을 수 있다. 나라별로 보면 미국의 배출량은 2007년을 정점으로 하락세이며, 일본은 2004년, 독일은 1991년, 프랑스는 1979년, 영국은 1971년 이후 배출량이 감소하였다. 1인당 배출량의 경우 일본을 제외한 국가들은 1970년대에 정점을 지났으며, 일본은 2004년에 정점을 기록하였다.

우리나라는 온실가스 총배출량과 1인당 배출량이 계속 증가하고 있으나, 최근 배출량 증가율은 경제성장율보다 낮아지는 추세이다. 강한 탈동조화 단계의 국가들은 영국처럼 서비스 산업 중심으로 경제구조를 바꾸거나, 독일같이 제조업 기반을 유지하되 저탄소 경제로 전환하는 유형으로 구분할 수 있다.

우리나라는 제조업의 부가가치가 GDP의 30%로 높은 비중을 차지하는 만큼, 독일의 사례와 같이 제조업 비중을 유지하는 탈동조화 전략을 검토해야 할 것이다. 탈동조화 단계의 국가들은 에너지 수요관리와 에너지원 대체, 에너지 이용 효율화, 재생에너지 보급 등을 장기간 일관성 있게 유지했다는 공통점이 있다. 산업 부문 온실가스 배출량의 비중이 높은 우리나라 경제구조의 특성을 고려할 때, 급격한 생산량 감소보다는 고부가가치형 산업과 저탄소 에너지 기술개발을 통해 국가 전체의 탄소 집약도를 낮추는 전략이 필요할 것이다.

| OECD의 온실가스 배출량 대비 경제성장 탈동조화 |

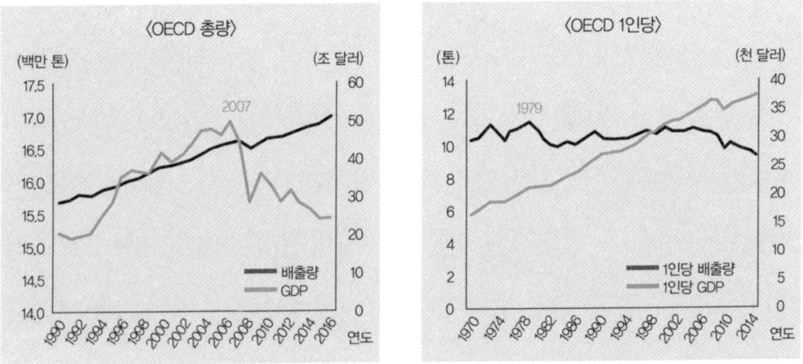


출처: 국회예산정책처, 《Nabo Focus》 제24호

## 에너지 전환은 구조적 전환

에너지 전환은 에너지 시스템의 구조적인 변화로, 장기간에 걸쳐 이루어질 수밖에 없다. 화석연료의 사용이 기후변화에 영향을 주는지에 대한 논란도 있지만, 각종 환경오염의 원인이 된다는 점은 대체로 전 세계가 인정하고 있다. 탄소연료인 화석연료를 줄이

고 재생에너지 사용을 늘려나가자는 것도 일반적인 의견이다. 그럼에도 친환경 에너지는 현재 전체 에너지 소비의 약 10%에 불과하며, 재생에너지로의 전환 역시 일시적으로 시도되었다가 중단되는 경우가 많았던 것도 사실이다.

그 주된 이유는 화석연료와 비교할 때 1) 사용범위가 재생에너지를 이용한 전력 생산의 이용에 국한되며, 2) 생산된 에너지의 저장과 원거리 운송이 쉽지 않아 국지적으로만 사용되는 기술적인 한계가 있었으며, 3) 필요에 의해 수정되는 주요 국가들의 에너지 정책에 더 큰 영향을 받았기 때문이다.

이러한 요인들에 의해 재생에너지로의 전환 속도도 더뎌질 수밖에 없었지만, 과거와는 달리 최근의 움직임은 다음과 같은 이유로 구조적인 전환이라고 할 수 있다.

첫 번째로 태양광, 풍력 등의 재생에너지발전이 화석연료발전 대비 가격경쟁력을 확보했다는 것이다. 태양광과 풍력의 경우 오랜 기간에 걸쳐 기술적 성숙단계에 진입했으며, 동시에 규모의 경제까지 실현하고 있어 상당한 가격경쟁력까지 확보한 상황이다. IRENA(International Renewable Energy Agency, 국제 재생에너지 기구. 재생에너지의 개발 및 보급을 위해 설립된 국제기구)에 따르면 2010년부터 2020년까지 태양광, 육상풍력의 발전단가는 각각 90%, 71% 하락했다. 이제는 태양광발전과 풍력발전이 석탄발전이나 가스발전보다 저렴한 상황을 맞이하게 된 것이다.

두 번째는 재생에너지의 최대 약점이라고 볼 수 있는 저장과 운송의 문제가 해결되고 있다는 것이다. 태양광, 풍력, 수력 등의 에너지원은 수요처의 위치보다 자연적 입지조건에 의해 생산시설의 위치가 결정된다. 전기로 생성되는 재생에너지가 화석연료에 대해 경쟁력을 갖추려면 저장과 운송에 대한 문제가 먼저 해결되어야 한다. 이 문제는 ESS(Energy Storage System)와 분산형 에너지 공급으로 접근할 수 있으며, 수소를 이용할 수도 있다. ESS를 이용하여 수요보다 많은 발전량을 저장하면 공급이 부족할 때 사용할 수 있다. 또한 재생에너지에서 생산된 잉여전력으로 수소를 생산하고, 이를 저장하여 운송할 수 있다. 이렇게 생산된 수소는 수요처에서 수소를 이용하는 수송수단(수소차, 수소트럭, 수소배 등)에 직접 연료로 이용될 수 있으며, 다시 수소연료전지발전을 통해 전기로 전환하는 것도 가능하다.

세 번째는 전 세계의 정책적 지원과 투자의지이다. OECD 국가들 대부분은 에너지 전환 자체를 신규 고용을 창출할 수 있는 새로운 산업(뉴딜정책)으로 접근하고 있다. 2030년까지 에너지 전환에 총 100조 원을 투입할 경우 취업유발효과는 총 104만 명, 생산유발효과는 누적 183조 원, 부가가치유발효과는 70조 원이 될 것이란 전망이 나왔다. 이처럼 에너지 전환을 경제활력을 회복할 촉매로 활용하기 위해서는 산업생태계 구축을 위해 기업지원을 강화하고, 에너지 전환 기술경쟁력을 제고하며, 시장구조 개선을 통해 민간 참여와 규제 개선 등에도 주력해야 할 것이다. 강화되는 환경규제는 선진국 내 제조업체들과 신흥국가 내 후발 기업들 사이에 탄소국경조정제 도입 등 기술적 진입 장벽을 만들어주는 효과도 존재하기 때문이다.

마지막으로 네 번째는 코로나19가 에너지 전환에 미친 영향이다. 코로나19는 에너지 전환 정책을 가속화하는 역할을 하고 있다. 코로나19 극복을 위한 부양책의 대상 중 하나가 에너지 전환이기 때문이다. 대표적으로 유럽은 에너지 전환을 하나의 산업부흥정책으로 접근하고 있으며, 미국 역시 바이든 대통령이 재생에너지에 호의적이다. 바이든은 재생에너지에 2조 달러(약 2,400조 원)를 투자하여 100만 개의 새로운 일자리를 창출하는 것을 공약의 하나로 내걸고 당선되었으며 늦어도 2035년까지는 전력 부문에서, 2050년에는 전 산업에서 탄소중립을 달성하는 것을 목표로 제시하였다.

코로나19 이전에 작성된 주요 전망기관의 추정치(코로나19 이후에는 더욱 가속화되었겠지만)도 재생에너지의 빠른 비중 확대와 에너지 시장 내에서 화석연료의 점유율 축소를 전망하고 있다. 미 정부의 공식적인 에너지 통계기관인 EIA는 재생에너지 소비가 2018~2030년에 연평균성장률(Compound Annual Growth Rate, CAGR) 3.7%를 보일 것으로 예상하고 있다. 반대로 석유는 0.4% 성장에 그칠 것으로 예상되며, 석탄은 −0.1%로 역성장이 예상된다. 화석연료 중 가장 유망하다고 평가받는 천연가스의 성장률도 0.9% 수준이다.

코로나19 이후에 발표된 BP의 최근 보고서에는 재생에너지에 대한 더욱 선명한 전망을 담고 있다. 세 가지 에너지 시장에 대한 BP의 장기 전망 중 가장 보수적인 전망이 예상하는 2018~2050년 재생에너지의 연평균성장률은 8.2%이다. BP는 석유 −0.0%, 석탄 −0.5%로 감소세를 보일 것으로 예상하고 있으며, 천연가스 성장률은 유일하게 +1.6% 정도로 예상하였다. 가장 공격적인 시나리오 기준으로는 재생에너지의 성장률은 +11.4%, 석유 −1.0%, 석탄 −3.3%, 천연가스는 +0.1%의 성장률을 예상한다.

원유 생산자들의 이익을 대변하고 있는 OPEC는 2019~2045년까지 석유 수요는 연평균성장률 +0.3%, 천연가스는 +1.2%인 반면, 석탄은 −0.3%로 감소할 것으로 전망하며, 수력과 바이오매스를 제외한 재생에너지의 성장률을 2019년에서 2045년까지 연평균 6.6%일 것으로 전망한다.

저탄소 경제로의 전환은 많은 국가와 기업에게 기회인 동시에 어려움과 도전을 극복해야 하는 과정이다. 탄소 배출을 억제하고, 저감하고, 재생에너지를 이용한 발전을 늘리면서 재생에너지의 저장과 운반, 활용과 관련된 분야에서는 많은 기술들이 개발될 것이다. 또 화석연료에 기반한 경제를 재생에너지 위주의 저탄소 경제로 전환시키는 데 많은 자본의 지출이 일어날 것이다.

에너지 전환을 위해서는 늘어나는 전기수요를 감당하기 위한 신규 재생에너지 발전소 건설, 저탄소 공정을 위한 수소환원제철법을 이용한 제철소 건설, 산업계 전반의 저탄소 공정 건설, 수소생산 공장 건설 등의 막대한 자본투자가 필요할 것이다. 또한 탄소거래세, 탄소포집 및 저장 비용, 석탄발전소 폐쇄 및 탈석탄으로 피해를 입을 수 있는 노동자와 지역사회를 지원하는 등 사회적 비용도 필요하다. 그리고 이러한 자본투자와 비용은 결과적으로 에너지 가격에 상당한 영향을 미칠 것이다. 각국 정부는 저탄소경제로의 전환과정에서 필연적으로 일어나는 에너지가격 상승을 일정 수준 이하로 제한하기 위하여 국제협력, 세액공제 등 세제지원, 신기술 R&D 지원 등을 아끼지 않을 것이다. 그리고 이러한 에너지 전환의 시기를 살아가는 개개인들도 직간접적으로 변화의 물결에 동참하면서 많은 기회의 장을 경험하게 될 것이 분명하다.

4장

# 탄소중립 전략과 신재생에너지

# 각국의 탄소중립 선언과 기업의 대응

## 탄소중립을 선언한 나라들

에너지 산업에는 지정학, 정치학, 경제학 등의 용어가 항상 뒤에 붙는다. 그 이유는 에너지가 그만큼 국가 경제와 세계 경제에 미치는 영향이 크고, 단순히 기술적인 측면 외에도 여러 각도의 관계를 고려해야 한다는 의미이다. 탄소중립, 온실가스중립(Green House Gas Neutral)은 우리나라만의 문제가 아니라 세계적으로 요구되는 에너지 부문의 새로운 국제 질서라고 할 수 있다.

2016년 발효된 파리협정 이후 121개 국가가 '2050 탄소중립 목표 기후동맹'에 가입하는 등 탄소중립은 전 세계의 화두가 되었다. IPCC가 제시하고 있는 마일스톤은 2050년까지 탄소중립을 달성하고, 2065년경에는 온실가스 중립을 달성해야 한다는 것이다. 여기에 2020년 코로나19 사태로 기후변화의 심각성에 대한 인식이 확대되었고, '2050 장기저탄소발전전략(LEDS, Long-term low greenhouse gas Emission Development Strategy)'의 유엔 제출 시한이 2020년 말이었던 상황에서 탄소중립 선언이 가속화되었다. 2019년 9월 기후정상회의에서는 세계 65개 국가가 탄소중립을 선언하는 등 지금까지 많은 국가들이 탄소중립을 선언해왔다.

세계 각국이 탄소중립과 온실가스중립을 선언하는 것은 기후변화에 대해 전 지구적인 위기감이 커지고 있기 때문이다. 각 국가의 탄소정책에 대해서 논하기 전에 먼저 탄소중립, 온실가스중립 등의 용어부터 이해하는 것이 필요하다. 탄소중립은 탄소제로(Carbon Zero), 또는 넷제로(Net Zero)라고도 하는데, 6대 온실가스 중에서 인간 활동에 의한 이산화탄소 배출량을 최대한 줄이고, 이미 발생한 이산화탄소는 산림 등으로 흡수하며, CCS 기술을 활용하여 제거하는 등 실질적인 배출량을 제로(Zero)로 만든다는 의미이다. 즉, 최종적으로는 배출하는 양과 흡수하는 이산화탄소량을 같게 해서 탄소의 순배출을 없도록 하는 것이다. 반면에 온실가스중립은 이산화탄소를 포함한 6대 온실가스의 모든 배출량을 제로로 한다는 의미로 기후중립(Climate Neutral)이라고도 한다. 즉 온실가스중립이 탄소중립보다 더 실천하기 어려운 목표이다.

국가별 탄소중립 계획을 보면 스웨덴이 2017년, 영국, 프랑스, 덴마크, 뉴질랜드는 2019년, 헝가리가 2020년에 이미 탄소중립을 법제화했으며, 현재 가장 많이 온실가스를 배출하고 또한 배출 증가 속도가 가장 높은 중국마저도 2020년 9월에 유럽보다는 10년 늦지만 2060년까지 탄소중립 달성을 선언했다. 대한민국과 일본도 2020년 10월 탄소중립을 선언했으며 바이든 미국 대통령도 2021년 1월 취임 직후 파리협정 재가입에 서명하고, 2050년까지 탄소중립을 이루겠다고 약속하며 지구온난화에 대비한 에너지 전환의 대열에 재합류하였다. 에너지 전환에 있어 가장 먼저 움직인 유럽, 특히 EU는 2019년 12월 '그린 딜'을 통해 2050년에 탄소중립에 가장 먼저 도달하는 대륙이 되겠다고 선언했다.

이처럼 우리나라를 포함한 120여 국가가 탄소 배출 중립을 선언하고 추진 중이다. 이를 강하게 실천하기 위한 제도로 유럽과 미국에서는 수입품 등 모든 항목에 대하여 탄소세, 탄소국경조정세 등을 부과하겠다는 환경규제 강화 움직임까지 일고 있다.

| 주요국의 탄소중립 정책 요지 |

| 구분 | 대한민국 | 유럽 | 일본 | 중국 | 미국 |
|---|---|---|---|---|---|
| 연도 | 2050 | 2050 | 2050 | 2060 | 2050 |
| 대표 정책 | 2050 탄소중립 추진계획 | Green Deal | 탈탄소 실현계획 | Zero Carbon China | Clean Energy Revolution |
| 주요 목표 | • 탄소중립- 경제성장-삶의 질 향상 동시 달성 | • 경제의 구조적 변화를 통한 탄소중립 및 지구온난화 대응 | • 탈탄소 사회 실현<br>• 경제-환경의 선순환 기반 장기성장 실현 | • 준탄소중립 시스템 구축<br>• 2060 탄소중립 위한 저탄소 경제 전환 | • 친환경 에너지-인프라 확대<br>• 경기부양 및 일자리 창출 |
| 주요 육성 분야 | • 에너지효율 개선<br>• 그린모빌리티<br>• 신재생에너지<br>• 그린산업<br>• 건물에너지<br>• 생태계 회복 | • 신재생에너지<br>• 그린산업/수송<br>• 재활용/순환경제<br>• 그린모빌리티<br>• 건물에너지<br>• 에너지효율성<br>• 생물다양성 보존 | • 신재생에너지<br>• 그린모빌리티<br>• 그린산업<br>• 에너지 절약<br>• 블루카본 | • 신재생에너지<br>• 에너지효율<br>• 최종소비에너지 전기화<br>• 제로탄소발전<br>• 에너지 저장<br>• 디지털화 | • 신재생에너지<br>• 전기차<br>• 건물에너지<br>• 그린산업<br>• 제로탄소발전 |

출처: 기계신문

## 대한민국의 탄소중립 추진 전략

우리나라는 2019년에 학계, 산업계, 시민사회가 참여한 저탄소 사회 비전 포럼을 개최하였으며 2020년 3월 범정부 협의체를 거쳐 2020년 7월 탄소중립의 첫걸음인 한국판 뉴딜(그린뉴딜)을 발표했다. 2020년 9월, 국회에서 "기후위기 대응 비상결의안"을 의결하고 서울, 광주, 충남, 제주 등 지자체 차원의 자체 탄소중립 목표를 선언 후, 2020년 10월 28일에 문재인 대통령은 2050년까지는 탄소 배출 넷제로를 달성하여 탄소중립을 실현하겠다고 국가 차원에서 공식적으로 처음으로 선언하였다. 후발 산업국가로서 전형적인 제조업 중심의 산업국가인 우리나라는 온실가스 배출 측면에서는 에너지원의 '혁명'이라는 다소 과격한 용어를 사용할 정도로 절실한 변화 또는 혁신이 필요하다고 하였다.

정부가 2020년 12월 7일 발표한 탄소중립 추진 전략은 '경제구조의 저탄소화', '신유망 저탄소 산업 생태계 조성', '탄소중립 사회로의 공정전환' 등 3대 정책방향에 탄소중립 제도적 기반 강화를 더한 '3+1' 전략으로 이루어져 있다. 3대 정책방향에 따른 10대 과제로는 '에너지 전환 가속화', '고탄소 산업구조 혁신', '미래 모빌리티로 전환', '도시·국토 저탄소화', '신유망산업 육성', '혁신 생태계 저변 구축', '순환경제 활성화', '취약산업·계층 보호', '지역 중심의 탄소중립 실현', '탄소중립 사회에 대한 국민인식 제고' 등이다.

3+1 전략의 주요 내용은 다음과 같다.

첫 번째 정책 방향은 '경제구조의 저탄소화'이다. 현재 화석연료 중심의 에너지 체계를 신재생에너지로 전환하는 에너지공급원 전환을 추진한다. 이를 위해 태양광, 풍력 등 재생에너지 개발의 전 과정을 지원하는 인허가통합기구를 설치할 계획이다. 신재생에너지의 안정적 사용을 위해 ESS(에너지저장장치), 수소 등 보조 발전원의 활용도 병행하며, 충분한 송배전망 확보로 생산된 재생에너지의 손실을 감소하고 지역별 에너지 자립화를 위한 분산형 에너지 시스템을 도입하여 재생에너지의 변동성을 해결하려는 것이다.

석탄, LNG 등 기존 발전원은 기후·환경 비용을 포함해 자발적 감축을 유도한다. 특히 석탄발전은 2050년까지 온실가스 순배출(배출량−흡수량)을 0으로 감축할 방침이다. 아울러 효율 35% 이상의 최고효율 태양전지, 초대형 터빈(12MW), 부유식 풍력, 가상 발전소 등 차세대 기술을 확보해 재생에너지·수소·에너지 정보기술(IT) 등 3대 에너지 신산업을 육성한다.

산업 부문에서는 철강, 석유화학, 시멘트, 정유업 등 탄소 다(多)배출 업종에 수소환원 제철 및 전기로, CCUS, 그린수소 활용기술 등을 적용해 저탄소화를 촉진한다.

수송 부문 중에서는 도로의 탄소배출량이 절대적인 만큼 내연기관차의 친환경차 전환에도 속도를 낸다. 환경 개선 효과가 큰 버스, 택시, 화물차 등 상용차를 중심으로 전기·수소 등 친환경차 전환을 지원하고 전국 2천만 세대에 전기차 충전기를 보급할 계획이다. 공공부지와 주유소 등을 활용해 전국에 도심·거점별 수소충전소 2천여 곳도 구축한다. 이와 함께 무인자율주행 셔틀과 같은 새로운 모빌리티 서비스를 확대하고 초고속철도망 및 광역·도시철도 등 철도 인프라를 확충해 대중교통 이용을 활성화한다.

건축물에 대해서는 에너지효율을 높이고 온실가스 배출을 줄이는 제로 에너지 건축 의무화와 기존 건물의 그린 리모델링을 활성화한다. 또한 산림, 갯벌 등 자연과 생태자원을 활용한 탄소 흡수 기능도 강화하기로 했다.

두 번째 정책 방향은 '신유망 저탄소 산업 생태계 조성'이다. 정부는 탄소중립 시대를 맞아 성장성이 큰 저탄소 신산업과 기후산업 분야도 본격 육성할 방침이다. 고성능 리튬 2차전지 등 차세대 전지 관련 핵심기술을 확보하고 전기차, 모바일기기 등의 전압제어를 위해 폭넓게 사용되는 저전력 반도체 시장을 선점한다. 또한 석유화학 대체 산업으로 '화이트바이오' 산업을 키우고 탄소중립의 핵심 연료인 그린수소 활용을 2050년까지 80% 이상으로 확대하도록 기술혁신 및 상용화에 주력한다는 계획이다.

빅데이터, 인공지능 등을 활용한 에너지효율화 장치와 탄소 배출 분석·관리 시스템 등 그린 서비스 분야와 CCUS 산업 육성에도 속도를 낸다. 그리고 재생원료 사용을 극대화하기 위해 주요 원료의 순환 로드맵을 마련하고, 산업별로 재생자원 이용 목표율을 설정·강화하여 원자재를 절감하도록 추진한다. 이 밖에 철강, 플라스틱을 대체하는 혁신소재(탄소섬유, 그래핀 등) 개발도 추진하여 순환경제 활성화를 도모한다.

세 번째 정책 방향은 '탄소중립 사회로의 공정 전환'이다. 정부는 저탄소 구조로 전환하는 과정에서 소외되는 산업과 지역, 노동자에 대한 지원책도 마련할 계획이다. 저탄소 경제·사회로의 구조 전환 및 에너지 전환 정책 추진 과정에서 피해 산업·지역·노동자 발생이 불가피하므로 업종 전환 및 지역경제 대책, 고용안정 등 피해를 최소화하기 위한 보호 정책 등이 병행되어야 한다. 점차 축소될 석탄발전과 내연기관차 산업은 연구개발 및 인수합병 자금을 지원하는 등 대체·유망 분야로의 사업 전환을 적극적으로 지원한다.

또 안정적인 산업구조 변환과 고용 전환이 이루어지도록 '산업별 전환 지원방안'을 마련해 시행하며, 새로운 일자리 수요 파악 및 맞춤형 직업훈련·재취업 지원 활동을 강화할 방침이다. 여기에 지자체 탄소중립 역량을 강화하며 지원기반을 구축하고, 지역 주도의 탄소중립을 촉진하기 위한 기반을 확립한다. 이 밖에 학교, 방송, SNS 등 다양한 매체와 경로를 통해 전 국민을 대상으로 환경교육 및 홍보를 강화하고, 시민사회·산업계·중소기업 등 주체별 기후행동 확산을 통해 탄소중립 문화를 정착시킨다.

이러한 3대 정책방향의 추진을 위해서는 '탄소중립 제도적 기반 강화' 전략을 세웠다. 전략 추진을 위한 추진체계로 대통령 직속 민관 합동 '2050 탄소중립위원회(2021년 5월 29일 발족)'를 설치해, 위원회에서 탄소중립 국가전략 및 주요정책·계획 심의·의결, 이행상황 점검 등을 담당한다. 또 탄소중립 생태계로의 전환을 지원하는 '(가칭)기후대응기금'을 신규 조성하고 세제, 부담금, 배출권 거래제 등 탄소가격 부과 수단들을 종합적으로 검토해 가격체계를 재구축한다. 아울러 2021년 예산 국회 심의 과정에서 에너지 전환 지원, 탄소저감기술 개발 등 관련 사업 부문에서 3천억 원 규모의 증액을 추진한다. 여기에 탄소중립 목표 달성에 기여하는 기업활동에 대해 세제 혜택을 제공하여 기업들이 자발적으로 탄소 배출 감축에 나서도록 촉진한다.

이밖에 정책금융기관의 녹색 분야 자금지원의 비중을 늘리고, 저탄소 산업구조로의 전환을 위한 기업지원을 뒷받침한다. 또 탄소중립을 위한 핵심기술(CCUS, 에너지효율 등) 개발도 집중 지원한다. 그리고 EU· 미국 등 주요 기후변화 선도국과의 협력 체제를 구축하고, 한중일 탄소중립 협력을 증진하는 등 국제협력도 강화한다.

정부의 탄소중립 정책 일정을 보면, 2021년 6월까지 부문별 감축잠재량을 분석하여 탄소중립 시나리오를 마련하고, 2021년 말까지 이 시나리오를 토대로 에너지·산업·수송 등 분야별 핵심정책추진전략을 수립한 뒤, 2022~2023년 중 국가온실가스 감축목표(NDC, Nationally Determined Contribution)를 상향하도록 추진하며 관련법을 정비하는 등 국가계획에 반영한다는 계획이다. 154쪽의 '2050 탄소중립의 미래상' 표를 보면 현재의 모습과 2050년의 예상 모습을 부문별, 국민생활별, 기업활동별로 비교할 수 있다.

| 정부의 탄소중립전략 3+1 |

| | | | |
|---|---|---|---|
| 비전 | 적응적(Adaptive) 감축에서 능동적(Proactive) 대응으로<br>: 탄소중립·경제성장·삶의 질 향상 동시 달성 | | |
| | 3+1 전략 추진 | | |
| 3대 정책 방향 | 적응<br>경제구조의 저탄소화 | 기회<br>新유망 저탄소 산업 생태계 조성 | 공정<br>탄소중립 사회로의 공정전환 |
| 10대 과제 | (1) 에너지 전환 가속화<br>(2) 고탄소 산업구조 혁신<br>(3) 미래 모빌리티로 전환<br>(4) 도시·국토 저탄소화 | (1) 新유망 산업 육성<br>(2) 혁신 생태계 저변 구축<br>(3) 순환경제 활성화 | (1) 취약 산업·계층 보호<br>(2) 지역중심의 탄소중립 실현<br>(3) 탄소중립 사회에 대한 국민인식 제고 |
| | + | | |
| 탄소중립 제도적 기반 강화 | ■ 재정 ■ 녹색금융 ■ R&D ■ 국제 협력<br>➡ 탄소가격 시그널 강화+탄소중립 분야 투자 확대 기반 구축 | | |
| 추진 체계 | **[조직]** 2050 탄소중립위원회 + 2050 탄소중립위원회 사무처<br>**[운용]** 사회적 합의 도출 + 전략적 우선순위 설정 ➡ 단계적 성과 확산 | | |

출처: 관계부처 합동, 「2050 탄소중립」 추진전략, 2020.12.7.

<table>
<tr><th colspan="2"></th><th>현재 모습(As-Is)</th><th>미래 모습(To-Be)</th><th>기대효과</th></tr>
<tr><td colspan="2">비전</td><td>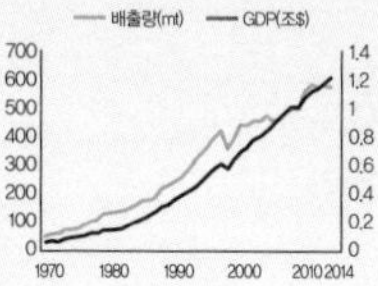</td><td>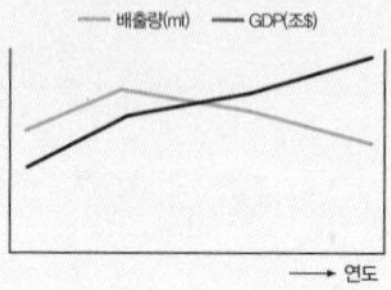</td><td>• 산업경쟁력 강화를 통한 경제 성장<br>+<br>• 국민 삶의 질 제고</td></tr>
<tr><td rowspan="8">부문별</td><td rowspan="2">에너지</td><td>■ 화석연료 기반 에너지 생산<br>– 석탄+LNG 발전 비중 약 66% ('19)</td><td>■ 신재생 등 친환경 기반 에너지 생산<br>– 신재생에너지+CCUS 기술 등 활용</td><td rowspan="2">• 친환경·청정에너지 중심 전력체계 전환<br>• 친환경에너지 생산국 → 에너지 자립도 향상</td></tr>
<tr><td colspan="2">↑<br>「에너지 탄소중립 혁신전략」('21.4분기)</td></tr>
<tr><td rowspan="2">산업</td><td>■ 탄소 집약적 산업구조<br>– 탄소 多배출 업종(%, 19): (韓)8.4, (EU)5.0, (美)3.7</td><td>■ 新유망산업 확산+ 저탄소 산업구조 전환<br>– 2차전지, 바이오 등 저탄소 신산업 부상</td><td rowspan="2">• 글로벌 환경규제 적용 → 산업경쟁력 강화<br>• 탄소중립 글로벌 新시장 선점</td></tr>
<tr><td colspan="2">↑<br>「탄소중립 산업 대전환 추진전략」('21.4분기)<br>「전통 중소기업 저탄소경영 지원방안」('21.4분기)</td></tr>
<tr><td rowspan="2">수송</td><td>■ 내연기관 중심 수송체계<br>– 전 차량 中 친환경차 등록비중, 2.87% ('20.6)</td><td>■ 친환경차 중심 생태계 조성<br>– 친환경차 글로벌 시장 점유율 1위</td><td rowspan="2">• 친환경·미래차 산업 글로벌 경쟁력 강화<br>• 소재·부품·장비 등 전·후방산업 동반성장</td></tr>
<tr><td colspan="2">↑<br>「수송 부문 미래차 전환전략」('21.4분기)</td></tr>
<tr><td rowspan="2">건물</td><td>■ 에너지 多소비 건물 중심<br>– 15년 이상 노후 건축물은 전체 건축물의 74% ('19)</td><td>■ 에너지 자급형 그린빌딩 확대<br>– 공공·민간 건물 100% 친환경에너지 기반 구축</td><td rowspan="2">• 제로에너지 건물 보편화 → 에너지 비용↓ 주거환경↑<br>• 건물의 에너지 자급자족 실현</td></tr>
<tr><td colspan="2">↑<br>「건물 부문 2050 탄소중립 로드맵」('21.4분기)</td></tr>
</table>

출처: 관계부처 합동, 「2050 탄소중립」 추진전략, 2020.12.7.

| | | 현재 모습(As-Is) | 미래 모습(To-Be) | |
|---|---|---|---|---|
| 국민생활 | 주거 | ■ 화석연료 기반의 에너지 사용으로 높은 주거비용(전기, 난방 등) 지불 | ■ 태양광 등 친환경에너지 기반 에너지 사용으로 비용부담↓+프로슈머(Prosumer)로 전환 | 자가소비 활성화 등 분산형 에너지 시스템 확산, 제로에너지 건축 의무화 |
| 국민생활 | 교통 | ■ 내연기관차의 배기가스 배출 多+중·소도시 대중교통 취약 | ■ 친환경차 전환으로 대기질 개선+그린철도 고속교통망 구축으로 이동시간 획기적 단축 | 수소·전기차 인프라 확대, 초고속철도망, GTX 등 광역·도시철도 확충 |
| 국민생활 | 소비 | ■ 플라스틱 등 일회용품 사용으로 폐기물 발생량 증가 추세<br>* 폐기물(천 톤/일): ('10)375 ('15)418 ('18)446 | ■ 자원의 재사용/재활용·친환경 소재 제품 확대로 폐기물 발생↓ | 제품 탄소발자국 등 친환경 제품 정보제공 확대 → 지속가능한 제품 사용기반 구축 |
| 국민생활 | 직장 | ■ 新 환경규제로 기존 산업 경쟁력↓ → 일자리↓,취업난 심화 | ■ 新유망 低탄소 산업 부상으로 일자리↑, 그린벤처 등 창업↑ | 저탄소 신산업 육성 및 그린 스타트업 패키지 지원 |
| 국민생활 | 교육 | ■ 기후·환경 심각성 인식 부족 → 기후위기 대응·실천이 부족 | ■ 국민들의 환경 감수성 향상, 미래세대를 위한 기후행동↑ | 학교, 방송, SNS 등 다양한 매체·경로 등을 통한 전 국민 환경교육 강화 |
| 기업활동 | 생산 | ■ 폐기물 배출은 많은 반면 자원이용효율은 낮은 생산공정 | ■ 전국 스마트그린산단 조성·정착 → 친환경 생산 시스템 수출 | 스마트공장·스마트 그린산단 등 제조업 포트폴리오를 저탄소 산업 중심으로 유도 |
| 기업활동 | 유통·판매 | ■ 일회용 포장자재로 인한 유통·판매 시 폐기물 다량 발생 | ■ 스마트 물류·친환경 포장재 등 유통·판매의 자원순환성 강화 | 산업공정 전반의 혁신 가속화로 유통·판매 단계에서의 탄소중립 도모 |
| 기업활동 | 수출 | ■ 글로벌 기업의 기후대응 촉구* 및 탄소세 등 환경규제 강화<br>* Google-apple 등 협력사에 RE100 요구 | ■ 탄소중립 기반 생산·산업구조 → 글로벌시장 선점, 수출증대 | RE100 확산, 탄소국경세·플라스틱세 등 글로벌 규제변화 대응역량 강화 |
| 기업활동 | 자금조달 | ■ ESG 강화 추세 → 高탄소 국내기업 글로벌 금융 조달 제약↑ | ■ ESG 기준 충족 → 글로벌 자금 조달기회 확대 | 기후리스크 관리감독 강화 + ESG 책임투자 유도 |

출처:관계부처 합동, 「2050 탄소중립」 추진전략, 2020.12.7.

## 글로벌 에너지 기업들의 전략과 대응

코로나19를 겪으면서 글로벌 에너지 기업들도 재생에너지 기업으로 빠르게 탈바꿈하기 시작했다. 급격한 수요 감소로 인한 유가하락 등 환경의 변화 속에서 각 정부의 탄소중립 전략에 부응하며 신재생에너지 분야 등을 주력산업으로 키우겠다는 것이다. 여기에는 미국계 오일 메이저보다 유럽계 메이저들이 더 적극적으로 나서고 있다.

3년 전만 해도 석유기업이 생산·공급하는 에너지원의 탄소강도 감축을 위해 목표를 설정한 기업은 없었다. 그러나 2020년 5월을 기준으로 영국의 BP는 물론 네덜란드의 쉘, 프랑스의 토탈 등 에너지 관련 기업들이 잇따라 2050년까지 탄소 배출 제로 기업으로 변신하겠다고 선언했다. 이들은 이전 목표 대비 탄소강도를 현저히 줄이겠다며 기후변화에 대응하는 노력을 더욱 강화할 것을 약속했다. 석유 생산이 주력인 업체들이 석유 채굴 비중을 낮추고 재생에너지 비중을 확대하겠다는 방침을 세운 것이다.

BP는 2020년 2분기 최대 175억 달러(약 21조 원)에서 최소 130억 달러가량의 자산을 상각하겠다는 계획을 발표했다. 보유자산 가운데 유전 등의 자산가치를 낮춰 친환경 에너지에 대한 투자 비중을 높이겠다는 것이다. BP는 2050년까지의 장기 유가 전망을 70달러에서 55달러로 낮추었다. 쉘은 석유 대신 천연가스나 재생에너지 등을 기반으로 전력을 만드는 기업을 목표로 제시하고, 2030년까지 세계 최대 전력생산업체가 되겠다는 구상을 밝혔다.

| 석유 메이저의 최신 탄소저감 목표 |

| 기업 | 발표일 | 목표 |
|---|---|---|
| 토탈 | 2020.05.05 | • 2050년까지 전 세계 Scope 1,2와 유럽의 Scope 1,2,3에서 넷제로 달성<br>• 2030년까지 15%의 탄소강도 감소(변화 없음), 2040년 35% 감소 (기존 25~35%)<br>• 2050년까지 탄소강도 60% 또는 그이상 감소 |
| 셰브론 | 2020.04.28 | • 2023년까지 온실가스강도 석유 5~10%, 가스 2~5% 감소<br>• 플레어링(Flaring)강도 25~30% 및 메탄 배출강도 20~25% 감소<br>• 세계최대 $CO_2$ 주입 (Injection) 프로젝트 개발 |
| 쉘 | 2020.04.17 | • 2050년 또는 이전까지 순탄소배출량 65% 감소(기존 50%), 2035년까지 35% 감소 (기존 20%)<br>• 2050년까지 상류부문 운영에서 배출량 넷제로 달성<br>• 2050년까지 넷제로 달성을 위한 사업 및 부문을 지향할 것 |
| Eni | 2020.02.28 | • 2050년까지 Scope 1~3 절대배출량 80% 감소<br>• 2050년까지 2018년 목표 대비 배출강도 55% 감소 |
| BP | 2020.02.12 | • 2050년 또는 이전까지 운영사업 배출량 넷제로 달성<br>• 2050년 또는 이전까지 BP의 석유가스생산에서 이산화탄소 배출량 넷제로 달성<br>• 2050년까지 BP가 판매하는 모든 제품의 탄소강도 50% 감소 |
| 엑슨모빌 | 2020.01.28 | • 2020년까지 메탄배출 강도 15% 감소, 플레어링 강도 25% 감소<br>• 석유/천연가스 기후 이니셔티브 (OGCI) 가입 통해 회원사 넷제로 목표달성 추진<br>• 2025년까지 회원사 평균 메탄배출강도 2017년 대비 0.25% 삭감 |
| 렙솔 | 2019.12.02 | • 2050년까지 넷제로 달성<br>• 2025년까지 10% 감소, 2030년까지 20%, 2050년까지 40% 감소 |

출처: GS칼텍스 미디어허브, 〈에너지전환이 석유업계에 미치는 영향과 대응전략 분석(하)〉, 2020.8.19.

실제로 미국 매사추세츠 주정부와 대규모 풍력·태양광 전력 생산에 뛰어들었으며 올해 초에는 호주 퀸즐랜드에 태양광발전소를 건설하기로 했다. 프랑스의 토탈은 재생에너지 투자는 물론 전기차 배터리업체를 인수하는 등 사업 영역을 확대하고 있다.

세브론, 엑슨모빌과 같은 미국계 석유회사들도 그 속도는 느리지만 신재생에너지 투자 및 탄소저감 전략을 수용하기 시작했다.

세계 최고의 석유기업들의 이 같은 움직임은 석유산업의 미래 가치가 떨어졌음을 시사한다. BP의 최고경영자 버나드 루니(Bernard Looney)는 한 언론과의 인터뷰에서 "석유에 대한 수요가 증가하기보다는 줄어들 수 있다"라면서 "원유 수요가 정점에 달했을 수 있다"라고 언급하기도 했다. 인류의 석유 수요가 앞으로 하향세로 돌아설 수 있다고 밝힌 것이다. 현재 유럽계 메이저는 탄소저감 목표를 계속 강화하며, 목표 달성과 함께 변화에 유연하게 대처할 수 있도록 신재생 분야로의 '다각화전략'을 선택했다. 반면 미국계 메이저는 기존 사업의 '집중전략'을 택했고, 상대적으로 향후 변화에 대해서는 적극적이지 않아 보인다.

현재로서는 유럽과 미국계 오일 메이저 중 누가 옳은 선택을 한 것인지 확인할 방법은 없지만, 전 세계적인 탄소중립 움직임이 강해질수록 당황하는 쪽은 미국계 메이저가 될 가능성이 높다. 모든 유럽계 메이저들은 포트폴리오 탄력성 강화를 위해 석유·가스 회사에서 신재생에너지를 아우르는 '에너지 회사'로 변신하고 있으며, 화석연료의 경우 가스의 비중을 점점 늘려가고 있다.

또 한 가지 주목할 점은 에너지 전환 참여도가 낮은 미국계 메이저를 포함한 거의 모든 회사들이 CCS사업 개발에 박차를 가하고 있다는 점이다. 그동안 석유시대에 수십 년간 공고히 유지되어 왔던 업스트림 지형에 큰 변화가 발생하고 있다. 특히 에너지 메이저의 경우 천연가스가 재생에너지의 실질적인 대안으로 부상하면서 전통 유전을 매각하고, 셰일 자원 인수 등에 투자하고 있다. 이렇게 글로벌 에너지 기업들이 천연가스 인수에 뛰어드는 이유는 천연가스가 화석연료 중에서 탄소배출계수가 가장 적어, 청정에너지로 가는 과정에서 가교 역할을 할 수 있기 때문이다. 천연가스는 발전 부문에서 석탄시장을, 운송 및 화학부문에서 석유시장을 잠식해갈 것으로 기대되며, 또한 신에너지인 수소 생산의 원료로도 각광받고 있다.

글로벌 석유기업들의 신재생에너지 확대전략은 두 가지 목적을 가지고 있다. 먼저 화석에너지에서 발생하는 탄소배출량을 신재생에너지 사업의 확대로 상쇄하려는 것이며, 두 번째 목적은 중장기적으로 석유 수요가 감소할 가능성을 염두에 두고 종합에너지 기업으로서 기존의 주도권을 유지하려는 것이다.

쉘 사는 태양광발전사업을 확대하고 있으며, 풍력을 기반으로 한 그린수소 사업에도 진출하였다. BP도 태양광발전 사업을 영위하고 있으며, 바이오 디젤 설비 확대도 계획하고 있다. 프랑스 토탈도 재생에너지 발전용량을 2020년 6GW에서 2025년 25GW까지 늘릴 계획이며, 태양광 및 해상풍력 발전을 통해 목표를 달성하고자 한다. 노르웨이의 국영석유회사인 에퀴노르(Equinor)도 재생에너지 설비용량을 2026년까지 4~6GW(현재의 10배 수준), 2035년까지 12~16GW까지 확대하겠다고 발표하였다.

국내 기업들의 행보도 글로벌 에너지 기업들과 비슷하다. 대표적으로 배터리 산업을 빠르게 확장하고 있는 LG화학과 SK이노베이션이 있다. 두 기업은 기존 정유/화학사업 외에 배터리 사업 확장을 통해 탄소배출량 절감 노력을 기울이고 있다. 특히 배터리 및 배터리 소재 생산에 있어 RE100(Renewable Energy 100, 기업이 사용하는 에너지를 재생에너지로 100% 전환하는 캠페인) 전환을 통해 보다 신속한 탄소배출량 절감을 계획하고 있다.

# 저탄소 에너지원
## 신재생에너지의 부상

### 주목받는 신재생에너지

신재생에너지가 주목받는 것은 기후변화에 대비해 탄소세 등이 부과되면서 화석연료의 경쟁력이 약화될 것이라는 판단 때문이다. 이와 함께 투자 결정 부문에서 '지속 가능' 문제가 부각되며 투자자들의 압력도 점점 커지고 있다. 2020년 초에 세계 최대 자산운용사 블랙록의 CEO 래리 핑크(Lawrence Douglas Fink)는 환경적 지속성을 투자의 주요 결정 요인으로 삼겠다고 발표했다.

에너지 관련 국제기구는 물론 각국의 정책적 의지도 변화를 뒷받침하고 있다. 독일과 프랑스 등은 코로나19로 인한 경기 침체에 대응해 친환경 산업에 대한 투자를 늘리겠다는 계획을 발표했다. 미래 먹거리가 친환경 산업에 있는 만큼 산업구조 자체를 재편하겠다는 뜻도 밝혔다. 정부 정책자금 우선순위가 재생에너지 등에 쏟아지는 것이다. IEA는 아예 지속 가능한 에너지로의 변화가 세계 경제에 구원투수 역할을 할 수 있다는 전망을 내놓기도 했다. 석유와 같은 화석연료에서 재생에너지로 전환하면서 경제는 성장하고 일자리가 만들어지며, 깨끗한 에너지 시스템으로 전환할 수 있다는 것이다. 이를 위해 IEA는 향후 3년간 1조 달러씩을 투자하면 세계 국내총생산(GDP)을 1.1% 늘리고, 900만 개의 일자리를 만들며, 2023년 이산화탄소 배출량을 45억 톤으로 줄일 수 있을 것으로 내다봤다. 독일의 경우 재생에너지 발전소가 전국에 약 240만 개 설치되어 있고, 국민 중 800만 명이 이 발전소들에 직접 투자하여 양질의 소득을 올리고 있다고 한다.

우리나라는 '신에너지 및 재생에너지 개발·이용·보급 촉진법'

| 신재생에너지의 종류 |

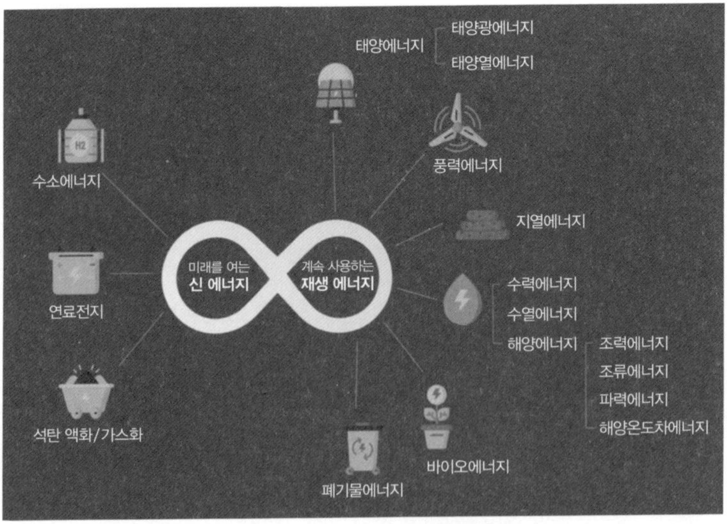


출처: 이진영, 〈대전 '미래에너지움'에서 체험으로 신재생에너지를 만나다 1편〉, 2019.8.27.

제2조의 규정에 의거하여 신에너지 및 재생에너지란 “기존의 화석 연료를 변환시켜 이용하거나 햇빛, 물, 지열, 강수, 생물유기체 등을 포함하여 재생 가능한 에너지를 변환시켜 이용하는 에너지”라고 정의하고 있다. 신에너지는 수소에너지, 연료전지, 석탄가스화 및 중질잔사유(重質殘渣油) 가스화 3개 분야이고, 재생에너지는 태양광, 태양열, 바이오, 풍력, 수력, 해양, 폐기물, 지열, 수열의 9개 분야이다.

2020년 12월 발표된 ‘신재생에너지 기술개발 및 이용·보급 기본계획’에 따르면 최종에너지 중 신재생에너지가 차지하는 비중을 2019년 발전, 건물, 산업, 수송 분야 합계 500만 TOE에서 2034년 2,350만 TOE로, 13.7%(재생 12.4%, 신 1.3%)로 확대할 계획이다. 발전량 비중만 보면 2019년 5.6%(19.3GW)를 2034년 25.8%(84.4GW)로 증가시킬 계획이다.

### 태양광과 풍력

정부는 한국판 뉴딜정책(2020년 7월) 및 제9차 전력수급기본계획(2020년 12월)에서 신재생에너지발전을 지속적으로 확대하여 2020년 20.1GW에서 2030년 58GW, 2034년 77.8GW로 늘릴 것을 계획하였다. 2034년 태양광과 풍력은 각각 45.6GW, 24.9GW로 신재생에너지발전의 약 91% 수준이 될 것이다. 태양광발전 확대를 위해서는 주민참여형 이익공유사업을 도입하고, 농촌 및 산업단지 융자지원을 늘리고, 주택 및 상가 등 자가용 설치비를 약 20만 가구에 지원할 계획이다. 풍력발전 확대를 위해서도 대규모 해상 풍력단지 입지를 발굴하기 위해 최대 13개 권역의 풍향 계측 타당성 조사를 지원하고, 배후 실증단지를 단계적으로 구축하며 해상 풍력터빈 테스트베드(경남창원) 및 실증단지(전남영광)를 구축할 예정이다.

재생에너지의 핵심은 화석연료 대비 가격경쟁력이 우수한 태양광과 풍력이다. 2009~2020년 사이 태양광의 균등화발전비용(LCOE, Levelized Cost Of Electricity)은 90%, 육상풍력은 71% 하락했다. 2020년의 발전원별 LCOE를 보면 석탄 $112/MWh, 원자력 $163/MWh, 가스 첨두발전(Gas Peaker) $175/MWh, 가스 복합화력(Combined Cycle) $59/MWh로 재생에너지발전인 태양광(Solar Photovoltaic) $37/MWh, 육상풍력 $40/MWh이 상대적으로 저렴한 것을 알 수 있다.

LCOE란 단위 전력을 생산하기 위해 필요한 비용으로, 서로 다른 발전원 간 경제성뿐 아니라 및 사회적 비용까지 비교하고자 발전설비를 운용하는 기간에 발생하는 모든 비용에 초기자본투자비, 자본비용, 연료비, 유지비 등의 직접 비용 이외에도 탄소 배출과 폐기 등 환경비용까지 포함하는 전력 생산비용이다.

현재도 태양광과 풍력의 LCOE는 재생에너지발전이 증가하면서 가격이 하락하고 있으며 이는 다시 재생에너지의 수요를 증가시켜 더 많은 재생에너지발전이 이루어지도록 하는 선순환이 이어지고 있다. 또 그에 따라 LCOE는 지속적으로 낮아지고 있다.

| 주요 재생에너지원의 균등화발전비용(LOCE, $/MWh) 변화 |

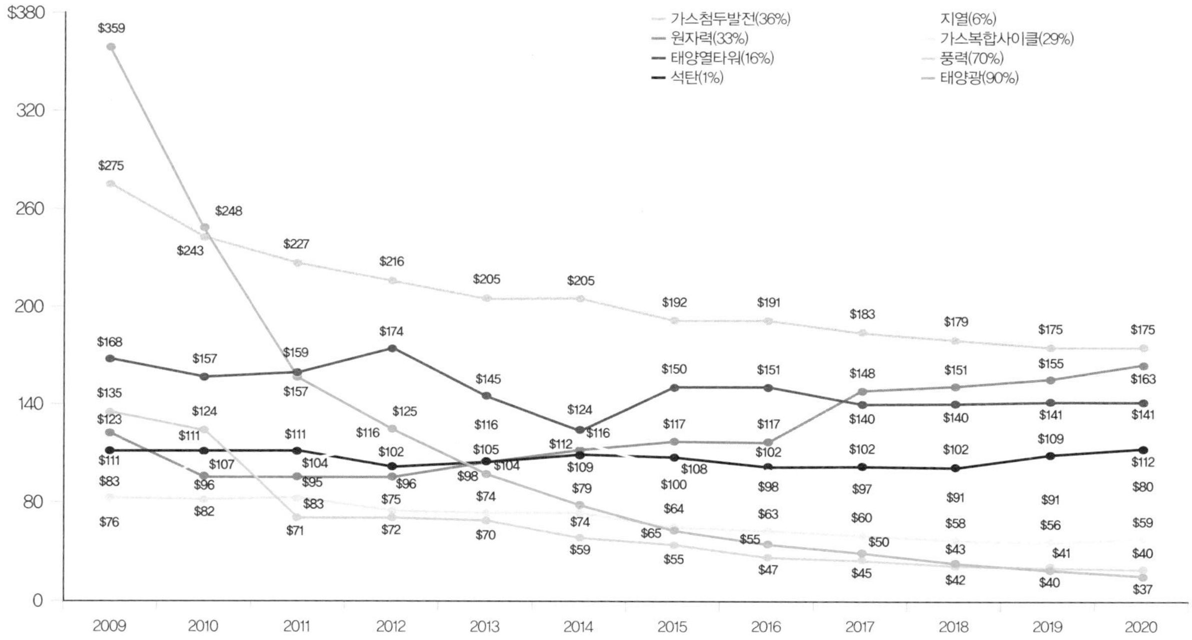


출처: 〈Lazard's Levelized Cost of Energy Analysis〉, p. 8, 2020.10.

재생에너지의 발전비용이 화석연료 발전에서 전력을 구입하는 가격보다 작거나 동등한 수준의 비용으로 공급받을 수 있는 상황, 즉 그리드 패리티(Grid Parity)에 도달하는 시점도 가까이 다가왔다. 그리드 패리티는 유틸리티의 관점에서 계산하는지 소비자의 관점에서 계산하는지에 따라 달라진다. 그리드 패리티에 도달하는 것은 보조금이나 정부의 지원 없이도 에너지 자원이 광범위한 개발의 경쟁 대상이 되는 시점으로 간주한다. 태양광과 풍력발전이 그리드 패리티 수준에 도달하면, 이들 형태의 에너지로 대규모의 이동이 일어날 것으로 생각된다.

IRENA에 따르면 2019년 전 세계 신규 발전설비 중 재생에너지 비중은 72%(175.8GW)로 최고 수준을 기록했다. 재생에너지 중 태양광(97.7GW)과 풍력(58.9GW)의 비중은 각각 56%, 34%로 재생에너지 설비투자의 대부분을 차지한다. 글로벌 태양광 설치수요는 2009년 8GW에서 2019년 117GW까지 10년간 약 15배 성장했다.

재생에너지 중 풍력은 수력에 이어 두 번째로 많은 전력을 생산하는 에너지원이며, 그 규모는 태양광의 2배에 달한다. 또한 2019년을 기준으로 신규 재생에너지의 56%가 가장 저렴한 신규 화석연료의 균등화 발전비용(LCOE)보다 경쟁력이 있는 것으로 나타났다. IRENA 보고서(2019)에 따르면 현재 운영 중인 500GW 석탄발전을 태양광발전이나 육상풍력발전으로 대체할 경우 매년 시스템 운영비용 230억 달러를 절감할 수 있고, 이산화탄소 약 1.8기가톤을 감축할 수 있으며 경제 성장 촉진가치가 9,400억불에 달할 것

| 미국의 주요 재생에너지원의 균등화발전비용(LOCE) 비교 |

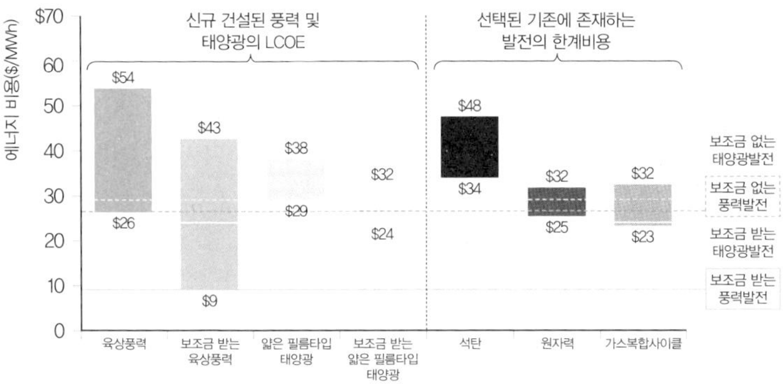


출처: LAZARD, Levelized Cost Of Energy, Levelized Cost Of Storage, and Levelized Cost Of Hydrogen, 2020.10.19.

으로 전망한다. 미국의 경우에도 재생에너지 발전의 LCOE가 석탄 화력이나 원자력발전의 LCOE와 비슷한 정도이며 보조금을 받는(Subsidized) 경우에는 상당한 경쟁력을 가짐을 알 수 있다.

에너지경제연구원이 발표한 보고서 〈재생에너지 공급 확대를 위한 중장기 발전단가 전망 시스템 구축 및 운영〉(2020)에 따르면 우리나라 대규모(3MW급) 태양광의 발전단가(LOCE)는 2030년 94.2원/kWh로, 2020년의 136.1원/kWh 대비 31% 낮아질 것으로 전망됐다. 태양광발전단가에서 가장 높은 비중을 차지하는 항목은 설비비용, 운영유지비용, 금융비용, 토지비용, 법인세, 잔존가치 순이다.

장기적 관점으로 볼 때 태양광 산업의 성장과 기술발전에 따라 설비비용은 계속 감소하는 반면, 인건비 관련 비용과 토지비용은 연간 물가 및 공시지가 상승 영향으로 증가할 것으로 예상된다. 또 태양광발전단가 하락에 영향을 미치는 요소로는 발전설비 비용과 함께 이용률을 들었다.

국내 태양광발전 설비 이용률은 2019년 약 15%로 미국의 24%에 비해 상당히 낮은 편이다. 이는 태양광발전단가를 떨어뜨리는 걸림돌로 작용하고 있다. 아울러 태양광발전단가는 대규모 발전설비일수록 더 크게 하락하는 것으로 나타났다. 소형 태양광발전(100kW)의 발전단가는 2020년 대비 2030년에는 24% 하락하고, 중규모(1MW)와 대규모(3MW)는 각각 25%, 31% 하락할 것으로 예상한다. 태양광발전과 비교해 풍력발전의 발전단가는 더디게 하락할 것으로 전망한다. 이 보고서는 2030년의 풍력발전단가를 150.3원/kWh로 예상하는데, 이는 2020년 166.8원/kWh 대비 약 10% 하락한 수준이다. 이는 발전소 인근 주민들의 반대 등 민원 비용 증가와 더불어 환경규제 강화에 따른 입지 제약 때문이라고 분석했다. 풍력발전의 재무적 관점에서 발전단가의 가장 높은 비중을 차지하는 항목은 설비비용(64.3%), 운영유지비용(17.7%), 금융비용(10.9%), 법인세(5.1%), 토지비(2.0%) 순으로, 육상풍력 발전설비의 경우 풍황이 좋고, 고도가 높은 산지에 위치하기 때문에 부지 활용에 따른 토지비용이 가장 낮은 것으로 나타났다.

2021년 5월에 발표된 IEA의 특별보고서에 의하면 재생에너지가 전력발전에서 차지하는 비중은 2020년 29%에서 2030년 60%를 거쳐 2050년 거의 90%까지 증가한다. 태양광 및 풍력발전이 재생에너지 발전을 선도하는 것을 알 수 있으며, 2050년 태양광

| 2050년까지 에너지원별 전력 발전 변화 |

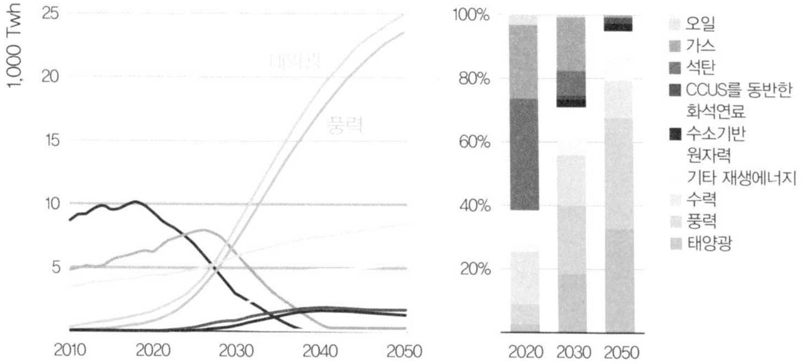


출처: IEA, 〈Net Zero by 2050〉, p. 115, 2021.5.

및 풍력 발전량은 각각 23,000TWh 이상이 된다. 태양광과 풍력 발전 없이는 탄소중립이 불가능하다는 것을 알 수 있다.

태양광은 풍력에 비해 진동과 소음이 적고 설비의 수명이 길다는 것이 장점이다. 태양광 산업이 성장함에 따라 태양 전지패널 가격은 지속적으로 감소했고, 태양광 전지패널이 태양광 비용의 약 절반을 차지하기 때문에 태양광발전단가는 지속적으로 하락하여 타 발전원에 비해 경제성 측면에서도 비교우위를 보이고 있다.

최근 태양광 모듈의 원재료인 폴리실리콘의 대안으로 연구되고 있는 페로브스카이트(Perovskite) 기술이 상용화되면 태양광발전 설비비용은 더욱 하락할 것으로 예상된다. 페로브스카이트란 햇빛을 흡수해서 전하입자를 만드는 태양전지의 핵심소재로, 작은 결정의 알갱이들이 뭉쳐져 다결정 구조로 만들기도 쉽다. 또한 가격이 실리콘 셀 대비 10~30%로 저렴하며, 광전효율은 대등하면서 얇고 유연하다는 점 때문에 다양한 용도로 사용할 수 있다.

낮아지는 태양광발전 설비비용과 운영비가 거의 들지 않는 장점 덕분에 개인 및 민간 사업자 중심으로 중소형 태양광발전단지가 전국적으로 활발히 진행되고 있다. 반면 대규모 태양광발전 설비의 경우 발전단가의 추가하락 및 발전효율 상승이 예상되나, 설치부지 확보가 어렵다는 것이 단점이다.

육상 대규모 태양광발전의 최대 단점인 설치부지 확보를 보완하기 위해 최근 주목받는 것은 수상 태양광발전이다. 수상 태양광발전은 토지나 옥상이 아닌 유휴 저수지 수면 위에 설비하는 것으로, 태양광발전의 필수 조건인 넓은 설치면적을 충족시킬 수 있다. 물 위에 있어 온도가 쉽게 높아지지 않는 점과 수면에 비친 태양광이 반사돼 다시 모듈에 모이는 점 때문에 발전효율이 육상 태양광발전보다 10%나 높다.

국내의 경우 최근 한국수력원자력이 청송양수발전소 저수지에 건설한 수상태양광발전소(4.4MW), 한국농어촌공사가 군산에 건설한 금굴수상태양광발전소(1,011KW) 및 경상북도와 안동시를 비롯해 한국수자원공사, 한국수력원자력(주) 등 6개 기관이 참여할 예정인 국내 최대 56MW 규모의 안동 임하댐 수상 태양광발전소 등이 그 예이다. 설치부지 확보 문제를 해결하고 발전소 인근 주민들의 수용성을 높이기 위해 지방자치단체 중심으로 지역 주민과 공동으로 태양광발전사업에 참여하거나 이익공유제 운영을 도입하는 등 다양한 방법이 진행 중이다.

풍력은 태양광과 달리 에너지효율이 높고 밤낮에 상관없이 일정한 에너지를 발전시킬 수 있다는 장점이 있다. 육상풍력의 경우 발전소 부지 부족, 소음, 진동, 경제성 등의 문제로 해안가로 이동 중이며, 해안가 고정식 해상풍력도 어로활동 방해 등 민원문제로 먼바다로 이동 중이다.

풍력은 해양으로 나갈수록 민원이 없고 발전효율이 높아져 증가속도가 빠르다고 할 수 있다. 즉 대형 터빈으로 갈수록 설치비용 등 자본지출(CAPEX, Capital Expenditure)은 높으나, 발전량이 많아지며 발전량 대비 설치비용이 줄어 LCOE 저감이 기대된다. 국내 육상풍력발전은 2025년 5.8MW, 해상풍력발전은 2030년 20MW 수준으로 성장할 것이다.

풍력발전 사업은 초기의 사업부지 선정, 예비타당성조사, 환경영향평가에서부터 개발인허가, EPC 금액산출 및 사업타당성 검토를 거쳐 설계 및 발전기 제작, 구조물 및 발전기 설치, 계통연계공사, 시운전 및 준공까지 일반적으로 7~10년 정도가 소요된다. 이러한 다양한 단계를 거쳐 성공적인 풍력발전사업을 시작하기 위해서는 발전소 인근 주민들의 수용성 확보, REC/RPS 변동을 넘어서는 사업성 유지, 환경보존, 송배전 설비 확보 및 터빈 대형화에 따른 설치 인프라 확보 등 발전 사업자의 노력과 정부 및 지방자치단체의 협조가 필요하다. 또 사업화까지 오랜 시간이 필요하고 초기 사업비도 많이 소요되므로, 일정 규모 이상인 기업들의 참여가 필수적이다. 수심이 50m를 넘어가면 해상풍력발전설비도 부유식

| 풍력터빈의 대형화 |

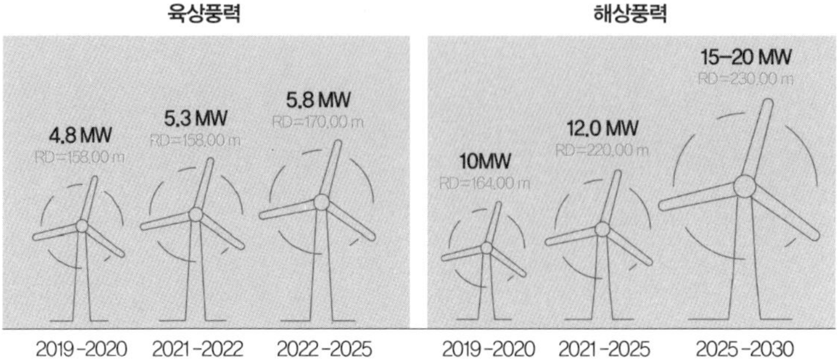


출처: IRENA, 〈Future of Wind〉, p. 40, 56, 2019. 10.

구조물을 선택해야 한다. 부유식 해상풍력은 석유개발 분야에서 수십 년간 활용해온 부유체 기술들(Semisub, Spar, TLP)의 응용으로 에퀴노르, BP, 쉘 등 전통 석유기업들도 재생에너지 사업에 참여하면서 많이 이용하고 있다.

한국은 부유식 해양구조물에서 세계 최고의 기술력을 보유하고 있다. 국내 조선사들은 대형 부유식 해양구조물 시장에서 독점적인 기술력과 시공 경험을 지니고 있다. 한국석유공사도 현대중공업과 함께 동해-1 가스전 생산시설을 활용한 200MW 규모의 부유식 해상풍력 사업을 진행 중이다. 이 프로젝트에서 현대중공업 그룹은 부유식 해상 구조물의 설계와 제작, 설치기술 검토를 담당할 예정인데, 한국 내에서는 부유식 해상풍력 발전모델을 최초로 사업화하는 것이다.

부유식 해상풍력 등과 같이 성장하는 재생에너지 시장은 선두업체와 후발주자의 구분이 어려운 분야가 많다. 따라서 국내 기업

| 수심에 따른 해상풍력의 종류 |

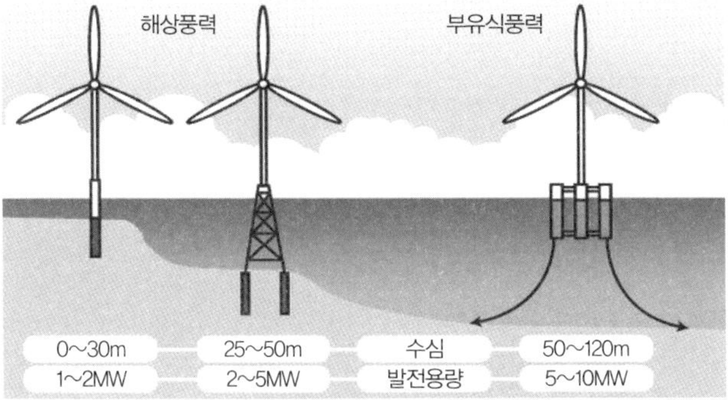


출처:한국경제. 〈바다 위에 '둥둥' 풍력발전소〉 2012. 8. 28 .

들도 해외의 선진기업들과 동등한 조건에서 경쟁할 수 있을 것으로 보인다. 재생에너지 중 성장 잠재력이 가장 큰 것으로 평가되는 해상풍력발전은 이제 본격적인 성장을 시작하는 신사업분야로, 우리 경제에 새로운 성장동력이 될 수 있을 것이다.

특히 대규모 인적, 물적 투자가 수반되므로 제조업과 건설업과의 연결 및 고용유발 효과가 상당하다. 따라서 에너지 전환이라는 목표를 달성하는 것뿐 아니라 국내 소재·부품·장비 분야 생태계를 확장하고, 이를 통해 질 좋은 일자리 창출의 기반이 될 수 있다. 글로벌에너지 조사기관 LYSTAD에 따르면 해상풍력 일자리는 2020년 기준 29만 7천 개에서 2030년 86만 8천 개로 10년간 약 3배 증가할 것으로 보고 있다. 우리나라뿐만 아니라 유럽, 중국, 일본, 대만 등에서도 해상풍력발전을 확대하고자 추진하고 있다.

# CCUS와 청정에너지 수소

## 탄소 포집활용저장기술의 중요성

현대의 산업경제는 에너지의 80% 이상을 화석연료에 의존하고 있으므로 한순간에 곧바로 탈탄소 경제로 이행할 수는 없다. 재생에너지가 정착되기 전까지는 상당 기간 동안 현재의 탄소기반 화석연료에 의존해야 한다. 화석연료를 사용할 때는 탄소 배출을 원천적으로 봉쇄하는 것이 가장 이상적이지만, 이를 위해서는 상당한 비용이 소요되며, 발전설비와 달리 산업설비에서는 탄소 배출을 획기적으로 줄이는 것이 물리적·화학적으로 어렵다. 그래서 이산화탄소가 공기 중으로 확산되기 전에 포집하여 저장하거나 활용하는 방법으로 탄소 배출을 억제하는 기술의 개발이 진행되고 있다.

CCUS는 에너지 전환기의 실질적인 온실가스 감축을 담당할 필수적인 기술 중 하나로, 화석연료의 사용 등으로 대량의 이산화탄소가 생산되는 근원지에서 이를 포집한 후 압축하고 수송하여 땅속에 저장하거나, 재사용할 수 있는 물질로 전환하는 과정을 포함한다. CCUS는 탄소 배출을 원천봉쇄하는 기술에 비해 다음과 같은 네 가지 장점이 있다.

- 화석연료를 계속 사용하면서 상대적으로 저렴하게 CCUS 설비를 추가해서 탄소 배출을 감축할 수 있다.
- 기술적으로 탄소 감축이 어려운 시멘트 소성 공정, 제철소, 장거리 항공 운송 분야 등에 적용할 수 있다.
- 천연가스 개질(reforming)을 통한 그레이수소 생산 시 발생하는 탄소 포집을 통해 블루수소를 완성할 수 있다.
- 대기에 존재하는 탄소를 직접 포집(DAC, Direct Air Capture)하므로 탄소의 순배출량을 감소시킬 수 있다.

IEA는 2020년 9월 발행한 〈에너지기술 전망〉 보고서에서 CCUS 기술 없이는 온실가스 배출 제로에 도달하는 것이 불가능하다고 전망했다. 테슬라의 창업주인 일론 머스크도 2021년 1월 21일 트위터를 통해 최상의 이산화탄소 포집기술 개발에 1억 달러 기부를 추진 중이라고 밝히면서, 탄소포집기술에 대한 관심은 더욱 뜨거워지고 있다. IEA(2019)에 따르면 CCUS는 온실가스 감소를 통한 1.5℃ 상승 제한이라는 파리협정의 목표를 달성하기 위한 기술 중 9%를 차지한다.

| 이산화탄소 포집, 이용 개념 |

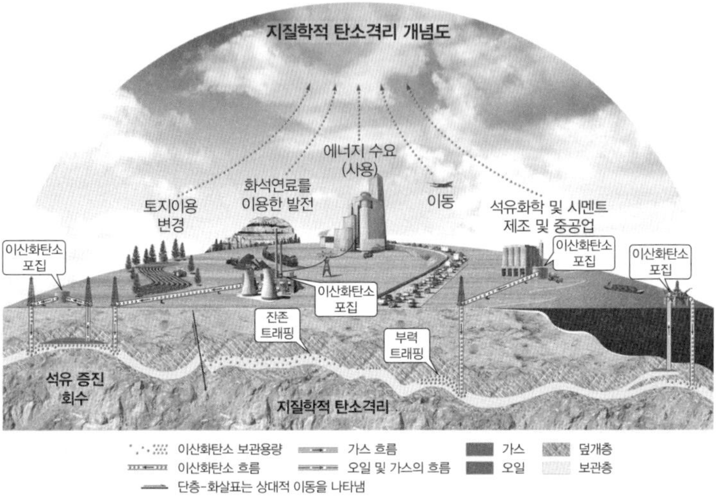


출처: NIST

CCUS 기술은 크게 포집, 운송, 활용 또는 저장의 3단계로 구분되는데, 참고로 활용기술은 CCUS 중 약 1% 정도를 차지하고 있어, CCUS를 CCS(Carbon Capture and Storage)라고도 부른다.

- 포집: 석탄 및 천연가스 화력발전소, 제철소, 시멘트 공장, 정유공장 등과 같은 대규모 산업 공정시설에서 생산된 다른 가스에서 이산화탄소를 분리하는 기술이다.
- 운송: 분리된 이산화탄소를 압축해 파이프라인, 트럭, 선박 등을 이용해 저장에 적합한 장소까지 운송하는 기술이다.
- 활용 또는 저장: 포집한 이산화탄소를 처리가 가능한 장소로

이동한 뒤 석유 증산을 위해 지하에 주입하거나 땅속에 저장하거나 또는 비료·용제로 활용하거나, 화학적·생물학적 방법을 통해 메탄, 메탄올, 가솔린, 디젤, 항공유 등의 연료와 플라스틱, 섬유, 합성고무 등 다른 화학물질로 전환하는 기술이다.

또한 탄소포집에는 세 가지 주요 기술이 있다. 1) 현재 가장 많이 사용되는 탄소포집 방법인 화학용매를 사용하여 연소 후 발생되는 이산화탄소를 포집하여 용액 속에 흡수시키는 연소 후처리(Post-Combustion), 2) 공기 대신 산소로 석탄과 가스를 태워 이산화탄소를 더 쉽게 분리할 수 있는 농축된 이산화탄소 스트림을 만드는 산소연료 연소(Oxy-Fuel Combustion), 3) 석탄이나 가스를 선처리하여 수소와 이산화탄소의 혼합물로 변환시킨 후 이산화탄소는 분리하고 수소는 에너지원으로 사용하는 연소 전처리(Pre-Combustion) 등이다.

현재 전 세계에는 연간 최대 40메가톤의 이산화탄소를 포집할 수 있는 대규모 상업용 CCUS 시설 21개가 가동되고 있다. 2014년 캐나다 서스캐처원주에서는 세계 최초로 상업적 규모의 이산화탄소 포집 저장(CCS) 시설인 바운더리 댐(Boundary Dam)이 가동되기 시작했다. 바운더리 댐은 연소 후처리를 사용하는 최초의 석탄화력 CCS 프로젝트로, 매년 100만 톤 규모의 이산화탄소 배출을 감소할 수 있다. 이는 매년 25만 대의 자동차가 도로에서 사라지는 것과 같은 효과이다.

다음은 이산화탄소의 활용 및 저장이다. 북미에서는 전통적으로 석유 증산을 위해 이산화탄소 주입 회수증진기법 방식을 주로 사용하고, 유럽에서는 북해의 대규모 대수층을 활용한 이산화탄소 저장 방식을 사용한다. 특히 노르웨이의 슬레이프니르(Sleipner, 1996), 스노비트(Snovit, 2008) 프로젝트가 성공하면서 이를 계기로 북해지역을 대규모 저장소로 활용하는 계획이 다수 진행 중이다. 2020년 현재 상업 규모의 전 세계 CCS 사업은 총 28개 사업장에서 연간 저장용량 4천만 톤 규모로 운영 중이며, 총 37개 사업(연간 7,500만 톤)이 건설 또는 계획 중이다. IEA는 앞으로 2050년까지는 현재의 100배에 달하는 탄소 포집 및 저장 역량이 필요하며, 올해부터 2030년까지 CCUS 연간투자 규모는 280억 달러에 이를 것으로 예상하고 있다. 2010년에서 2019년까지의 150억 달러와 비교하면 연간투자 규모가 약 1.7배 증가할 전망이다. 특히 석탄 등 화석연료 발전설비에 CCUS 설비보급이 대폭 확대될 것이다.

2021년 4월, 우리 정부는 2050년 탄소중립을 위한 핵심기술인 CCUS 기술 개발과 상용 확산에 힘을 모으기 위해 K - CCUS 추진단을 발족하였다. 그간 정부는 석탄발전 포집설비, 해상지중 주입, 탄산칼륨 제조 등 포집, 저장, 활용 분야에서 CCUS 기술 개발을 적극 추진하여 성과를 거두었으나, 긴밀한 민간협력을 통해 상용화 및 CCUS 신산업화에 더욱 속도를 내기로 하였다. 이 중 한국석유공사는 동해가스전을 활용하여 연간 40만 톤 규모의 CCS 실증사업을 실행할 예정이다.

## 탄소중립시대의 필수에너지, 수소

탄소중립시대에 수소의 역할은 매우 중요하다. 탄소중립으로 가기 위한 에너지 전환 계획을 살펴보면, 기존의 에너지 수요 중 전력수요가 차지하는 부분을 전기차 수요 등을 합쳐 대폭 상향하고, 그 대부분을 재생에너지, 수소 및 원자력발전으로 대체하며 비전기에너지 수요 부분을 수소로 대체하겠다는 계획이다.

에너지 전환에서 수소의 역할은 크게 세 가지로 볼 수 있다. 첫째는 재생에너지 변동성에 따른 잉여전력 저장수단이며, 두 번째는 철강공정에서의 수소를 이용한 수소환원제철법 등 산업 부문 제조공정의 탈산소 수단이며 세 번째는 고에너지 밀도 기반 항공기 등 수송산업 연료로서의 역할이다. 2018년 수소 소비량은 7천만 톤 수준으로 1975년 이래 3배 이상 증가하였다. 2018년의 수소 소비량을 에너지 단위로 환산하면 약 330Mtoe로 독일의 1차 에너지 공급량보다도 높은 수준이다.

수소에너지는 사용 과정에서 물만 배출되는 친환경 청정에너지로, 탈탄소화의 궁극적 에너지로 평가된다. 탈탄소 에너지 운반체인 수소는 기존 화석연료와 유사한 방식으로 저장, 연소, 혼합될 수 있기 때문에 온실가스 감축이 어려운 배출원에 화석연료 대용으로 활용할 수 있는 선도적인 감축 옵션이다.

재생에너지 유휴전력을 이용하여 친환경적인 수소를 생산하면 재생에너지의 발전 비중 증가로 일어날 수 있는 전력계통상의 변동성 문제를 완화할 수 있고, 또 화석연료를 사용하지 않는 수소연

| 탄소중립 사회의 에너지 수요 예상 |

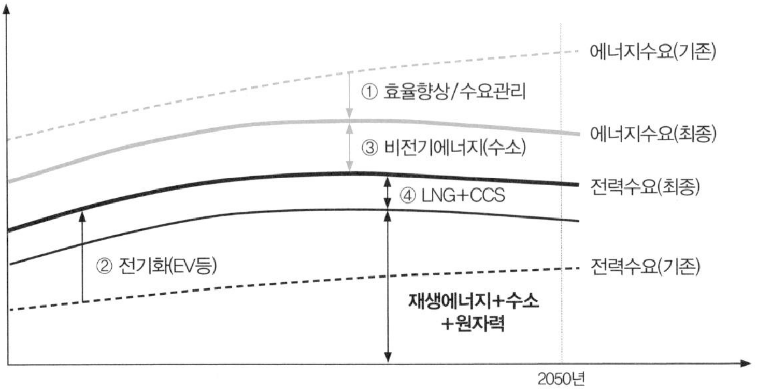


출처: 에너지포럼, 2021.

료전지 발전으로 온실가스 배출 감소에 기여할 수 있다. 또한 수소는 대용량·장시간 저장이 가능하므로 계절적 변동성도 크지 않으며 연료 형태의 저장이기 때문에 수송도 더 쉬워 지역 간 에너지 불균형을 줄이는 데도 활용할 수 있다. 또 연료전지 발전으로 전기뿐만 아니라 열에너지 이용으로 효율이 높은 것도 장점이다. 수소는 재생에너지와의 융합 외에도 수소 전기차 및 수소 연료전지 등 직접 사용이 가능하므로, 관련 산업의 성장은 지속될 것이다.

각국의 자연환경 및 산업환경에 따라 수소 산업에서 경쟁력을 갖는 부분은 달라질 수 있다. 미국과 유럽은 그린수소 생산과 추출 중심의 수소 생태계 발전이 예상된다. 미국은 풍부한 바람을 이용한 풍력발전으로 생산된 전력으로 수소를 생산하거나 셰일 혁명으로 확보된 저렴한 천연가스를 개발하여 블루수소를 공급할 수 있으며, 유럽은 화석연료발전 대비 저렴해진 태양광 또는 풍력발전을 이용하여 수전해(Water Electrolysis) 방식으로 수소를 공급할 것으로 예상된다. 한국과 일본은 미국이나 유럽에 비해 자연환경이 재생에너지 발전을 하는 데 열세이므로 수소의 운송과 저장, 활용 중심으로 기술이 발전할 것으로 예상된다.

2021년 5월에 발표된 IEA의 특별보고서에 따르면, 2050년 NZE(Net Zero Emission)에서 수소 사용의 중요한 점은 새로운 전송 및 분배 인프라 없이 기존의 화석에너지 사용을 저탄소 수소로 전환하는 것이다. 여기에는 산업과 정유 및 발전소의 수소 사용, 최종 사용자에게 분배하기 위한 천연가스에 수소를 혼합하는 것이 포함된다. 저탄소 수소란 CCUS를 이용한 석탄 및 천연가스를 이용한 추출수소, 수전해 방식으로 생산된 수소를 말한다.

전 세계의 수소 사용은 2020년에는 9천만 톤에서 2030년에는 2억 톤 이상으로 확대되고, 저탄소 수소의 비중도 2020년 10%에서 2030년에는 70%로 높아질 것이다. 2030년에는 저탄소 수소 생산량의 약 절반은 전기분해에서 나오고, 나머지는 CCUS를 사용하는 석탄과 천연가스에서 나올 것이다. 또한 수소는 가스 네트워크에서 천연가스와 혼합될 것이라고 한다. 2030년 전 세계 가스혼합물의 평균은 부피 기준으로 수소의 15%를 포함하므로 가스 소비로 인한 $CO_2$ 배출량을 약 6% 감소시킨다. 이는 수전해수소 생산 용량을 빠르게 확장시키고 새로운 수소 운송 인프라의 개발을 함께 촉진하게 된다. 그리고 이로 인해 수전해수소 생산과 수소 저장 비용도 빠르게 낮아지게 된다. 2020년부터 2030년까지 수소연료전지차 1,500만 대 이상을 포함하여 최종소비로서의 수소 설비도 크게 증가할 것이다. 그리고 2030년 이후 저탄소 수소는 모든 부문에서 급속히 사용이 증가할 것이다.

전기 부문에서 수소와 수소 기반 연료는 주로 기존의 가스 연소용량을 수소와 함께 연소하기 위해 개조되고, 암모니아와 공동 연소하기 위한 석탄 화력발전소의 일부 개조 등을 통해 저탄소 수소의 발전 시스템 사용을 촉진하게 된다. 2050년 수소 사용량의 약 20%인 1억 200만 톤이 전력 생산을 위해 사용된다. 이는 전 세계 전체 발전량의 2% 정도에 불과하지만 수소 자체로는 전력 생산을 수소 수요의 중요한 원동력으로 만든다.

수소는 주로 운송에서 중요하게 소비된다. 2050년에는 트럭 연료 사용량의 약 1/3을 제공하고, 수소연료 기반 연료는 전 세계 운송에서 총 연료 소비량의 60% 이상을 제공할 것으로 예상한다.

2050년 생산되는 수소 5억 3천만 톤 가운데 25%가량은 정유공장을 포함하는 산업시설 내에서 생산되고, 나머지는 한 기업이 다른 기업에 판매하기 위해 생산하는 상업수소(Merchant Hydrogen)이다. 2050년에 사용되는 저탄소 수소의 약 30%는 수소 기반 연료의 형태를 취하는데, 여기에는 암모니아와 합성 액체 및 가스가 포함된다. 수소 생산의 증가분은 2050년 전체 생산량의 60%를 차지할 수전해에서 나온다. 수전해수소 생산은 그리드 전기, 재생에너지 및 원자력과 같은 기타 저탄소 공급원을 이용한다. 세계 수소

| 글로벌 수소 사용 예상 |

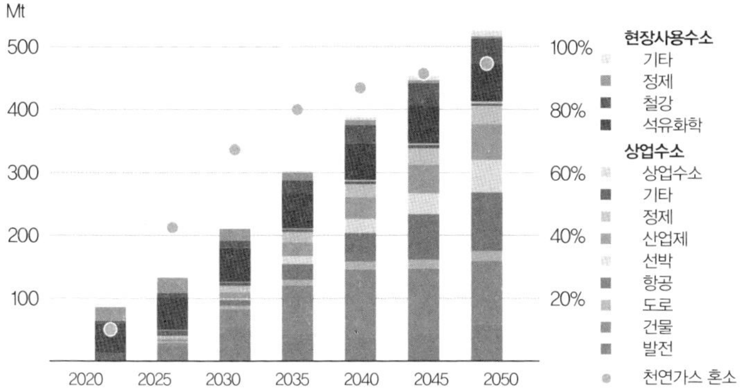


출처: IEA, 〈Net Zero by 2050〉, p. 75, 2021.5.

무역은 시간이 지나면서 중동, 중남미, 호주의 가스 및 재생에너지 발전이 충분한 지역으로부터 아시아와 유럽의 수요 지역으로 대량 수출하게 될 것으로 본다.

우리나라 정부가 2019년 1월 발표한 〈수소경제 활성화 로드맵〉에는 수소의 활용과 공급이 나누어져 있고, 활용 부분에는 모빌리티와 에너지(발전) 부분이 있는데, 이 중 발전용 연료전지가 중심이 될 전망이다. 연료전지의 성장은 50MW 이상의 발전설비를 보유한 대형 발전사업자에게 발전량의 일정 비율을 신재생에너지를 이용하여 공급하도록 하는 신재생에너지 의무할당제도(RPS, Renewable Energy Portfolio Standard)와 별개로 수소에너지 의무할당제(HPS, Hydrogen Energy Portfolio Standard)가 그 배경이 될 것이다. 또한 정부의 신재생에너지 공급인증서인 REC(Renewable Energy Certificates) 가중치가 기존의 태양광 육상풍력 대비 해상풍력과 함

| 글로벌 주요 수소 생산 및 소비 |

| 분야 | 2020 | 2030 | 2050 |
|---|---|---|---|
| 수소기반 연료생산(메가톤) | 87 | 212 | 528 |
| 저탄소 수소 생산 | 9 | 150 | 520 |
| *CCUS 연계 화석연료 기반 비율* | *95%* | *46%* | *38%* |
| *수전해 기반 비율* | *5%* | *54%* | *62%* |
| 상업용 생산 | 15 | 127 | 414 |
| 현장생산 | 73 | 85 | 114 |
| 수소기반 연료소비(메가톤) | 87 | 212 | 528 |
| 전력 | 0 | 52 | 102 |
| 수소를 이용한 생산 | 0 | 43 | 88 |
| 암모니아를 이용한 생산 | 0 | 8 | 13 |
| 정제 | 36 | 25 | 8 |
| 건물 및 농업 | 0 | 17 | 23 |
| 수송 | 0 | 25 | 207 |
| 수소를 이용한 수송 | 0 | 11 | 106 |
| 암모니아를 이용한 수송 | 0 | 5 | 56 |
| 합성연료를 이용한 수송 | 0 | 8 | 44 |
| 산업 | 51 | 93 | 187 |

출처: IEA, 〈Net Zero by 2050〉, p. 76, 2021.5.

께 발전용 연료전지는 2배이다. 태양광의 경우 REC가 하락 중이며 풍력은 국내 설치장소에 대한 환경영향평가와 품질 문제로 설치에 제약이 있다. 해상풍력은 발전 후 전기이동에 추가로 비용이 소요된다.

연료전지는 대규모 발전까지 가능한 고온형 연료전지와 중소형 설비 또는 수송용 전원에 적합한 저온형 연료전지로 크게 나뉜다. 전해질에 따라 순수소와 순산소를 사용하는 AFC, 액체 인산을 전해질로 이용하는 PAFC(1세대), 반고체 전해질을 사용하는 MCFC(2세대), 고체 전해질을 사용하는 SOFC(3세대)와 고분자 전해질을 사용하는 PEMFC(4세대)로 나누기도 한다.

PEMFC, PAFC와 AFC는 저온형 연료전지에 속하며, MCFC와 SOFC는 고온형 연료전지에 속하는데, 고온형 연료전지의 효율이 저온형 연료전지보다 크기 때문에 저온형은 자동차, 우주산업 등 연료전지를 이동하면서 사용하는 경우에 쓰이고, 고온형은 고출력으로 전기를 생산하는 플랜트 등의 산업 현장에서 주로 사용된다.

연료전지 기술은 용도에 따라 다르게 개발되기 때문에 용도를 혼합해서 사용하면 안 된다. 자동차용 연료전지는 자동차의 출발, 가속, 정속 주행 등에 따라 전압이 달라지므로 출력이 변하는 시점마다 어떻게 저항을 줄이고 필요한 전류를 흘려보낼 수 있는가에 초점을 두고 있다. 또한 자동차라는 한정된 공간에 적용되어야 하기 때문에 부피를 줄이는 것이 핵심이다. 발전/건물용 연료전지는 고정 위치에 설치되어 있고, 출력이 일정하므로 내구성이 핵심이다. 현재는 약 10년 주기로 기자재 교체가 필요하다고 알려져 있다.

연료전지로 전기 모터에 전력을 공급하여 주행하는 자동차를 수소연료 전지차(FCEV, Fuel Cell Electric Vehicle)라고 하는데, 줄여서 수소차라고도 한다. 수소차는 승용차 부분에서는 수소를 보관할 수소 탱크가 추가로 필요하므로 전기차에 비해 내부 공간 활용에 제약이 있고, 단거리의 빠른 주행에서도 전기차에 열세를 보인다. 하지만 수소차가 공차중량이 가벼우며 출력이 낮고 토크는 높은 디젤차와 비슷한 특징을 가지고 있어 단거리 주행보다는 많은 무게를 감당하며 100㎞ 이상의 장거리 주행거리에 유리하다. 따라

| 연료전지의 종류별 특징 |

| 종류 | 저온형 | | | 고온형 | |
|---|---|---|---|---|---|
| | PEMFC | PAFC | AFC | MCFC | SOFC |
| 연료 | 수소, 메탄올, 천연가스 | 수소, 메탄올, 천연가스 | 수소 | 천연가스, 메탄올, 나프타, 석탄가스화가스 | 천연가스, 메탄올, 나프타, 석탄가스화가스 |
| 작동온도 | 80 | 200 | 66~220 | 650 | 600~1000 |
| 전해질 | 수소이온 교환막 | 고농도인산 | 고농도 수산화칼륨 | 리튬·칼륨탄산염 | 지르코니아계 세라믹 |
| 촉매 | 백금 | 백금 | 백금 | 니켈 | 페로브스카이트 |
| 셀 구성 | 탄소 기반 | 탄소 기반 | 탄소 기반 | 스테인리스 기반 | 세라믹 기반 |
| 특징 | 고출력 밀도, 이동식 동력원 | 배열을 급탕, 냉난방에 사용 | 우주산업 | 고효율, 연료의 내부개질 가능, 배열을 복합발전 시스템에 사용 | 고효율, 연료의 내부개질 가능, 배열을 복합발전 시스템에 사용 |

출처: blog.naver.com/jindo1234to/220920227745

서 상용차 중심으로 발전할 것으로 보인다. 단, 수소차가 활성화되기 위해서는 수소 충전소 등 인프라가 확충되어야 한다. 탄소중립 시대로 가면서 지금까지 수립된 계획을 뛰어넘는 수소의 대량공급, 이송수단 확보 및 새로운 수요처의 확대가 필요할 것이다.

암모니아($NH_3$), 메탄올($CH_3OH$)을 생산하기 위한 원료로 주로 사용되어온 수소는 생산 방식에 따라 부생수소, 추출수소, 수전해수소 등으로 구분한다. 화석연료인 천연가스, 원유, 석탄으로부터 추출하거나(추출수소), 제철 같은 공정의 부산물로도 생산된다(부생수소). 현재의 기술 수준에서는 나프타 분해공정에서 발생하는 부생수소 1kg을 생산하는 과정에서 이산화탄소가 2.3kg 발생하고, 천연가스에서 얻는 추출 수소 1㎏의 생산과정에서는 이산화탄소가 11.3㎏ 발생하므로 이산화탄소 배출이 없는 그린수소를 얻는 상업적 기술을 개발해야 할 것이다.

수소는 생산원과 이산화탄소 처리법에 따라 그레이수소, 블루수소와 그린수소로 나뉜다. 2018년 세계 수소 생산량 7천만 톤의 3/4을 천연가스로부터 생산했으며, 세계 수소 생산량의 90% 이상은 화석연료를 사용하여 생산하는 부생 및 추출수소로, 생산과정에서 탄소가 발생하는 그레이수소이다. 세계 천연가스의 6%, 석탄의 2%가량이 수소 생산에 이용되고 있으며, 결과적으로 수소 생산 과정에서 2018년에 약 8억 3천만 톤가량의 이산화탄소를 배출했다. 이는 인도네시아와 영국의 이산화탄소 배출량을 합친 수준이다. 한편 갈탄, 천연가스 등의 개발과 생산단계에서 CCS 등의 기술을 활용해 탄소를 제거하여 생산하는 가스를 블루수소라고 한다. 그리고 태양광, 풍력 등의 재생에너지로부터 생산하는 수소를 그린수소라고 한다.

정부가 2019년 1월 발표한 '수소경제 활성화 로드맵'에 따르면 2030년 국내 연간 수소 수요량은 194만 톤이다. 이 중에서 추출수소 비중은 50%, 2040년은 30%로 정했으며, 나머지 수소는 부생수소, 수전해(전기분해)수소, 해외 수소로 충당할 계획이다. 즉 국내 생산으로는 현재의 부생수소와 추출수소를 이용하며 중장기적으로 재생에너지의 수전해 방식의 그린수소와 호주, 미국, 중동 등의 해외 자원보유국에서 갈탄 또는 천연가스로부터 생산된 수소를

| 수소경제 활성화 로드맵 |

| 구분 | | 2018년 | → | 2022년 | → | 2040년 |
|---|---|---|---|---|---|---|
| 활용 / 모빌리티 | 수소차 | 1.8천 대<br>(0.9천 대) | | **8.1만 대**<br>(6.7만 대) | 〈2030〉 全 차종 생산라인 구축 | **620만 대**<br>(290만 대) |
| | 승용차 | 1.8천 대<br>(0.9천 대) | 〈~ 2022〉 핵심부품 100% 국산화 年 생상량 3.5만대 | **7.9만 대**<br>(6.5만 대) | 〈2023〉 전기차 가격 수준 / 〈2025〉 상업적 양산 (年 10만대 생산) 내연차 가격수준 | **590만 대**<br>(275만 대) |
| | 버스 | 2대 | | **2천 대** | 80만㎞ 이상 내구성 확보 | **6만 대**<br>(4만 대) |
| | 택시 | – | 〈2019〉 10대 시범사업 / 〈2021〉 주요 대도시 적용 | – | 전국 확대 / 50만㎞ 이상 내구성 확보 | **12만 대**<br>(8만 대) |
| | 트럭 | – | 5톤 트럭 출시 | 10톤 트럭 | 핵심부품 100% 국산화 | **12만 대**<br>(3만 대) |
| | 수소충전소 | 14개 소<br>(1,000만 원/kg) | | **310개소** | 300만 원/kg 핵심부품 100% 국산화 | **1,200개소** |
| | 선박, 열차, 드론, 기계 등 | | R&D 및 실증 | | '39년까지 상용화 및 수출 | |
| 활용 / 에너지 | 연료전지 | | | | | |
| | 발전용 | 307MW | 〈2019〉 전용 LNG 요금제 신설 / 〈2022〉 설치비 380만 원/KW | **1.5GW**<br>(1GW) | 〈2025〉 중소형 가스터빈 발전단가 수준 / 〈~ 2040〉 설치비 35% 발전단가 50% | **1.5GW**<br>(8GW) |
| | 가정·건물용 | 7MW | 설치비 1,700만 원/KW | **50MW** | 설치비 600만 원/kW | **2.1MW** |
| | 수소가스터빈 | | R&D | | 실증 / '30년 이후 사용화 추진 | |
| 수소공급 | 수소공급량 | 13만 톤/年 | | **47만 톤/年** | | **526만 톤/年** |
| | 생산방식 | 화석연료 기반 부생수소 추출수소 | 수요처 인근 대규모 생산 | 수전해 활용 | 수전해 수소의 대용량 장기 저장 기술개발 / 해외수소 도입 대규모 수전해 플랜트 상용화 | 그린 수소 활용<br>(수전해+해외생산) |
| 수소가격 | | – | | **6,000원/kg**<br>(現 휘발유의 50%) | 4,000원/kg | **3,000원/kg** |

출처: 산업통상자원부, 2019.1.

수입할 예정이다.

그린수소는 재생에너지 발전과 연계한 수전해 방식으로 생산은 가능하지만 가격경쟁력이 많이 부족한 것이 현실이다. 그린수소의 생산단가는 각 정부의 정책적인 지원에 힘입어 현재 ㎏당 4~6달러까지 하락하였고, 2030년에는 2~3달러, 2050년에는 ㎏당 1달러대까지 하락할 것으로 예상된다.

에너지경제연구원이 2021년 4월 발표한 〈시장주도형 수소경제 조기 정착을 위한 전략 연구〉에 따르면 계통전력 대신 재생에너지 전기를 사용하면, 90% 이상 할인으로 전기를 조달해야만 1MW급 알카라인 수전해수소 균등화 원가(2030년 2,810원/㎏, 2040년 2,761원/㎏)는 천연가스 추출수소원가(2030년 3,390원/㎏, 2040년 3,475원/㎏)와 경쟁이 가능하며. 100MW급 알카라인 수전해 설비용량으로 확대한다면 전기요금의 70% 할인 시 수전해수소의 원가는 2040년 3,177원/㎏으로 천연가스 추출방식보다 저렴하다고 한다. 지속적으로 낮아질 재생에너지의 전력생산단가에 그린수소 생산용량 증가에 따른 설비장치 판매가격 하락을 고려하면 그린수소의 경제성이 개선될 것을 예상할 수 있지만, 여기에는 정책적 지원과 혁신적 기술개발 역시 필요하다 하겠다.

SK㈜는 2020년 말부터 SK이노베이션, SK E&S 등의 전문 인력 20여 명으로 구성된 수소 사업 전담 조직인 '수소 사업 추진단'을 신설하고 사업 추진 전략을 실행 중이다.

SK E&S를 중심으로 2023년부터 연간 3만 톤 규모의 액화수소

| 수소의 종류 |

| 종류 | 특징 |
|---|---|
| 그레이수소 | • 천연가스에서 고온고압의 수증기를 가한 뒤, 메탄을 수소와 이산화탄소로 분리 후 생산하는 수증기 메탄 개질(SMR, Steam Methane Reforming) 또는 부분 산화반응(POR, Partial Oxidation Reaction) 또는 자연개질반응(ATR, Auto-Thermal Reforming) 등 이용<br>• 전 세계 수소 생산량의 95%를 차지하며 생산가격이 1kg당 1.5~2달러로 저렴함<br>• 단점은 질소산화물과 이산화탄소가 배출된다는 것 |
| 블루수소 | • 수소 생산방법은 그레이수소와 동일하나, 발생한 이산화탄소를 분리해서 땅속에 저장<br>• CCS 기술이 필요하며 그레이수소 대비 10~15%의 추가 비용이 소요되나, 탄소 배출 비용을 1톤당 50달러로 가정하면, 그레이수소와 가격경쟁 가능<br>• 블루수소 가격은 1kg당 2.1달러 수준이며, 2030년까지 1.8달러까지 하락 예상 |
| 그린수소 | • 태양광, 풍력 등 재생에너지로 생산한 전력을 이용, 수전해 기법으로 생산한 수소<br>• 이산화탄소 및 오염물질을 배출하지 않는 가장 이상적인 방법이나, 비용이 많이 소요됨<br>• 수소 생산가격은 1kg당 6달러이나, 2030년에는 2.6달러 수준까지 하락 예상 |

출처: 한국가스공사, 〈수소에도 종류가 있다? #그레이수소 #블루수소 #그린수소 단계적 색깔 수소〉, 2020.9.16.

생산설비를 건설하여 수도권 지역에 공급할 계획을 가지고 있으며, 2025년부터 이산화탄소를 제거한 25만 톤 규모의 블루수소를 추가로 생산할 계획이다. 수소 사업 핵심기술을 골고루 갖춘 미국 나스닥 상장회사인 플러그파워 사에 15억 달러를 투자하여 지분 9.9%를 확보하기도 하였다.

효성그룹은 최근 효성화학에서 부생수소를 생산하고, 효성중공업과 독일의 액화수소 1위 기업인 린데와의 합작법인인 린데하이드로젠을 2023년까지 울산에 설립하여 수소액화 사업을 진행하는 것을 계획 중이다. 또한 효성하이드로젠을 통해 전국 120여 곳에

액화수소 충전소를 구축하여 공급하고, 효성첨단소재에서 수소차 연료탱크를 개발하는 등 수소 사업 밸류체인 전체를 선점하는 계획을 수립하여 진행하고 있다.

고체산화물 연료전지 사업을 진행 중인 코스닥 상장기업 미코는 현대중공업파워시스템의 지분 80%를 인수하고 고출력 연료전지 분야로 사업을 확장하려 계획 중이다. 대한민국의 수소 산업은 지금 이 순간에도 성장하고 있다.

# 재생에너지를 이용한 전력 생산

태양광, 풍력 등 자연으로부터 생성되는 에너지가 관심을 끄는 이유는 이산화탄소를 포함한 온실가스를 배출하지 않고, 미세먼지 등의 공해물질 역시 배출하지 않으며, 원자력 등에 비해서 안전하기 때문이다. 기술 개발에 따라 발전단가는 점차 낮아지고 있지만, 자연자원을 이용하기 때문에 넓은 부지가 필요하고 전력 생산이 간헐적인 특성 등이 있어, 현재의 원자력 및 화력발전 등 중앙집중식 대규모 발전 방법에 비하면 극복해야 할 난제들이 아직 많다.

태양광발전의 경우 낮시간에 전력생산이 집중, 과잉되어 송전망 혼잡이 심할 경우 출력제약이 발생하고, 일몰 직후 19시경에는 순전력 수요가 급등하게 되므로 신속하게 대응 가능한 발전이 상시대기해야 하는 문제가 있다. 또한 풍력은 바람을 에너지원으로 하다 보니 자연적인 바람의 방향이나 강도의 변화에 따라 발전량에 변동이 크다. 초속 4m 이하로 바람이 거의 불지 않으면 발전이 불가능하며, 반대로 초속 25m 이상의 강풍이 불어도 풍력발전기가 자동으로 멈추게 된다. 이처럼 풍력발전기는 평균 가동률이 25% 정도면 양호하다고 평가받을 만큼 가동률이 낮아, 전력 생산량이 일정하지 않다.

전통적인 전력공급 곡선(Dispatch Curve)에서는 기저부하(Base Load)와 첨두부하(Peak Load) 영역에 원자력-석탄-가스 발전들이 고효율에서 수요 대응성까지 그 역할과 경제성 순서대로 배치되어 운영되고 있다. 그런데 재생에너지 자산의 비중이 증가하면서 이 곡선의 기저영역에 간헐적 발전에 의한 수급 불일치와 공급 불안 현상이 나타나고 있다.

### 전기저장장치 – 2차전지

전지는 화학전지와 물리전지로 나누어지며, 화학전지는 다시 1차전지와 2차전지로 나뉜다. 1차전지란 비가역적 화학반응으로 방전한 뒤에는 충전으로 본래의 상태로 되돌릴 수 없는 전지를 말한다. 2차전지는 외부로부터 전기에너지를 공급받아 화학에너지로 충전하여 보관하다가 필요 시 다시 전기에너지로 변화시켜 사용하는 충전과 방전이 반복적으로 이루어지는 전기화학 셀로 구성된 배터리이다. 2차전지는 배전 네트워크를 안정화하기 위해 연결된 버튼 셀에서 메가와트 시스템에 이르기까지 다양한 모양과 크기로 생산되며 납산(Lead Acid), 니켈 카드뮴(NiCd), 니켈 수소(NiMH), 리튬이온(Li-ion), 리튬이온폴리머(Li-ion polymer) 등 여러 가지 전극 재료와 전해질의 조합이 사용된다. 리튬이온 2차전지는 작고 가벼우면서도 에너지 밀도, 출력 특성, 장시간 사용 등 성능 면에서 가장 우수하여 현재 가장 많이 이용되고 있다. 양극에는 활물질로 리튬코발트산화물 또는 리튬망간산화물을 사용하며, 음극에는 활물질로 탄소(카본)를 사용하고, 전해질은 액체전해질을 사용한다.

차세대 전지로는 아연공기전지, 리튬황전지, 리튬공기전지, 나트륨이온전지, 바나듐 레독스 흐름전지(Vanadium redox flow battery) 등이 개발되고 있다.

2차전지는 수백 번에서 수천 번까지 충전과 방전이 가능하며, 자동차의 시동 전원, 정전 대비용 UPS(Uninterruptible Power Supply), 휴대폰 등의 무선 가전제품, 전기자동차의 동력원, 풍력과 태양광

| 전지의 종류 |

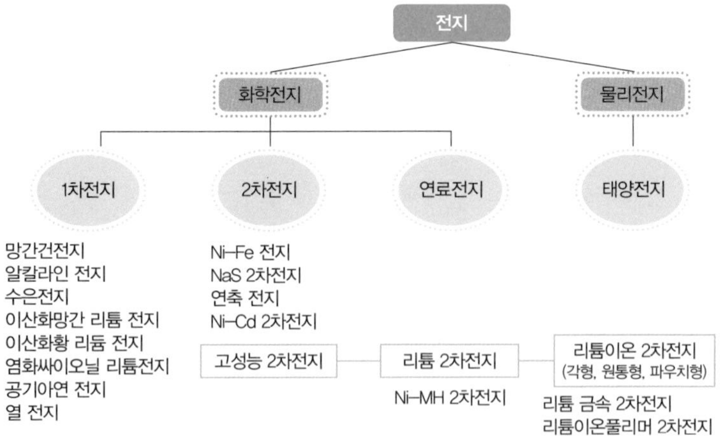

등에서 생산된 전기를 저장하는 장치 등에 사용된다. 전지 충전 발전소는 피크 기간 사용량이 적은 시간에 전기에너지를 저장하는 부하 평준화 및 밤에 사용하기 위해 태양광발전 정렬 판에서 생성된 전력을 저장하는 것과 같은 재생에너지 사용에 2차전지를 사용한다. 소형 2차전지는 휴대용 전자장치, 전동공구, 가전제품 등에 사용하고, 중부하용 전지는 스쿠터에서부터 기관차 및 선박에까지 전력을 공급한다.

에너지 전환에 따라 재생에너지 공급이 증가하고 에너지 저장장치의 수요도 늘고 있다. 이러한 공급사슬의 여러 영역에서도 신사업의 기회가 있다. 리튬 2차전지 가치사슬은 광산 개발, 제련업에서부터 2차전지의 주요 소재인 양극재, 음극재, 전해질 및 분리막과 2차전지 완성품, 전기자동차, 폐 배터리의 재사용과 재활용 등으로 이루어져 있다. 2차전지 소재산업에 공급하는 원료물질로는 양극재에 사용되는 코발트, 니켈, 망간, 리튬, 철과 집전체로 사용되는 알루미늄 등이 있으며 음극재에 사용되는 물질로는 흑연, 실리콘, 집전체인 동박(구리 박막) 등이 있다.

분리막에 사용되는 원료로는 고밀도 폴리에틸렌(HDPE, High Density Polyethylene)과 윤활기유(Base Oil)가 있다. 전고체 배터리란 전기를 흐르게 하는 배터리의 양극과 음극 사이의 전해질이 액체가 아닌 고체로 된 차세대 2차전지이다. 현재 가장 많이 사용되는 2차전지인 리튬이온 배터리의 경우 액체 전해질로 에너지효율이 좋지만, 수명이 상대적으로 짧고 전해질이 가연성 액체여서 고열에 폭발할 위험이 높다. 반면 전고체 배터리는 전해질이 고체이기 때문에 충격에 의한 누액 위험이 없고, 인화성 물질이 포함되지 않아 발화 가능성이 낮으므로 상대적으로 안전하다. 또 액체 전해질보다 에너지 밀도가 높으며 충전 시간도 리튬이온 배터리보다 짧다. 또 대용량 구현이 가능해, 완전 충전할 경우 전기차의 최대 주행거리를 800㎞로 늘릴 수 있다. 특히 전고체 배터리는 확장성이 높아 플렉서블(flexible) 배터리로 활용할 수 있어 리튬이온 배터리를 대체할 기술로 주목받고 있다.

그러나 고체 전해질은 액체 전해질보다 전도성이 낮아 효율이 떨어진다는 문제가 있으며, 충전 시 음극 표면의 손상 및 고체 전해질 흡착현상 등 풀어야 할 부분도 여럿 남아 있어 상용화까지는 상당한 시간이 걸릴 것으로 보인다.

### 전기저장장치 – ESS

재생에너지 확대의 최대 문제로 꼽히는 것은 간헐성, 즉 기상 여건에 따른 전력 생산의 변동이다. 재생에너지가 확대되면서 에너지를 안정적으로 공급하려면 간헐성 문제가 반드시 해결되어야 하는데, 이를 보완하기 위해 에너지저장장치(ESS, Energy Storage System)가 필요하다.

ESS는 배터리, BMS, PCS와 EMS로 구성된 시스템이다. BMS(Battery Management System)는 수십 개에서 수천 개의 배터리 셀을 하나의 배터리처럼 움직이게 하고 전압, 전류, 온도의 이상을 감지하면 충전/방전을 중단시키는 등 안전장치가 포함된 장치이다. PCS(Power Conditioning System)는 교류를 직류로, 직류를 교류로 바꿔주는 역할을 한다. 전기를 생산하는 발전과 전기를 전달하는 송배전, 그리고 전기를 사용하게 되는 소비자가 필요한 전기의 형태로 전환해주는 장치이다. ESS에 저장되는 전기는 직류이고 사용하는 전기는 교류이므로, 충전할 때는 교류에서 직류로, 방전할 때는 직류에서 교류로 전환시켜준다. EMS(Energy Management System)는 ESS에 저장되어 있는 전기량을 모니터링 및 제어·관리하는 프로그램으로, 충전과 방전의 조건을 정하여 ESS의 효율적 운영이 가능하도록 해준다.

ESS는 에너지를 저장하는 창고의 역할을 하는 장치로 사용하여 남은 에너지를 저장했다가 필요할 때 언제든 꺼내 쓸 수 있다. 에너지를 아무리 많이 생산한다고 해도 이를 저장하지 못하면 필요할 때 활용할 수 없다. 그러므로 ESS는 재생에너지 발전에 반드시 필요하다.

대표적인 사례 중 하나가 일본 홋카이도의 카시와다이 태양광발전소이다. 일본은 후쿠시마 사고 이후 전국의 원전을 정지시키고 이를 보완하기 위해 태양광발전을 크게 육성했다. 그 결과 2016년 일본의 태양광발전은 전체 전력 수요의 3.5%를 충당하는 수준에 이르렀으며, 일본 정부는 2030년까지 전체 발전용량의 7%를 태양광으로 대체하려 하고 있다. 그런데 태양광발전을 육성하는 동안 가장 큰 고민거리는 들쭉날쭉한 발전량이었다. 태양광을 보편적인 발전원으로 사용하는 데 가장 큰 장애물은 발전량이 낮 시간대에 집중돼 밤 동안은 사실상 전력공급이 끊기는 것이다. 그런데 이에 대한 해결책이 바로 ESS이다. 낮 동안 생성된 전력 일부는 송전하고 일부는 ESS에 저장했다가 밤시간에 그것을 송전하면 되기 때문이다. 물론 ESS만으로 재생에너지 발전소가 마치 원자력발전소처럼 일정한 출력을 유지하지는 못한다. 그러나 출력 변화에 대응하고 조절할 수 있도록 출력 변화의 폭을 줄여주는 역할을 한다. 사전에 기후 상황을 예측하여 재생에너지가 과도하거나 과소하게 생산될 때 다른 에너지원이나 ESS를 활용하도록 사전 조절이 가능해지는 것이다.

### 에너지 저장과 운송수단으로의 수소

태양광, 풍력 등의 재생에너지를 이용한 발전은 앞서 지적했듯 기상·기후의 영향을 받아 간헐성 문제가 있으므로 안정성과 유휴전력을 확보하기 위한 '에너지 저장'이 반드시 필요하다. 이러한 잉여전력의 저장, 이송, 재발전을 위해 최근 개발되고 있는 것이 재생에너지의 잉여전력으로 물을 전기분해하여 수소를 생산하고, 이를 이송하여 수요처에서 수소를 연료전지로 다시 발전하는 방법이다.

수소는 직접 연소하거나 연료전지의 연료로 이용해 전기에너지로 쉽게 전환할 수 있으므로 에너지의 저장, 수송 매체로의 활용도가 높다. 에너지를 수소 형태로 저장하면 높은 에너지 밀도를 보유

할 수 있고, 가스 및 액체 형태로 수송이 가능하며, 전력 대비 수송 손실이 1/10 정도인 것으로 전해진다.

그러나 수소는 상온에서 기체 상태이기 때문에 저장과 운송이 매우 까다롭다. 천연가스보다 부피당 밀도가 낮아 저장하기 어려우며, 압축 수소를 담은 탱크의 크기는 동일한 양의 천연가스를 실은 탱크의 4배 크기여야 하는데, 저장고의 부피가 커질수록 비용도 자연히 증가한다. 수소 가격은 운송비가 약 30~40%를 차지하며, 기체 상태에서 부피가 큰 수소를 압축하여 고압탱크에 담아 운송하려면 비용이 늘어날 수밖에 없다.

수소 저장방법 선택은 생산방법, 이송방법 등이 고려되어야 하는데, 일반적으로 수소를 대량 생산하는 플랜트의 경우 저장 에너지 밀도가 큰 액화저장 방법이 유리하다. 액체수소는 기체수소 대비 밀도가 800배로, 일반적인 200bar의 고압수소에 비해 저장효율이 4배나 높다. 수소는 영하 253℃에서 액체 상태로, 바뀌는데, 이때 부피가 800분의 1로 줄어들어 저장과 운송이 쉬워진다. 튜브트레일러에 의한 1회 운송량은 액체수소가 3,500kg으로, 300kg인 기체수소에 비해 11배나 많다. 이러한 장점 덕분에 수소를 대량으

| 수소 저장 및 운송 과정 |

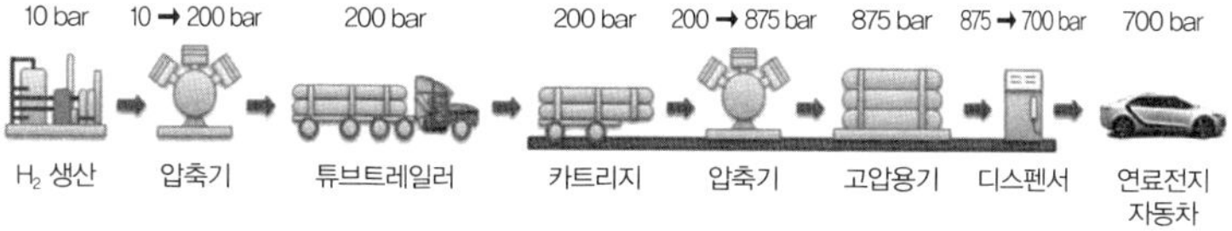


출처: 수소경제 활성화 로드맵

로 저장·이송할 때 액체수소 상태로 하는 방식의 기술개발이 이루어지고 있다. 하지만 액화공정을 위한 대규모 시설투자가 필요하고, 에너지도 많이 소요되어 경제성 문제가 따른다.

한편 물질변환 형태로의 저장도 생각해볼 수 있다. 액상유기화합물(LOHC, Liquid Organic Hydrogen Carrier)은 액화에 따른 단점을 극복하기 위해 액상화합물 형태로 저장하는 방법인데, 장기 보관이 가능하고 단위부피당 수소저장성능이 높은 것이 장점이다. 그러나 수소를 다시 추출할 때 많은 에너지가 소모되는 단점도 있다.

수소를 액상 암모니아 형태의 화합물로 변환하면, 기체 상태보다 더 많은 양의 수소를 저장해 원하는 곳까지 손쉽게 옮길 수 있다. 질소와 수소의 무기화합물 형태로 저장하는 암모니아는 직접 연료로 활용하여 연소를 통해 에너지를 생산하거나 직접 연료전지에 공급함으로써 발전할 수 있다. 상압과 유사한 온도 및 압력 조건에서 액상 암모니아를 운송하고 저장하여 필요 시 암모니아를 분해하여 수소를 생산할 수도 있다. 다만, 암모니아는 자극적인 냄새와 독성이 있어 취급할 때 주의가 필요하다. 또 암모니아 합성과 분해과정에서 필요한 에너지 소비를 줄이는 것이 상업화를 위한 필수조건이다.

독일은 총 발전량 대비 재생에너지의 비율을 2020년 35%, 2050년 80%까지 달성하고, 이산화탄소 배출을 2050년까지 80% 감축한다는 목표를 세우고 있다. 이에 따라 현재 5GW 규모의 풍력발전이 2050년에는 26GW까지 증가할 것으로 예측된다. 독일의 바텐풀(Vatenfall) 지역의 경우, 풍력발전량 공급량을 부하 수요에 맞추기 위해서는 1,000GWh 에너지 저장용량이 필요하고, 이 중 수소는 50만$m^3$ 정도가 전환되어 에너지 저장 역할을 수행할 수 있을 것으로 예측하고 있다. 이와 같이 전력에너지의 저장매체로서 수소의 역할이 기대되며, 이때 필요한 기술은 수전해와 연료전지 기술이라는 것을 알 수 있다.

중동 최대 산유국인 사우디는 'SAUDI VISION 2030' 프로젝트의 일환으로 석유에 대한 경제 의존도를 낮추는 것을 목표로 삼았다. 특히 2050년까지 전 세계 7천억 달러까지 증가할 것으로 전망되는 수소 시장을 선점하기 위해 50억 달러 규모의 세계 최대 친환경 그린수소 생산공장 건설에 나섰다. 이 공장은 'Helios Green Fuels' 프로젝트로 2025년 완공을 목표로 네옴(NEOM) 신도시 내에 위치할 예정이다. 사우디의 에너지기업인 ACWA파워(ACWA Power)와 미국의 에어 프로덕츠 앤드 케미컬스(Air Products & Chemicals)가 공동 수주했으며, 사우디는 해당 시설에서 4GW 규모의 태양광·풍력 에너지로 만든 전력으로 물을 전기분해하여 하루 650만 톤의 그린수소 생산과 매년 120만 톤의 그린 암모니아를 생산할 계획이다. 이는 2만여 대의 수소버스를 운행할 수 있는 양이다. 이렇게 만든 수소는 액상 형태로 암모니아에 저장해 필요한 장소로 운송하거나 수출할 예정이다.

사우디는 수소 시장을 단순히 에너지 부문 다각화로만 고려하는 것이 아니라, 다양한 방면으로 활용하고자 한다. 특히 블루수소 및 그린수소는 암모니아 형태로 수출이 가능해, 친환경 에너지로서의 활용도를 넘어 국가 재정의 새로운 주요 수입원이 될 수 있다고 본다. 실제로 2020년 9월, 사우디아라비아의 아람코는 세계 최초로 블루 암모니아를 일본으로 수출했다. 사우디는 가장 중요한 지리적 조건과 정부의 개발 의지, 그리고 아람코라는 세계 최대 석유회사의 기술력을 바탕으로 시장을 선점하기 위해 뛰어들었다. 이러한 움직임은 앞으로 수소경제를 향한 제도가 구축되고 경제성이 향상될수록 더 큰 효과를 발휘할 것이다.

| 두바이의 태양광을 이용한 수소생산기술 모형도 |

출처: MEED

# 전력산업의 변화와 미래

글로벌 카본 프로젝트에 따르면 우리나라는 2019년 이산화탄소 6억 1,100만 톤을 배출하여 전 세계 이산화탄소 배출순위 9위를 기록했다. 정부는 2017년 12월 '재생에너지 3020 이행계획'을 발표하고 재생에너지 발전량 비중을 2016년의 7%에서 2030년에는 20%까지 올리겠다고 제시했으며, 2019년 6월 '제3차 에너지기본계획(2019~2040)'에서 2040년까지 발전믹스에서 재생에너지 비중을 30~35%까지 올리고 석탄발전을 축소하며, 신규 원전 건설을 자제하겠다고 발표했다.

앞에서도 언급했듯 재생에너지는 날씨 등 기후조건에 따라 발전출력이 간헐적이며 변동성이 크다. 그러므로 재생에너지의 발전비중을 확대하면 운영 중 전력수급 불안, 전력설비 과부하, 전력계통의 과도한 전압상승 등이 일어날 수 있으며, 심하면 대규모 정전이 발생할 수도 있다. 실제로 제주도 등 일부 지역에서는 출력제한과 주파수, 전압 문제 등 전기품질에 영향이 나타나기 시작했다. 이에 정부는 전력 계통의 안전한 운영을 위해 재생에너지 통합관제시스템 구축을 추진 중이며 유연한 송전망 운영체제 구축, 전력망 고도화 등으로 재생에너지의 수용성 확대를 진행하고 있다.

## 전력산업의 변화 – 3D+2E

현재 전력산업의 글로벌 메가트렌드는 3D(Decarbonization, Decentralization, Digitalization)와 2E(Electrification, Efficiency) 형태로 진행되고 있다. 하나씩 살펴보자.

### 탈탄소화(Decarbonization)

탈탄소화란 에너지 생산 및 소비 과정에서의 이산화탄소(온실가스)의 발생을 억제하기 위해 1차 에너지에서 석유, 석탄, 천연가스 등의 화석연료 대신 태양광, 풍력, 해양 등 다양한 재생에너지를 개발하여 활용하고, 화석에너지에는 CCUS 기술을 더하며, 신재생에너지를 이용한 발전에는 ESS 기술을 더해 탄소배출량 제로로 나아가는 것을 말한다. 참고로, BloombergNEF의 〈NEO(New Energy Outlook) 2020〉에 의하면 2050년에는 풍력발전과 태양광발전이 전력 생산의 56%를 담당할 것으로 예측된다.

### 탈중앙화(Decentralization)

탈중앙화는 분산화라고도 하는데, 전력 생산의 발전체계가 중

| 글로벌 발전원 변화 예상 |

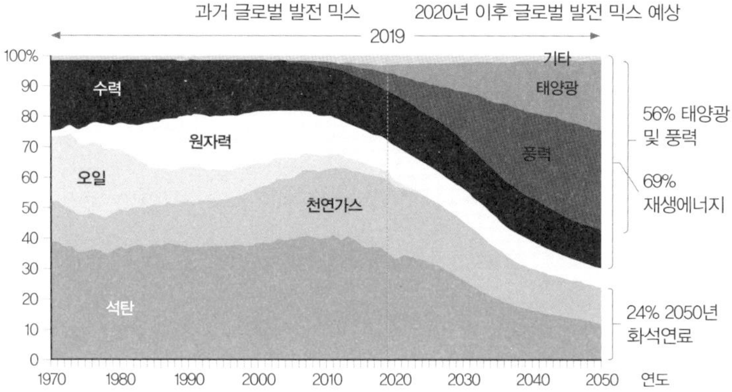


출처: BloombergNEF, 〈NEO 2020〉

앙집중식에서 분산 발전, 또는 분산형 전원방식으로 변화하는 것을 말한다. 원전과 석탄을 중심으로 대형 발전시설에서 중앙집중식으로 발전하던 방식에서, 소비지역 부근의 소규모 발전설비에 분산하여 전력을 생산하는 방식으로 변화하는 것이다.

### 디지털화(Digitalization)

4차 산업혁명의 기술로 주목받고 있는 5G 통신, 사물인터넷, 인공지능, 빅데이터(Big Data) 분석, 블록체인(Block Chain), 클라우드(Cloud), 머신러닝(Machine Learning) 등의 기술을 전력 분야에 활용하여 생산성과 운영 효율성을 개선하고, 전력을 더욱 편리하게 사용할 수 있도록 하는 것이다. 디지털화는 크게 아래의 네 가지로 나눌 수 있다.

- 발전(Generation): 발전량 예측, 발전소 최적화 및 설비 예측정비
- 전력계통망(Network): 실시간 수급 균형, 망 원격제어
- 요금제(Retail): 디지털 맞춤형 요금제, 지불방식 다양화, 비대면 고객 응대
- BTM(Behind the Meter): DR(Demand Response), VPP(Virtual Power Plant) 등 전력 수요반응 운영

**전기화**(Electrification)

차, 건물, 공장 등에서 사용하는 연료, 즉 최종에너지 소비(Final Energy Consumption)를 화석연료 대신 전기로 대체한다는 의미이다. 발전소의 전기는 송배전망을 통하여 전기차에 이용될 때 원래 에너지의 23%를 사용하게 되며, 석유가 차의 연료로 사용될 때는 원래 에너지의 13%만이 사용된다는 연구가 있다.

**효율화**(Efficiency)

기존 화석연료의 에너지효율을 증대하는 기술의 발전으로 추가적인 에너지 사용 없이 약 33% 정도의 이산화탄소 감축 기여도를 가져올 수 있다는 의미이다.

위의 3D+2E에 더해, 우리나라 고유의 여건을 반영한 키워드로 에너지 믹스의 변화에 맞춘 탈규제(Deregulation), 재생에너지 사용과 ICT 기술을 접목한 프로슈머의 등장에 따른 에너지 민주화

(Democracy)를 더하여 '5D+2E'를 우리나라 전력산업의 변화 방향으로 제시하기도 한다.

### 분산에너지

분산에너지(Distributed Energy)는 수용가 내부 또는 수요지 인근에 위치한 분산형 전원과 전력계통 안정화에 기여할 수 있는 자원이다. 전기사업법에 의하면 '분산형 전원'이란 수요 지역 인근에 설치하여 송전선로 건설을 최소화할 수 있는 40MW 이하의 모든 발전설비, 500MW 이하의 집단에너지·구역전기·자가용 발전설비를 말한다. 분산에너지는 분산형 전원에 더하여 ESS, DR 등의 분산자원과 열, 수소 등의 비전력까지 포함한다. 화력발전, 원자력발전 등 대형 중앙집중형 발전 중심에서 소비 지역 인근의 중소 규모 재생에너지 발전원 연결이 증가하면서 분산에너지 관리가 더욱 중요해지고 있다.

분산형 발전의 가장 큰 장점 중 하나는 대규모 송전이 필요하지 않다는 것이다. 대용량 발전소를 짓고 다량의 전기를 여러 곳으로 보내야 하는 중앙집중 방식은 송전 비용이 많이 든다. 그러나 분산발전은 태양광 패널과 같은 소규모 발전설비를 이용해 특정 지역, 산업단지 그리고 내가 사는 집에서 자체적으로 전력을 생산, 사용, 저장하는 형태이다. 따라서 규모를 크게 만들 필요도 없고 부지 등 비용 부담이 적으므로 비교적 쉽게 설치할 수 있다. 또 장거리 송전으로 인한 비용이나 전력손실이 훨씬 줄어들게 된다. 또한 주로 신재생에너지를 활용한 친환경 발전원으로 구성되어 있어, 미세먼지 및 온실가스 감소 효과까지 기대할 수 있다.

최근에는 풍력과 태양광 같은 소규모 재생에너지 발전원의 생산자이자 소비자가 될 수 있는 프로슈머(Prosumer)가 등장하고 있다. 소비자 입장에서는 부수입을 얻을 수 있어서 좋고, 전력망 전체로서는 잉여 전기를 별도로 저장하지 않고 직접 활용할 수 있으므로 일석이조다.

분산발전이 활성화하면서 전력계통의 전반부에는 배전 라인에 재생에너지 설비들이 급격하게 들어와 공급 변동성이 커지기 시작했고, 후반부에는 주택용 태양광, 전기차, 가정용 ESS가 자리를 잡고 있다. 따라서 이러한 변화를 수용하기 위해 수요 쪽에서는 전력사용 수요를 관리하는 수요반응(DR, Demand Response), 공급 쪽에서는 전력중개사업이 나왔으며 관리 면에서는 역내 자원의 통합관리 시스템인 가상발전소(VPP, Virtual Power Plant)가 등장했다. 미래에는 분산형 발전시스템이 사물인터넷, 빅데이터, 인공지능 등의 ICT 기술과 결합하여 개방적이고 고도화된 지능형 전력망인 스마트 그리드로 진화할 것이다.

BloombergNEF(2019)에 의하면 2018년 기준으로 독일(15%), 이탈리아(14%), 호주(12%) 등의 국가에서 분산전력 시스템이 선도적으로 진행되고 있다. 반면 대형 원자력발전소와 화력발전소가 많은 프랑스(5%), 일본(5%), 한국(3%)과 같은 국가에서는 분산화가 상대적으로 느렸다.

| 전력망 발전시스템의 변화 |

**중앙집중형 발전**

- 단방향 전기 흐름
- 대규모 발전/송전
- 방사상 구조
- 중앙집중형 제어관리
- 고정요금
- 제한된 유연성
  (소비자 선택권 없음)

**분산형 발전**

- 제한된 양방향 전기 흐름
- 중앙집중형 전력망에 연결 또는 분리된 독자적/다양한 전력설비
- 분산체계
- 분산형 제어관리
- 약간의 유연성 보장
- 일대일 네트워크

**스마트 그리드**

- 양방향 전기 흐름
- 다수의 전력망에 연결된 사용자들과 인프라 공유
- 분산전원
- 수요관리시스템
- 다양한 제어관리
- 최대 유연성 보장
  (다양한 소비자 선택권)
- 다대다 네트워크

우리나라는 2020년 12월 '제9차 전력수급기본계획'을 발표하고 2020년에서 2034년까지 석탄의 발전설비 비중은 28.1%에서 15%로, 원자력은 18.2%에서 10.1%로 줄이고, 신재생에너지 발전설비 비중은 15.8%에서 40.3%로 대폭 증가시키는 발전설비 투자계획을 발표하였다. 이는 정부의 정책인 재생에너지 3020(2017년 12월), 수소경제 활성화 로드맵(2019년 1월), 그린뉴딜 계획(2020년 7월) 등을 반영하여 재생에너지, 집단에너지, 연료전지 등 수요지 인근 분산형 전원 중심으로 증가시키는 투자계획이다.

구체적으로는 현재의 석탄발전 60기 중 수명이 30년이 넘어가는 30기(15.3GW)를 2034년까지 폐지하고, 2021년 24기인 원전은 2034년까지 17기로 줄어든다. 폐기하는 석탄발전 30기 중 24기(12.8GW)는 LNG발전으로 대체하고, 신규발전소까지 더해 LNG발전 설비용량은 현재 41.3GW에서 2034년 59.1GW로 늘어나게 되며 신재생에너지 발전설비 용량도 20.1GW에서 77.8GW로 늘어

날 예정이다.

2030년 기준 신재생에너지의 발전량 비중은 2019년 6.5%에서 2030년 20.8%로 증가하며, 분산형 전원은 2020년 11.9%에서 2034년 20.9%로 전망한다. 여기서 분산형 발전량은 신재생 등 11.2%, 자가용(신재생 및 상용자가) 2.6%, 집단에너지 7.1% 등으로 구성된다. 즉, 우리나라도 정부 주도로 신재생에너지의 발전량 증가에 따른 설비의 확대와 함께 전력계통 안정화를 위한 분산형 전원 역시 늘어날 전망이다.

분산형 전원은 친환경 발전이라는 목표 이외에도 발전과 송전 설비의 지역수용성이라는 측면에서도 그 필요성이 더욱 부각되고

| 국내전력 분산화 전망 |

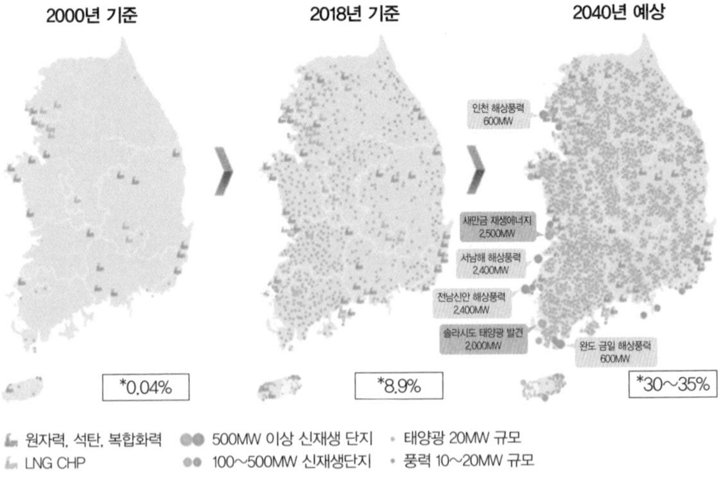


* 연도별 총발전량 대비 신재생에너지 발전량 비중

출처: 이투뉴스, 〈분산에너지법 제정… 분산편익 지원제도 도입〉, 2020.11.

있다. 원자력·석탄화력 및 고압전력 수송설비 주변 지역은 지속적 민원과 지역 갈등으로 증설이 지연되고 있어 안정적 전력공급에 불안요소가 되고 있다. 따라서 장기적인 측면에서 분산형 전원을 활성화하면 전력 수급을 안정화할 수 있고, 자연재해 등으로 인한 중앙전력공급 시스템의 붕괴나 중단에도 대비할 수 있다. 대부분의 에너지를 수입하는 국내 상황을 고려할 때 신재생에너지의 확산은 에너지 안보라는 측면에서도 매우 중요한 부분이다.

### 전력 수요반응

전력 수요반응(DR, Demand Response) 거래시장이란 전력망 운영 중 전력수요 관리를 위해 전력 부하를 직접 또는 간접적으로 제어하는 것이다. 즉 소비자가 아낀 전기를 전력시장에 판매하고 금전으로 보상받는 것이다. 전력 부하가 높아지는 시간대에 비싼 발전기를 가동하는 대신 전력 소비를 줄이도록 하여, 아낀 비용을 전력과 비교하여 고객들에게 보조해주는 개념이다.

언제든 전력 소비 감축 지시가 내려오면 이에 반응할 수 있는 전력 소비 고객을 하나의 자원으로 간주하여 수요반응자원이라 부른다. 재생에너지가 발전량 예측치를 넘어서면 전력 계통에 변동성이 발생하며, 이에 대응하기 위한 유연성을 확보하는 것이 시급해진다. 이때 가장 빨리 도입할 수 있는 유연성 자원이자 가장 효과적인 것이 수요반응이다. 우리나라는 2014년 11월 전력시장 내에 수요반응 거래시장이 개설되었으며, 수요관리사업자가 탄생하여 사업을 진행하고 있다. 수요관리 거래시장에 참여하는 주체는 크게 세 그룹이다.

- 전력거래소: 2001년 전력사업구조 개편으로 한국전력이 민영화되면서 발전과 판매가 분리되고 전기를 상품처럼 거래하게 되었다. 전반적인 수요반응을 관리하면서 전력 소비패턴에 따라 수요관리사업자들에게 수요 감축을 지시하고, 이후 결과에 따른 정산업무를 수행한다.
- 수요관리사업자: 전력시장에서 발전사업자와 동등한 위치에 속하며 절약 가능한 전력용량을 활용하여 발전사업자와 동일하게 입찰하거나, 실시간 급전에 참여할 수 있다. 전력거래소의 감축 지시를 받고 반응할 수 있는 실제 전기사용자들이 수요관리 거래시장에 원활하게 참여할 수 있도록 하는 일종의 매니저로서 수요반응 등록, 감축 지시 전달, 감축 컨설팅 등의 역할을 수행한다.
- 고객: 실제 전력을 소비하는 주체로서 아낀 전기를 수요관리사업자를 통해 전력거래소에 제공하고 입찰가격에 따라 정산받는다.

현재 국내에서는 수요반응 거래시장을 '최대전력 삭감을 위한 피크 감축용 수요반응'과, '전력공급비용 절감을 위한 요금절감 수요반응'으로 구분하여 운영하고 있다.

| 국내 수요반응 거래시장 종류 |

| 구분 | 피크감축용 수요반응(신뢰성 DR) | 요금절감용 수요반응(경제성 DR) |
|---|---|---|
| 참여대상 | 등록 감축 용량에 대해 의무적 참여 | 전력시장 경매에 자발적 참여 |
| 운영방법 | 거래소의 급전지시에 반응하여 최대수요 삭감, 수급불안정에 대응함 | 등록용량과 관계없이 거래일에 대한 감축가능 용량과 감축가격을 입찰 |
| 적용시기 | 감축시간 1시간 전 급전지시 발령 | 하루 전 전력시장에 입찰 |
| 감축보상 | 기본급(발전기 용량)+실적급 (최고변동비 단가) | 실적급(전력시장가격) |

출처: 한국에너지공단

- 피크감축용 수요반응: 감축 1시간 전에 급전지시를 발령하여 참여자가 이에 반응하는 방식이며, 전력 수급 상황이 급변할 때 가동되는 비싼 발전기의 비용을 대체하려는 것이 목적이다. 참여자인 고객은 감축용량에 대해 의무적으로 참여해야 하고 이에 따라 발전기 용량에 따른 기본급과 계통한계가격에 기반한 실적금(SMP, System Marginal Price)을 수령한다.
- 요금절감용 수요반응: 하루 전 전력시장에 입찰공고가 올라오면, 이에 참여하여 일반 발전기 입찰가보다 수요 감축가격이 저렴할 경우 낙찰되는 방식이며, 전력공급비용을 절감하는 것이 목적이다. 참여자인 고객은 전력시장 경매에 자발적으로 참여할 수 있고 이에 따라 실적금을 수령한다.

수요반응 거래시장은 에너지 신사업 분야 중 가장 성공적으로 수행된 사업으로, 다른 에너지 신사업의 성장을 주도할 만큼 중요한 전력시장의 변화로 평가받는다. 또한 분산자원시장 도입에 중요한 역할을 담당하고 있다.

### 가상발전소

가상발전소(VPP)란 지역별로 흩어져 있는 재생에너지 발전설비와 ESS를 클라우드 기반 소프트웨어로 통합한 뒤 하나의 발전소처럼 관리하는 발전소이다. 인공지능 기술 등을 활용해 전력망에 존재하는 다양한 전원들을 효율적으로 통합 관리하고, 분산된 전력 소비 정보를 수집하고 분석한 뒤 그때그때 필요한 전력만 생산하는 맞춤형 발전사업이다. 수백 개의 발전소가 매 순간 서로 짝을 바꿔 지으며 각 지역을 담당하는 수십 개의 가상발전소를 구성하는 것이라고 생각하면 쉽다. 상황에 맞춰 발전량 조절이 쉽고, 발전 효율성도 크게 높아진다.

특히 태양광·풍력 발전은 계절이나 날씨, 시간에 따라 발전량이 들쭉날쭉한 간헐성이 특징이라 정확하게 수급을 예측하는 것이 중요하다. 태양광의 경우 개인이나 기업이 소규모 설비를 설치해 전력을 생산한 뒤 남은 전력을 ESS에 저장했다가 시장에 사고팔 수도 있게 된다. 가정의 태양광발전 패널과 전기차 배터리도 가상발전소에 참여할 수 있다.

맑은 날 대낮에 가정에서 만들어진 전기는 집 안에서 모두 쓰이지 못하는 경우가 많다. 가정의 스마트 그리드 장치를 통해 이 전기를 지역의 가상발전소에 제공하고, 근처 사무실이나 가정에서

쓰도록 한다. 또 전기차를 주차하면서 충전 장치를 통해 스마트 그리드에 연결하면, 출퇴근할 때 필요한 만큼의 전기만 남기고 나머지는 가상발전소에 제공하는 것도 가능하다.

재생에너지 비중이 늘어난다는 것은 그만큼 전력망이 불안정해진다는 것이며, 전력망이 개인과 지역 중심으로 분산되면 이전처럼 한눈에 전체 전력 수요를 파악하기 어려워지는 문제가 발생한다. 이러한 문제를 해결하기 위해 가상발전소 도입이 확대될 것이며 그 역할이 더욱 중요해질 전망이다.

글로벌 석유기업 셸은 2021년 2월 유럽 가상발전소 운영사 넥스트크라프트베르케를 인수한다고 발표했다. 이 회사는 유럽 8개국에 분산되어 있는 1만여 개의 태양광, 수력, 바이오에너지 발전 설비에서 발생하는 전력 수요를 통합·관리하는 기술을 보유하고 있으며, 이를 통해 2030년에는 지금의 2배 규모인 560TWh의 전

| 가상발전소 개념도 |

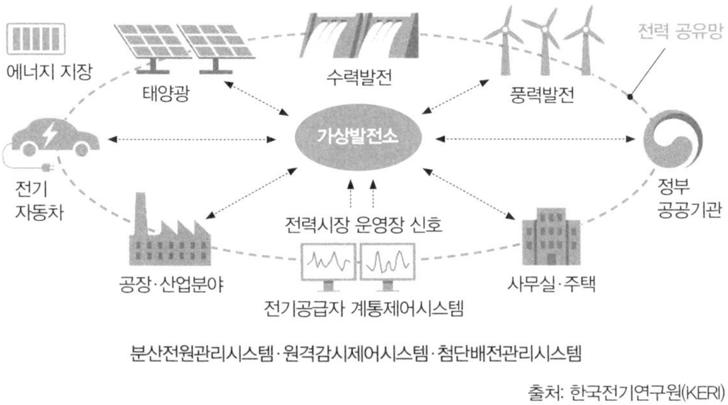


출처: 한국전기연구원(KERI)

력을 판매할 것이라고 밝혔다.

미국의 전기차 회사 테슬라도 2022년까지 호주에 세계 최대 규모의 가상발전소를 구축한다는 계획을 세웠다. 테슬라는 남호주의 주택 5만여 채에 250MW급 태양광발전기를 설치하고, 전력 생산과 판매에 나선다는 방침이다. 전 세계 가상발전소 시장 규모는 연평균 27%씩 성장하고 있어, 2019년 8억 7천만 달러에서 2027년엔 28억 5천만 달러 규모가 될 것으로 전망한다.

우리나라의 경우 한국남동발전 등 발전공기업, KT, 한화큐셀 등 주요 기업에서 가상발전소의 가능성을 보고 사업 진출을 준비하고 있다. 한화큐셀은 2020년 5월 가상발전소에 특화된 호주 에너지 소프트웨어 업체인 스위치딘에 투자를 결정했으며 2020년 9월 미국 에너지업체 그로윙에너지랩스를 인수하며 분산형 에너지 솔루션 시장에 진출할 발판을 마련했다.

SK E&S도 미국 가상발전소 시장 진출을 목표로 2019년 5월 스위스 에너지회사 수시와 합작회사를 세웠고 2020년 6월에는 미국 에너지솔루션업체 스템(STEM)과 AI 기반 가상발전소 운영계약을 체결했다. 서울시, 울산광역시 등의 지자체들도 가상발전소 사업에 적극 나서고 있다.

### 에너지플랫폼

앞으로는 인공지능을 이용해 에너지 수요를 예측하고 관리하는 시대가 될 것이다. 지금까지 개발된 빌딩의 전력 수요반응 시스템 및 에너지관리 시스템은 고객의 에너지 소비를 모니터링하고 사전 설정된 기준에 따라 단순 조작하는 초보적 수준이었으나, 현재 개발이 진행 중인 스마트 에너지 관리 플랫폼은 인공지능 및 빅데이터 등의 4차 산업혁명 관련 기술을 활용하여 분산에너지원(DER, Distributed Energy Resource)의 기술적 특성을 정확하게 분석하고, 그 결과를 에너지 시장의 서비스와 비즈니스로 연결하는 매우 혁신적인 모형이다.

스마트빌딩 에너지관리 플랫폼에서는 빌딩 내 위치한 신재생에너지, 에너지저장장치(ESS), 전기차(EV), 수요반응(DR) 등의 다양한 분산에너지원과 전력수요 패턴 및 에너지 시장 거래와 가격 정보의 기술적 특성을 클라우드 기반의 인공지능 및 빅데이터 기술로 분석한다. 그리고 그 결과를 시장거래 메커니즘(DR거래시장, 분산전원중개 시장, 배출권 거래, REC 시장, 소매전기요금 등)과 결합하여 에너지 생산과 소비의 유연성(Flexibility)을 최적화한다. 이는 클라우드 기반의 서비스 연계형 스마트 에너지관리 플랫폼이 될 전망이다. 여기서 분산에너지원이란 대형 전원(원전, 석탄 등)을 대신하여 전기 소비자 인근에 위치한 중소형 친환경 신재생, 분산발전, 저장장치, 전기차, 수요반응자원 등을 의미한다.

### 미래전력시장

미래의 전력시장은 다양한 발전소, 전력중개사업자, 지역에너지공사, 수요반응사업자, 신판매사업자, 소비자 등 다양한 참여자

| 전력 도매시장과 소매시장 구성 |

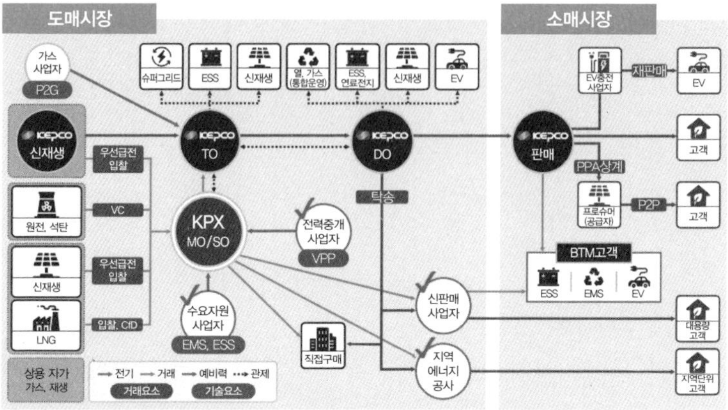


출처: 한국전력공사, 〈에너지 전환과 스마트에너지〉, 2021. 4.

들이 등장하고, 그에 따라 다양한 신사업들도 확장되어갈 것으로 생각된다.

# 4차 산업혁명과
## 디지털이 이끄는 에너지 전환

19세기 초, 영국인들에게 산업혁명은 희망보다는 두려움으로 다가왔다. 그래서 산업혁명 이전으로 돌아가자며 1811~1816년 사이에 기계를 파괴하는 러다이트 운동(Luddite Movement)이 일어나기도 했지만, 산업혁명의 물결을 되돌릴 수는 없었다. 지금 우리가 직면한 4차 산업혁명도 마찬가지다. '혁명적' 변화의 흐름이 예고되고 또 밀려들고 있지만, 이 물결이 우리 삶을 어떻게 바꾸고 지배할지 알 수 없어 공포와 불안감이 엄습한다.

21세기의 정보통신기술 혁신으로 인한 인류의 삶을 표현하는 용어로 '디지털 노마드(Digital nomad)'가 있다. 이는 프랑스의 사회학자 자크 아탈리(Jacques Attali)가 1998년 저서 《21세기 사전》에서 "21세기는 디지털 장비를 갖고 떠도는 디지털 노마드의 시대"라고 규정하면서 본격적으로 사용된 말이다. 독일의 클라우스 슈밥(Klaus Schwab)은 4차 산업혁명이 개인에게 미칠 영향은 다양하다고 했다. 즉 4차 산업혁명은 현대인의 행동양식뿐만 아니라 정체성을 변화시키며, 프라이버시와 오너십에 대한 개념, 소비패턴, 일과 여가 시간, 경력·능력 개발 방식, 사람을 만나고 관계를 쌓는 방법, 새로운 사회적 계급과 불평등의 조장, 건강 등에 모두 영향을 미칠 것이라는 이야기이다. '초지능·초연결·초융합'을 특징으로 하는 4차 산업혁명 시대에는 많은 이들이 과거 산업시대의 노동구조에서 벗어나 디지털 노마드와 같이 공간과 시간의 구속에서 벗어나는 새로운 삶의 방식으로 변화할 수 있다.

- 초지능: 로봇, 드론과 자율주행 자동차 등과 같이 인공지능 기술이 구현된 사물이 학습된 자동화의 수준을 넘어 주변 환경, 다른 사물 및 사람들과 자연스럽게 상호 작용하며 스스로 판단하고 행동하는 인간 지능과 유사하거나 그 이상의 인공지능을 의미한다.
- 초연결: 사물인터넷, 클라우드, 블록체인 등을 통해 사물과 사물, 사물과 사람 간에 안전하고 효율적으로 데이터를 공유하고 훨씬 높은 수준의 서비스를 제공할 수 있는 연결을 의미한다.
- 초융합: 새로운 방식으로 최적의 사용자 경험을 제공하는 사이버 물리시스템(CPS, Cyber Physical System), 또는 온라인과 오프라인 통합 환경을 제공하는 다양한 디지털 기술의 융합을 의미한다.

| 4차 산업혁명 주요 특징: 초연결-초지능-초융합 |

출처: 노상도, 2019.

4차 산업혁명 기술의 종류로는 인공지능, 빅데이터, 사물인터넷, 5G 네트워크, 블록체인, 클라우드 컴퓨팅, 로봇, 자율주행차, AR/VR, 사이버보안 등이 있으며, 4차 산업혁명의 중요한 경쟁 원천은 디지털화된 데이터라고 할 수 있다. 대규모의 디지털 데이터를 확보하고 이를 통하여 정보를 얻는 기업이 시장을 주도할 것이다. 4차 산업혁명의 주요 기술 중 에너지와 관련된 기술은 다음과 같다.

## 인공지능

인공지능은 인간의 인식, 판단, 추론, 문제 해결 능력과 그 결과로 얻은 언어나 행동 지령, 나아가 학습 기능과 같은 인간 두뇌의 기능을 기계로 실현하기 위한 기술로서, 인간처럼 학습하고 생각할 수 있는 컴퓨터 시스템을 말한다. 인공지능의 구현 방법 중 하나인 머신러닝은 사람이 학습하듯 컴퓨터에게 사람이 데이터를 입력시켜 학습시키는 방식으로, 인공지능은 정확한 결과를 예측할 수 있도록 제공된 학습 데이터를 다양한 알고리즘을 통하여 스스로 학습한다.

태양광발전이나 풍력발전에서는 기상예측에 인공지능을 활용하는데, 지능형 튜닝 메커니즘을 발전기에 통합하여 기상변화에 따른 수익의 최적화를 추구할 수 있다. 한편 발전량 증대 못지않게 중요한 것이 예방정비 분야(Predictive Maintenance)이다. 자연재해에 취약한 전력설비와 오지·험지에 위치한 전력설비의 경우 시간을 절약하고 근로자의 사고 위험을 줄이기 위해 드론이나 각종 센서 등을 활용해서 점검할 수 있는데, 딥러닝 알고리즘으로 무장한 드론은 문제를 자동적으로 파악하고 전력망 운영을 방해하지 않으면서 고장 예측이 가능한 수준에 도달해 있다.

### 빅데이터

빅데이터는 기존 데이터베이스 관리도구의 능력을 넘어서는 대량의 정형·비정형 데이터로부터 가치를 추출하고 결과를 분석하는 기술이다. 데이터 세트의 크기는 테라와 페타 바이트에 이르고 수십, 수백, 수천만, 억 단위 데이터까지 크기의 변화가 지속되고 있다. 에너지 분야의 빅데이터로는 기본적인 계절별, 날씨별, 발전원별 발전량, 송배전 데이터 및 산업용, 빌딩용, 운송용, 주택용 에너지 및 전력 소비 데이터, 위치 데이터 등이 가능하다.

재생에너지의 보급을 확대하는 데 가장 큰 걸림돌 중 하나는 전력 공급의 안정성이다. 자연을 에너지 생산의 원천으로 삼는 재생에너지는 기후에 따라 상황이 달라지기 때문이다. 그러므로 에너지 공급 역시 불안정할 수밖에 없다. 그런데 빅데이터를 활용하여 재생에너지에 적합한 지리적 여건을 추천받거나 물색할 수 있다. 기후적으로 변화는 있지만 풍력, 일사량, 열 등 생산 원천이 풍부한 곳은 기후가 변하더라도 최소한으로 생산하는 에너지의 양이 크기 때문에, 적합한 지리를 찾아서 신재생에너지 설비를 구축하면 활용률과 안정성을 높일 수 있을 것이다.

덴마크의 베스타스(Vestas) 사는 풍력발전기를 개발하는 회사이다. 풍력발전으로 최대전력을 생산하기 위해서 글로벌 IT기업인 IBM이 제공하는 빅데이터를 활용한다. 해당 시스템은 날씨, 조수간만의 차, 위성, 산림 정도를 분석해 풍력발전원에 적합한 지리를 추천해준다. 그 외에도 기후, 발전원 상황 등의 정보를 기반으로 에너지 생산 패턴을 추출한 후, 신재생에너지 발전원의 에너지 생산량을 예측하여 공급의 안정성을 높이는 데 활용할 수 있다.

### 사물인터넷

사물인터넷은 각종 사물에 센서와 통신 기능을 내장하여 인터넷에 연결하는 기술로, 무선통신을 통하여 각종 사물을 연결하는 기술을 의미한다. 인터넷으로 연결된 사물들이 데이터를 주고받아 스스로 분석하고 학습한 정보를 사용자에게 제공하거나, 사용자가 원격 조정할 수 있는 인공지능 기술이다. 가까이는 가전제품에서부터 에너지 효율화를 위한 스마트홈, 스마트리테일, 스마트 팩토리 등과 무인 발전소 운영, 전력 플랫폼 운영 등에 다양하게 이용된다.

### 5G 네트워크

차세대 무선통신기술인 5G는 4차 산업혁명을 실현시키기 위한 핵심기술이다. 5G 네트워크 기술로 기존의 4G 네트워크인 LTE(Long Term Evolution)보다 20배 빠른 초고속(20Gbps), 10배 짧은 초지연(1ms) 및 기존보다 10배 많은 사물이 동시에 연결 가능한 초연결이 가능해졌다.

또한 5G는 재생에너지 발전의 변수인 날씨와 자연환경 변화자료를 이용한 발전량 예측, 전력 수요 데이터 분석을 통한 발전량 조절, 분산전원 운영, 발전소 간 정보 교류, 송배전 운영 관련 빅데이터의 수집 및 처리 등 전력 네트워크 관리에 기본이 되는 기술이다. 또한 전기차의 핵심기능인 자율주행이나 실시간 교통상황 분석을 위한 주변 데이터의 빠른 수집과 분석을 위해서도 없어서는 안 될 핵심기술이다.

### 블록체인

블록체인은 '블록'이라고 하는 소규모 데이터들이 P2P 방식을 기반으로 생성된 체인 형태의 연결고리 기반 분산 데이터 저장 환경에 관리대상 데이터를 저장하여, 누구도 임의로 수정할 수 없고 누구나 변경의 결과를 열람할 수 있도록 하는, 분산 컴퓨팅 기술 기반의 원장 관리 기술이다.

에너지 블록체인은 전력을 비롯한 에너지원의 공급자와 수요자 간의 거래를 활성화할 수 있다. 재생에너지로 발전한 전력을 블록체인 기반으로 개인 건물 간에 거래할 수 있게 하여 거래 비용을 줄이고 신뢰할 수 있는 거래 정보를 공유하는 새로운 전력 P2P 비즈니스 모델도 가능할 것이다. 중앙집중형 전력거래방식에서 블록체인 기반의 분산형 거래방식으로 전환되면, 중개자 역할을 했던 한국전력과 전력거래소의 역할이 축소될 것이고 에너지 프로슈머의 역할은 더욱 커지게 될 것이다.

### 디지털 트윈

디지털 트윈(Digital Twin)이란 현실 세계에 존재하는 자산, 프로세스, 시스템의 디지털 버전으로, 수명주기 전체에 걸쳐 대상 요소들이 어떻게 작동하는지 묘사하는 가상의 모델이다. 현실에서 발생할 수 있는 상황을 예측하거나 최적화 조건을 사전에 파악할 수 있어 운영효율을 높일 수 있다.

에너지 분야에서는 디지털 발전소, 에너지 소비 최적화 분석 업무 등에 적용하여 성과를 보이고 있다. 전라북도 새만금 산업단지에서는 태양광, 수소 등 미래의 친환경 에너지를 한곳에서 실증할 수 있는 공간으로 '재생에너지 디지털 트윈 및 친환경 교통 실증 연구기반 구축사업'을 본격적으로 추진한다고 밝혔다. 전기,

열, 가스, 수송 분야가 시장가격을 바탕으로 최적으로 생산·전환·저장되어 거래하고 소비되는 '미래 통합 스마트 재생에너지 시스템' 운영을 위해서는 디지털 트윈을 이용하여 사전에 시스템을 모델링하여 가상으로 운영해볼 수 있다. 또한 실제 시스템 운영에 필요한 작업들을 현장과 모델을 연계하여 실시간으로 모니터링하고 제어하여 운영에 도움을 줄 수 있다.

### 사이버보안

디지털화가 심화되면 기회가 될 수도 있지만 해킹 공격으로 사고가 발생할 경우 상상할 수조차 없는 큰 재앙이 될 수도 있다. 사이버보안(Cyber Security)은 사이버 환경에서 네트워크를 통해 연결된 조직이나 사용자의 자산을 보호하기 위해 사용되는 기술적 수단, 보안정책, 개념, 보안 안전장치, 가이드라인, 위기관리 방법, 보안 행동, 교육과 훈련, 모범사례, 보안 보증 등에 관한 보안기술이다.

우리나라는 초연결 사회에 대비한 에너지 데이터 보안기술을 선제적으로 마련하고, 사이버 공격에 대응한 차세대 보안기술을 국산화하여 2019년에는 60% 정도에 불과했던 인공지능 기반 사이버 공격 탐지·대응 정확도를 2030년까지 95% 이상으로 올릴 계획이다. 또 5G/6G 암호 시스템 개발을 통해 에너지 데이터망 보호에 역점을 기할 예정이다.

2021년 5월 7일, 미국 텍사스주 휴스턴에서 뉴저지주 린든까지 연결되는 8,851㎞의 미국 최대 송유관이 랜섬웨어 공격으로 가동이 중단되었다. 랜섬웨어는 컴퓨터 시스템에 침투해 중요 파일에 대한 접근을 차단한 뒤 이를 풀어주는 대가로 금전을 요구하는 악성 파일이다. 이 송유관은 미국 동부지역에서 사용하는 휘발유, 디젤유, 항공유 등 하루 1억 갤런 이상의 을 연료 중 45%를 공급하는 매우 중요한 기반 시설이다.

이처럼 만약에 전력시장, 원자력 발전소, 자율주행 전기차, 운행 중인 열차, 항공관제소 등이 사이버 공격을 당하면 어떻게 될까? 디지털화가 진행될수록 사이버보안은 더욱 강화되어야 할 부분이다.

### 자율주행 전기차

4차 산업혁명은 자동차 산업에도 큰 영향을 미치고 있다. 자율주행이 기본이 되는 전기차(Autonomous Electric Vehicle)의 보급도 가속화되고 있다. 자율주행이란 자동차가 스스로 주행 환경을 인지하여 위험을 판단하고, 주행 경로를 계획 및 제어하면서 운전자의 주행 조작을 최소화하여 차량 스스로 안전 운행하는 것을 의미한다. 전기차의 장거리 운행과 자율주행에 필요한 데이터 수집 및 처리를 위해서는 해당 반도체와 데이터 센터에 엄청난 양의 전기가 필요한데, 이것이 고성능 배터리의 개발과 탑재로 가능해지고 있다.

### 스마트 혁명

스마트 혁명(Smart Revolution)은 개방형 네트워크로 나아가면서 나타나는 새로운 변화이다. 정보통신기술로 촉발된 혁명은 인류가 그동안 경험해온 농경사회, 산업사회, 정보사회를 넘어 새로운 사회를 형성하고 있다. OECD는 정보통신기술의 도입을 통해 사회경제적으로 중요한 변화가 나타나게 되는 영역을 '스마트(Smart)'하다고 지칭하였다.

스마트 혁명은 디지털화된 지식에 기반을 두고 있어서 정보 혁명과 유사한 측면이 있다. 그러나 유무선 네트워크가 빠르게 확산되고 디지털화된 데이터와 4차 산업혁명 기술이 합쳐져 스마트홈, 스마트카, 스마트빌딩, 스마트공장, 스마트산업단지, 스마트교통, 스마트시티까지 확장되고 있는 것이 가장 큰 특징이다.

앞에서 살펴본 4차 산업혁명 기술들은 에너지 전환 시대에 맞추어 변화를 이끌고 있다. 또 에너지 산업에서도 디지털화가 급속히 진행 중이다. 빅데이터를 통해 건물에서 사용하는 에너지를 효율적으로 관리하고, 재생에너지로 생산된 전력을 스마트 기술을 통해 적절히 분배하고 조절하는 등 에너지 산업과 디지털의 융복합도 활발히 이루어지고 있다. 기존의 화석에너지원에 비해 간헐성이라는 단점을 지닌 재생에너지원도 디지털 기술과 접목되면서 그 단점들이 상쇄되고 있다.

클라우드 기반의 소프트웨어를 이용하는 소규모 신재생에너지 발전 설비와 에너지 저장장치는 이미 상용화되었고, 가상발전소 기술로 이들 분산형 전원을 하나의 발전소처럼 운영하고 있다. 또한 인공지능과 빅데이터 기술로 많은 분산형 전원의 현황을 실시

| 스마트 그리드 구조도 |

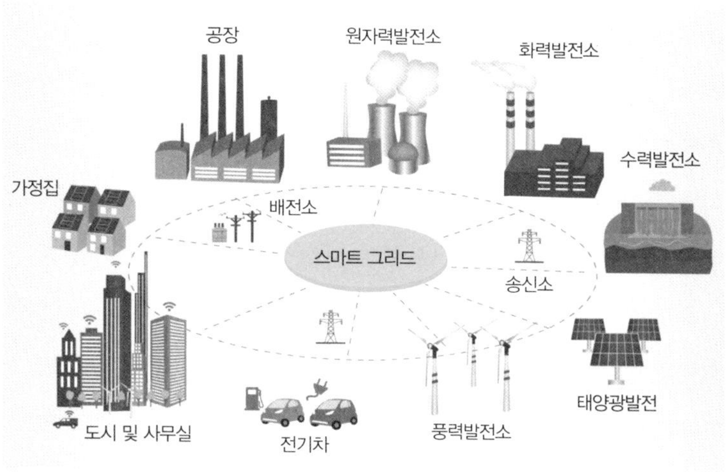


출처: IEEE, Innovation at work.

간으로 확인하고 수집하며 분석에 활용하고 있다.

에너지의 소유에 있어서도 과거의 독점적 방식에서 벗어나 분산전원과 마이크로 그리드 등으로 생산과 소비를 동시에 하는 에너지 프로슈머 시대가 열렸다. 또 드론을 이용하여 태양광, 풍력발전 현장을 신속하고 광범위하게 점검하여 활용할 수 있어 발전효율이 향상되고 안전성 역시 확보되고 있다.

이처럼 4차 산업혁명 시대의 다양한 기술은 에너지 산업의 방향을 바꾸고, 미래 사회의 모습을 변화시키고 있다. 기본적으로 필요한 대기 전력은 증가하겠지만, 다양한 스마트 기계들을 사용하여 효율적인 에너지 관리가 이루어지며 충분히 관리하고 대응할 수 있을 것으로 예상된다.

지구온난화에 따른 에너지 전환의 시기를 맞아 4차 산업혁명 기술은 최적의 에너지 시스템을 구축하는 데 도움을 줄 것이며, 유기적인 연동을 통해 가장 효율적으로 에너지를 활용하는 방안을 제시할 것이다. 더불어 블록체인, VR/AR, 디지털 트윈 등 디지털 기술을 기반으로 하는 다양한 신사업 모델과 기술이 발전하면서 에너지 산업의 고도화가 이루어질 것으로 예상된다.

2016년 화제가 되었던 이세돌과 알파고의 바둑 대결을 4차 산업혁명의 전조라고 말하는 이들도 있다. 빅데이터와 인공지능으로 작동하는 알파고는 4차 산업혁명을 그야말로 실감하게 하는 실력을 보여주었다. 그런데 알파고의 물리적인 스펙은 자그마치 1,200개의 중앙처리장치(CPU)와 176개의 영상처리장치(GPU), 920테라바이트의 기억장치를 사용하는 초대형 컴퓨터의 모습이다. 무엇보다도 엄청난 전기를 사용한다. 자료에는 12GW라고 나오는데, 얼마 전에 40년간의 운전을 마치고 문을 닫은 고리 1호기 원자력 발전소가 건설될 때의 규모가 587MW이었음을 고려하면, 알파고가 정말 전기 먹는 하마임을 알 수 있을 것이다.

반면에 인간의 뇌는 20W면 작동한다. 이세돌은 밥 한 그릇이면 바둑의 수를 궁리할 수 있다. 반도체 및 정보통신 분야의 전문가들은 2040년에는 컴퓨터가 처리해야 하는 정보량이 현재의 약 100만 배에 달할 것이며, 이를 처리하는 데 반도체들이 사용할 에너지도 기하급수적으로 증가할 것이라고 예측한다. 즉 전기를 덜 쓰는 반도체가 없다면 엄청난 전기 사용량으로 인해 4차 산업혁명은 불가능하다.

반도체 분야의 차세대 연구주제로 선정된 뉴로모픽 반도체는 최대 1억 분의 1의 에너지만으로 작동할 수 있다고 한다. 이에 우리나라는 물론 다른 선진국들도 연구에 나서고 있다. 한편 뉴로모픽 등의 저전력 반도체가 나온다 해도 생산량보다 전기를 더 많이 사용해버리면 소용이 없으니, 혁신적이고 새로운 에너지원이 필요할 것이라는 생각도 든다.

4차 산업혁명의 성공은 에너지 산업에도 혁신을 가져올 것이 분명하다. 친환경 에너지 개발과 과학기술의 융합은 세계적 흐름이기에, 우리 정부도 지속적으로 과감한 지원과 투자를 해야 할 것이다.

5장

# 2050 에너지 레볼루션 – 미래의 기회와 준비

# 디지털뉴딜과 그린뉴딜 시대의 전망과 기회

21세기에 우리의 일자리는 충분할까? 물론 일자리는 있겠지만 그 일자리는 지금과는 다른 영역과 기술로부터 생길 것이다. 이제는 넥스트 노멀(Next-normal) 시대를 준비해야 한다. 빈번한 기후 이상으로 인한 재난재해, 청정에너지 전환이 가져오는 화석에너지 산업의 좌초자산 발생, 4차 산업혁명 기술과 디지털 전환으로 인한 경제 구조의 변화, 기술과 산업의 융합이 불러온 경쟁의 가속화, 코로나19 이후의 탈세계화, 일상화된 비대면 생활 등으로 사회 전반에 파괴적 변화가 지속되고 있다. 그러나 2050년까지의 에너지 전환기에는 이러한 위기와 함께 기회가 공존한다. 불확실성 시대에 누가 위험을 무릅쓰고 변화를 주도하며, 그 변화에서 선두를 차지하기 위해 먼저 도전하느냐가 남아 있다. 먼저 우리 사회가 겪고 있는 변화들을 짚어보자.

## 기후재난의 일상화

지구온난화에 의한 기후위기의 징후는 지구촌 곳곳에서 뚜렷하게 나타나고 있다. 폭염, 가뭄, 홍수 등이 여러 지역에서 번갈아 발생하고 있다. 과학적으로는 공기의 온도가 1℃ 증가하면 수증기 함유량이 7% 증가하기 때문에 국지적인 폭염과 폭우의 가능성이 더 높아진다. 최근 우리나라에서는 2018년 31일간의 긴 폭염이 있었고, 2020년에는 기상관측 이래 가장 긴 54일간의 장마가 지속되어 42명이 숨지거나 사망하고 8천여 명의 이재민이 발생했다. 이웃 나라 일본에서는 2020년 여름 400~500㎜의 폭우가 하루에 쏟아져, 일본 기상청이 관측한 이래 1회 강수량으로는 최고치를 기록한 곳이 19곳이나 되었다고 한다. 또한 미국에서는 2020년 캘리포니아 지역에서 산불이 몇 달 동안 지속되었고, 이로 인하여 블랙아웃까지 발생했다. 2021년 2월에는 북극의 한파가 남부 텍사스주까지 내려와 다시 블랙아웃이 발생했으며, 300만 가구 이상이 며칠 동안 추위를 겪어야 했다. 2019년 브라질에서는 3만 901건의 산불이 발생하여 우리나라 면적의 3분의 1에 가까운 2만 9,944㎢의 아마존 열대우림이 불에 탔다. 그리고 이러한 이상기후는 더 이상 '이상'이 아닌 일상적인 기후가 되고 있다.

## 신재생에너지의 확대

2018년 유엔 IPCC 총회 이후 에너지 산업에서 저탄소/탈탄소 에너지원으로의 전환은 이제 선택이 아닌 필수가 되었다. 그리고 에너지 전환에는 위기와 기회가 병존한다. 신재생에너지와 관련된 다양하고 혁신적인 소재, 서비스 사업들에서 많은 기회가 있으며 관련 산업에서 새로운 일자리가 생기고 있다. 한편 화석연료를 많이 소비하거나 온실가스를 많이 배출하는 산업이나 기업들은 이를 해결하기 위해 기술투자가 필요하겠지만, 경쟁자들보다 먼저 해결한다면 오히려 위기는 기회로 바뀔 수 있다.

한편 신재생에너지가 확대되면 우리의 일상과 여러 산업들에서 전기는 더욱 중요해질 것이다. 또 4차 산업혁명의 초지능, 초연결 및 초융합 기술로 에너지가 연결되는(IoE, Internet of Energy) 스마트 기술 시대가 될 것이다.

### 탈세계화와 리쇼어링, 니어쇼어링

미국과 중국, G2 국가 간의 패권 겨루기는 코로나19 상황으로 중국과 서방국가로의 분열로 확대되고 있으며, 국경의 벽, 특히 무역의 벽이 높아지고 있다. 리쇼어링(Reshoring)이라는 보호무역이 다시 일어나고, 글로벌 물류 체인에도 균열이 일어나고 있다.

이러한 지역주의 시기에는 비용 절감을 위하여 해외의 생산기지를 구축하는 것보다는 기술혁신이 지역 내에서 더 활발하게 일어난다. 니어쇼어링(Nearshoring)은 가까운 국가에서 이루어지는 아웃소싱을 뜻하는 개념이다. 코로나19 상황과 같이 국가 간의 이동에 제약이 있을 때는 주변 국가와의 물류 체인을 구축하는 것이 위험을 줄일 수 있다. 특히 문화적으로 공통점이 있고 인프라가 발달한 경우에는 니어쇼어링을 도입하는 것이 장점이 많다. 예를 들어 미국 기업의 경우에는 캐나다와 멕시코를 니어쇼어링의 대안으로 선택하고 있다.

### 비대면 활동의 일상화

코로나19 이후의 생활은 비대면의 일상화라고 할 수 있다. 이제는 공급자와 소비자가 만나지 않고도 거래할 수 있는 신용과 시스템이 일반적인 생활방식이 되어버렸다. 인터넷 구매, 키오스크 주문, 문 앞 배달은 물론 심지어는 공식적인 교육, 치료 및 회의 등도 원격으로 진행하게 되었다. 이렇게 비대면 기업활동이 가능해지면서, 코로나19가 종식된 후에도 비대면 활동은 지속적으로 증가할 것으로 보인다.

### ESG의 강화

주주가치를 최대로 하는 미국식 경영방식에서 지금은 주주를 포함한 이해관계자 모두를 고려한 ESG 경영이 최우선시되고 있다. 특히 2021년 바이든 정부가 출범하면서 기업은 재생에너지를 포함한 환경보호에 앞장서고, 사회적 약자를 지원하며 법과 윤리를 준수하는 윤리경영을 실천해야만 기업의 지속성장이 가능할 수 있는 환경이 되었다. ESG에서 가장 이슈가 되는 것은 환경영역으로, 기업활동에서 온실가스 배출을 감축하는 것이다. 그리고 이제는 탄소중립 활동에 참여하는 것이 의무나 비용이 아니라, 미래의 경쟁력을 키우고 신사업 기회를 포착하는 계기로 보아야 한다.

## 에너지 전환에 따른 새로운 기회들

IRENA는 기후온난화 대응을 위한 '적극적인 에너지 전환' 시나리오에 따른 2050년의 에너지 부문 일자리 전망을 발표했다. 이 시나리오에 따라 각국에서 재생에너지 확대가 적극적으로 추진된다면, 2017년 전 세계 전기 생산의 25%를 담당하던 재생에너지가 2050년에는 86%를 담당할 것으로 전망된다. 또한 '적극적인 에너지 전환' 시나리오에 따르면 2050년 전 세계의 에너지 관련 직업은 약 1억 개에 달할 전망이다. 특히 재생에너지, 에너지효율, 전력망 분야에서 신규 일자리가 많이 창출될 것으로 예상된다.

종류별로 살펴보면 2050년 재생에너지 분야에서 약 1,600만 개의 신규 일자리가 창출될 전망이고, 태양광은 63%, 바이오에너지는 101%, 풍력은 39%로 성장할 것으로 예상한다. 2050년까지 지역별로는 63%인 2,640만 개의 일자리가 아시아에서 창출될 것으로 예상하고, 이 중 동아시아에서 1,500만 개의 일자리(36%)가 늘어날 것으로 전망한다.

2021년 5월, 메이저 석유기업의 후원과 OECD 국가들의 이익을 대변하는 IEA는 에너지 산업이 청정에너지로 대변신해야 한다고 선언했다. 바로 화석에너지 산업의 목에 칼을 들이댈 정도의 '2050 넷제로(탄소중립): 글로벌 에너지 부문 로드맵'을 발표한 것이다. 2050년 넷제로를 달성하기 위해서는 2030년까지 연간 5조 달

| 전 세계 에너지 분야 일자리 추이(2017년 vs 2050년) |

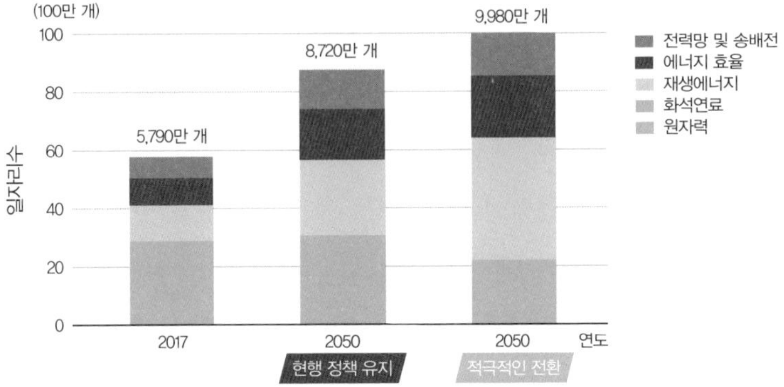


출처: IRENA, 〈Global Renewale Outlook〉, p. 44, 2020.

| 재생에너지 종류별 일자리 전망(2017년 vs 2050년) |

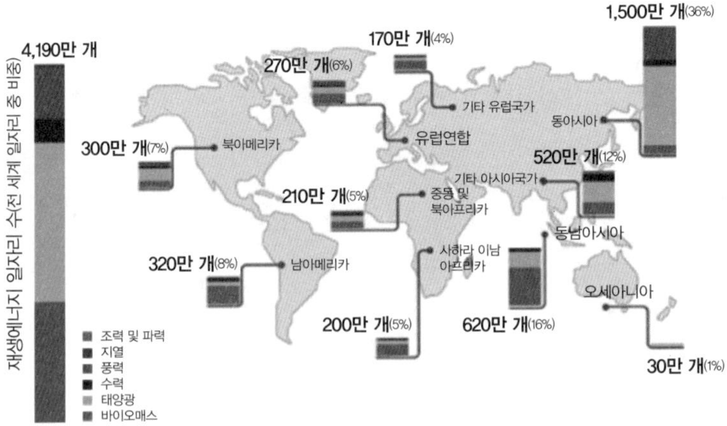


출처: IRENA, 〈Global Renewale Outlook〉, p. 47, 2020.

러의 저탄소 관련 기술투자가 필요하다고 제시하였으며, 이는 연간 경제성장률을 0.4% 끌어올리는 수준이다. 한편 이러한 전환과정에서 2050년까지 화석에너지 산업에서는 약 500만 개의 일자리가 사라지는 반면, 청정에너지 기술 개발에서 1,400만 개, 새로운 상품과 에너지효율 향상 과정에서 추가로 1,600만 개의 신규 일자리가 창출될 것으로 전망하였다. 신재생에너지 개발, 순환경제 구현 및 에너지효율 향상 등은 지구온난화를 완화하는 것은 물론 일자리 창출 등 사회경제적으로도 파급 효과가 크다.

2019년 12월 EU 집행위원회는 2050년 탄소중립 달성을 목표로 하는 유럽 그린딜을 통해 10년간 최소 1조 유로(1,400조 원)의 기금을 조성하기로 했다. 이를 통해 청정에너지 확대, 순환경제 구축, 생물다양성 보전, 자원의 효율적 사용 등 6개 정책대응계획으로 2030년에 재생에너지 비중을 60%까지 확대하는 것이 목표이다.

일자리 측면에서는 유럽사회기금 플러스(European Social Fund Plus) 등을 통해 500만 명의 녹색 일자리 분야 재교육과 기술향상에 자금을 지원하고, 순환경제를 통하여 100만 개의 일자리를 창출할 수 있는 잠재 효과가 있는 것으로 평가하고 있다. 글로벌 경영 컨설팅 기업인 액센추어와 맥킨지는 유럽의 순환경제 구축으로 2030년까지 4조 5천억 달러의 경제적 가치 창출과 함께 글로벌 탄소 배출량 48%, EU 에너지 소비의 37% 감축을 전망하고 있다.

미국도 기후변화 대응 및 코로나19 이후의 경제회복에 적극적인 투자를 계획하고 있다. 바이든 대통령은 2021년 1월 취임 직후 2천조 원 규모의 경기부양안을 통과시킨 데 이어 코로나19에 따른 경제 충격을 극복하기 위해 다시 10년간 2조 달러(약2,200조 원) 규모의 인프라 투자계획을 발표했다. 이 계획에는 인프라 투자, 친환경 자동차, 친환경 건물 및 그린수소의 개발 등이 포함된다. 또한 2035년까지 발전 부문에서 탄소 배출 제로를 달성하고, CCS 투자 및 관련 조세 인센티브를 2배 확대할 계획이다.

중국은 2020년 9월 신인프라(정보/융합/혁신) 7개 분야에 대하여 5,900조 원을 투입한다는 계획을 수립했다. 5G 통신, 인공지능, 빅데이터, 전기차 충전시설, 데이터 센터, 스마트 교통 인프라 등 첨단 디지털 기술 인프라에 대한 투자가 포함되어 있다. 재생에너지는 2030년에 1,200GW 이상(2020년: 풍력 281GW, 태양광 253GW)으로 확대하고, 신에너지차를 2035년에 50% 확대하며 연료전지 및 수소공정 등에도 투자할 계획이다.

우리나라도 2020년 7월에 한국판 뉴딜을 발표했다. 한국판 뉴딜의 두 축은 디지털뉴딜과 그린뉴딜이다. 디지털뉴딜은 모든 산업에서 디지털 전환을 추진하는 것이며, 그린뉴딜은 경제 전반을 저탄소 친환경 위주로 바꾸겠다는 것이다. 뉴딜 정책을 통해서 2025년까지 총 160조 원을 투자해 일자리 190만 개를 만들겠다는 계획이다.

디지털뉴딜 정책에서는 58조 2천억 원을 투자하여 90만 3천 개의 일자리를 창출할 계획이다. 디지털뉴딜은 D.N.A(데이터, 네트워크, 인공지능) 생태계 강화, 교육인프라 디지털 전환, 비대면 산업 육성, 사회간접자본(SOC)의 디지털화 등 4대 분야에 걸쳐 12개 추진 과제로 구성되어 있다.

그린 경제로의 전환을 가속화하기 위한 그린뉴딜에서는 기후변

| 한국판 뉴딜 개요 |

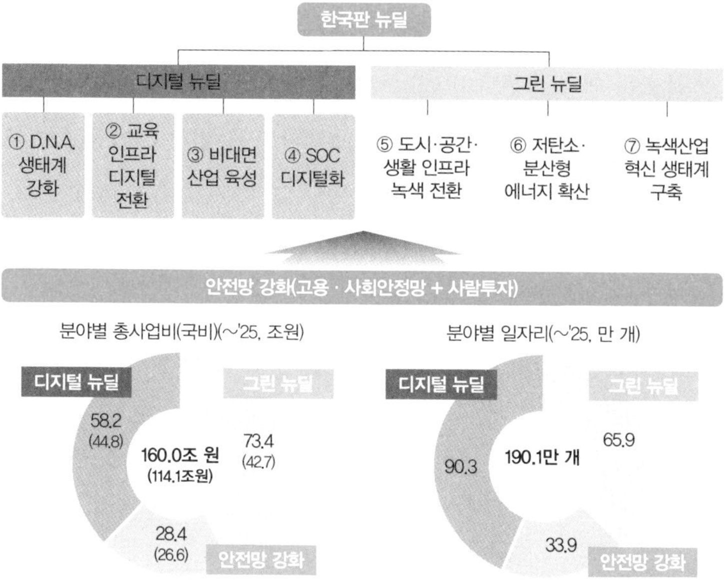


출처: 관계부처 합동, 〈한국판 뉴딜 종합계획〉, 2020.

화 대응 강화·친환경 경제 구현을 위한 녹색 인프라 구축(국비 12.1조), 신재생에너지(국비 24.3조), 녹색산업 육성(국비 6.3조) 등 총사업비 73조 4천억 원(국비 42.7조)를 집중 투자하여, 일자리 65만 9천 개를 창출한다는 계획이다. 특히 에너지 패러다임 전환을 위해 저탄소 에너지를 확산하고 적극적인 R&D 설비 투자에 집중한다. 이를 통해 2025년까지 총사업비 35조 8천억 원(국비 24조 3천억 원)을 투자하여 일자리 21만 개를 창출할 계획이다.

우리는 불확실성이 가득한 시대를 살고 있지만, 남들보다 선제적으로 그 흐름을 읽으면서 우리의 삶, 사업, 조직은 어떻게 될 것인가 하는 문제의 답을 찾아가는 것이 중요하다.

일자리 시장은 노동시장의 수요와 공급에 따라 변화한다. 현재는 글로벌 메가 트렌트인 에너지 전환과 디지털 전환 같은 산업구조의 변화 속에 국내외에서 새로운 일자리 수요가 많이 창출되고 있다. 그러므로 먼저 준비하는 기업과 개인은 다양한 사업과 일자리 기회를 얻을 수 있을 것이다.

인간이 사용할 수 있는 모든 자원 중에서 가장 강력한 자원은 '기회'라고 한다. 이탈리아 토리노 박물관에 있는 제우스의 아들이자 기회의 신인 카이로스 동상에는 이런 이야기가 전해진다.

> "내가 벌거벗은 이유는 쉽게 눈에 띄기 위함이고, 나의 앞머리가 무성한 이유는 사람들이 나를 보았을 때 쉽게 붙잡을 수 있게 하기 위함이며, 나의 뒷머리가 대머리인 이유는 내가 지나가고 나면 다시는 붙잡지 못하도록 하기 위해서 이며, 나의 발에 날개가 달려 있는 이유는 순식간에 사라지기 위함이다. 나의 이름은 바로 '기회'이다."

카이로스 동상은 기회에 대한 은유적인 표현과 함께 그가 들고 있는 저울과 칼을 통해서 기회를 포착하는 방법도 설명하고 있다. 왼손에 저울이 있는 것은 일의 옳고 그름을 정확히 판단하라는 것이며, 오른손에 칼이 주어진 것은 칼날로 자르듯이 빠른 결단을 내리라는 것이다. 현실적으로는 이러한 글로벌 메가트렌드, 패러다임의 변화 속에서 스스로 적극적으로 기회를 찾고, 빠른 판단으로

| 카이로스의 동상 |

출처: plztellme.tistory.com/56

그것을 찾아가 얻어내는 것이 최우선이다.

# 에너지 레볼루션 시대의 유망 사업과 일자리

앞으로 화석연료 기반 회사들의 사업이 줄어들면서 그 분야의 일자리도 줄어들겠지만, 신재생에너지 기반의 태양광, 풍력, 수소 관련 사업과 일자리, 그리고 수요가 늘어나는 전력 관련 새로운 사업과 일자리는 지속적으로 확대될 것이다. 정부에서 발표한 정책들에서도 일자리 창출에 대한 계획이 같이 발표되었으며, 기업들의 새로운 사업진출에도 많은 인력이 필요할 것이다. 다음에서 소개하는 정부의 기술개발 및 정책과제와 기업들의 사업진출을 보면서 미래를 준비하는 것이 필요하다.

## 정부의 에너지 전환 R&D

'제4차 에너지 기술개발계획(2019-2028)'에서는 에너지 전환을 선도하는 4대 과제, 16개 중점기술 분야 및 50개 추진과제를 선정하여 10년간의 에너지 기술개발의 방향을 제시하였다. 여기서 50개 추진과제는 정부의 에너지 전환 관련 중점 기술분야 강화를 위한 R&D 과제이다.

에너지 전환과 관련된 수많은 R&D 중에 향후 실제로 사용할 수 있을 기술이 무엇일지 고민하고, 그 기술을 세계적인 경쟁력을 가지고 키워갈 수 있는지 생각하며, 그 기술이 사업화될 수 있는지도 선별할 수 있는 혜안을 길러가야 하겠다.

| 정부의 16개 에너지 중점 기술분야 및 50개 추진과제 R&D |

| 16개 에너지 중점 기술분야 | | 50개 추진과제 R&D 목표 |
|---|---|---|
| 태양광 | • 단가 저감·고효율화<br>• 초고효율 전지 상용화 | • 페로브스카이트/실리콘 셀 효율 ('19) 23% → ('30) 35%<br>• 수상·해상·영농형 설비이용률 ('30) 17%<br>• 무게당/저조도 발전량 ('30) 1.6W/g / 30uW/㎠<br>• 초고효율 다중접합 소자 ('19) 6.7~37.9% → ('30) 40% |
| 풍력 | • 초대형 해상풍력터빈<br>• 부유식풍력 개발·실증 | • 터빈용량 ('30) 12MW 이상, 부유식풍력 용량 ('30) 8MW 이상<br>• 블레이드, 증속기, 발전기, 전력변환기 및 제어시스템 국산화<br>· 운영비용 : ('19) 4,000 → ('30) 2800만원/MW |
| 수소 | • 그린수소, 대용량 저장·운송, 효율·내구성 향상 | • 수전해 효율 ('30) 80%, 추출수소규모 ('30) 5,000㎏/일<br>• ('30) 1톤급 기체 수송, 3.5톤급 LH2 이송 탱크로리 및 배관망 구축<br>• 연료전지 발전효율 ('19) 47% → ('30) 60% |
| 에너지 신소재 | • 핵심소재 자립<br>• 산업응용 분야 확대 | • 발전용 연료전지 분리판, 촉매/전극, 차세대 2차전지 소재<br>• WBG 전력반도체 가격 0.4$/A, 3D 프린팅 복합소재 개발 |
| 산업 효율 | • 다소비기기 효율 극대화<br>• 산업 맞춤형 FEMS | • 유체기기 최적화 기술 ('30) 소비에너지 저감율 30%<br>• ('30) 정밀화학공정 에너지절감 20% 이상<br>• ('30) 산업단지 에너지절감 10% |

| | | |
|---|---|---|
| 건물 효율 | • 플러스에너지 건물 구현<br>• 커뮤니티 효율 최적화 | • 신축건물 에너지자립도 ('19) 10% → ('30) 110%<br>• 기축건물 최적화 기술 적용률 ('19) 1% → ('30) 30%<br>• ('30) 에너지 거래·공유 비율 30% 이상 |
| 수송 효율 | • 충전 경제성·안정성 확보<br>• 무선 충전효율 향상 | • ('30) 전기차 급속 충전기 출력 500kW<br>• ('30) 수소 충전 가격 4,000원/㎏, 충전소 핵심부품 국산화율 100%<br>• ('30) 주행 중 무선충전 효율 87% |
| 빅 데이터 | • 수요자원 활용 확대<br>• 에너지거래 기술 고도화 | • 빅데이터구축 ('19) 전력데이터 → ('30) 전력/가스/열 통합데이터<br>• 발전량 예측 및 공급신뢰도 ('19) 60% → ('30) 97% |
| 원자력 | • 해체기술 자립, 원전 안전<br>• 방사성폐기물 안전관리 | • 17개 미확보 기술 확보(~21), 34개 필수 상용화 기술 고도화<br>• 원전 방사능 누출사고 빈도('30) 현재 대비 1/100 수준<br>• 사용후 핵연료관리 표준화 시스템<br>• 의료/산업용 동위원소 생산, 방사선 방호 안전 강화 |
| 청정 화력 | • 미세먼지·$CO_2$ 저감<br>• 부하대응을 위한 유연성 확보 | • 석탄화력 발전kW당 미세먼지('30) 90% 감축<br>• ('30) 효율 65%급 가스터빈 실증, 1600℃급 외산고온부품 대체 완료<br>• 100MW 이하급 중형 가스터빈('30) 10분 이내 100% 출력 도달<br>• 가스터빈 연료다변화용 연소기 및 핵심부품 국산화 |
| 에너지 안전 | • 에너지 전주기 안전관리 시스템 구축 | • 위험전조 예측 및 사전대응('19) 예측신뢰도 70% → ('30) 90%<br>• 수소그리드 기반 DC시스템('30) 100MW이상급 안전성 확보<br>• 설비안전진단 수명예측 정확도('19) 30% → ('30) 90% |
| 자원 개발 | • ICT 기반 탐사·개발기술 | • ('30) '19년 대비 생산성 10% 향상<br>• ('30) 스마트 자원시장 10% 점유 및 10명/100만명당 재해율 감소 |
| 순환 자원 | • 재생에너지 분야 재이용·재제조 | • 신품 대비 제품 효율('19) 50% → ('30) 90%<br>• 재활용 태양광 실리콘소재생산('19) 1,800톤/년 → ('30) 1만 톤/년<br>• 노후 부품제품 고장 원인 진단율('19) 70% → ('30) 99% |

| | | |
|---|---|---|
| 지능형 전력망 | • 송변전 통합관제<br>• 차세대 직류 송배전시스템 | • 재생에너지발전량 예측 오차('19) 10% → ('30) 5%<br>• MVDC 직류배전 운영 시스템('30) AC/DC 배전망 혼용 운전<br>• 에너지 커뮤니티 기반 분산자원('19) MW급 → ('30) 1GW 이상 |
| 에너지 저장 | • 차세대 2차전지<br>• 고신뢰·장주기 ESS | • (~'21)ESS 안전성 검증센터 구축 ('30) IEC/UL 국제표준<br>• 전력계통 안정화 운용기술('19) 1MW급 → ('30) 10MW급<br>• 전기차 급속충전 ESS('19) 2C-rate → ('30) 6C-rate |
| 사이버 보안 | • 에너지인프라 사이버공격 대응기술 확보 | • ('30) 5G/6G 기반 암호 시스템<br>• 인공지능 탐지기술 정확도('19) 60% → ('30) 95% 이상<br>• 국가 사이버보안 컨트롤센터('30) 인터넷망+업무망+제어망 |

자료 출처: 산업통상자원부, 〈에너지전환을 선도하는 16대 에너지기술분야 도출〉, 2019.11.18.

## 정부의 에너지 전환 실행사업

한국판 뉴딜 종합계획(2020-2025) 10대 과제 중 에너지 관련 주요 사업은 다음과 같다. 이 사업들은 현재 상용화된 기술을 이용하여 정부가 실행 중인 사업이다.

### 그린에너지

- 풍력: 대규모 해상풍력단지(고정식·부유식) 입지발굴을 위해 최대 13개 권역의 풍황 계측·타당성 조사 지원, 배후·실증단지 단계적 구축
- 태양광: 주민참여형 이익공유사업 도입, 농촌·산단 융자지원 확대, 주택·상가 등 자가용 신재생설비 설치비 지원

• 수소: 생산부터 활용까지 전(全) 주기 원천기술 개발 및 수소 도시 조성
• 공정 전환: 석탄발전 등 사업축소가 예상되는 위기지역 대상 신재생에너지 업종전환 지원(그린 모빌리티, 신재생에너지 디지털 관리, 해상풍력 설치 플랫폼 등)

### 친환경 미래 모빌리티

• 전기차: 승용·버스·화물 등 전기자동차 113만 대(누적) 보급, 충전 인프라 확충
• 수소차: 승용·버스·화물 등 수소차 20만 대 보급, 충전 인프라 450대(누적) 설치 및 수소 생산기지 등 수소 유통기반 구축
• 노후 차량: 노후 경유차의 LPG·전기차 전환 및 조기폐차 지원
• 노후 선박: 관공선 함정, 민간선박 친환경 전환 및 관공선 80척 매연저감장치 부착
• 미래차 핵심 연구개발: 미래형 전기차 부품 · 수소차용 연료전지 시스템 · 친환경 선박 혼합연료 등 기술개발 추진

### 그린 리모델링

• 스마트 산단: 노후 건축물, 15년 이상 공공임대주택, 어린이집 보건소 의료기관 대상 태양광 설치 및 고성능 단열재 교체
• 신축 건축물: 고효율 에너지 기자재·친환경 소재 등 활용,

국·공립 어린이집, 국민체육센터 신축

- 문화시설: 박물관, 도서관 등 문화시설 대상 태양광 시스템 및 LED 조명 등 에너지 저감설비 설치
- 정부청사: 노후 청사(서울·과천·대전 3개소) 단열재 보강 및 6개 청사(세종·과천·서울·대전·춘천·고양) 에너지관리 효율화

#### 스마트 그린 산단

- 에너지 관리: 에너지 발전 소비를 실시간 모니터링·제어하는 스마트 에너지 플랫폼 구축
- 녹색공장: 스마트 생태공장 및 클린팩토리 구축
- 온실가스: 기업 간 폐기물 재활용 연계 지원

### 정부의 에너지 전환 미래과제

다음은 정부가 2020년 12월 7일 발표한 탄소중립 추진 전략의 3대 정책방향 중 에너지 전환 관련 '경제구조의 저탄소화' 및 '신유망 저탄소 산업 생태계 조성' 전략의 일곱 가지 과제이다. 이는 2050년 탄소중립을 위해 정부의 강력한 의지가 담긴 에너지 전환 정책과제이며, 가까운 미래에 실행해야 할 과제들이다. 즉, 이러한 분야의 사업은 정부의 정책적 지원과 보조까지 받을 수 있다.

#### 에너지 전환 가속화

- 신재생에너지의 안정적 사용을 위해 ESS, 수소 등 보조 발전

원 활용 병행

- 충분한 송배전망 확보로 생산된 재생에너지의 손실 감소
- 지역별 에너지 자립화를 위한 분산형 에너지 시스템 도입으로 재생에너지의 변동성 해결

#### 고탄소 산업구조 혁신

- 석탄, LNG 등 기존 발전원의 자발적 감축 유도
- 석탄발전은 2050년까지 온실가스 순배출(배출량-흡수량)을 0으로 감축
- 최고효율태양전지, 초대형 터빈(12MW), 부유식 풍력, 가상발전소 등 차세대 기술 확보
- 재생에너지·수소·에너지 정보기술(IT) 등 3대 에너지 신산업 육성
- 수소환원제철 및 전기로, CCUS, 그린수소 활용기술 등 적용

#### 미래 모빌리티로 전환

- 전기·수소 등 친환경차 전환 지원
- 전국 2천만 세대에 전기차 충전기 보급 및 전국에 수소충전소 2천여 곳 구축

#### 도시·국토 저탄소화

- 제로에너지 건축 의무화와 기존 건물 그린 리모델링 활성화

• 산림, 갯벌 등 자연과 생태자원 활용한 탄소 흡수 기능 강화, 신 유망산업 육성
• 고성능 리튬 2차전지 등 차세대전지 관련 핵심기술 확보
• 전기차, 모바일기기 등의 전압제어를 위해 폭넓게 사용되는 저전력 반도체 시장 선점
• 옥수수·콩·목재류 등 재생 가능한 식물자원을 원료로 화학제품 또는 바이오연료 등을 생산하는 기술인 '화이트바이오' 산업 육성

혁신 생태계 저변 구축

• 2050년까지 그린수소 활용 80% 이상을 목표로 기술혁신 및 상용화
• 빅데이터, 인공지능 등을 활용한 에너지효율화 장치
• 탄소 배출 분석·관리 시스템 등 그린서비스와 CCUS 산업 육성

순환경제 활성화

• 재생원료 사용의 극대화를 위한 주요 원료의 순환 로드맵 마련
• 산업별 재생자원 이용 목표율을 설정·강화하여 원자재 절감
• 철강, 플라스틱을 대체하는 혁신소재(탄소섬유, 그래핀 등) 개발 추진

## 에너지 전환 주요 기업 및 사업 현황

우리나라의 기업, 정책기관 및 에너지 공기업이 참여하고 계획하고 있는 에너지 전환 주요사업 및 현황을 살펴보자. 다음 표는 국내 에너지 전환 관련 사업을 신재생에너지의 대표주자인 태양광, 풍력, 수소, 전력수요 증가에 따른 분산전원 및 수요기반 전력산업, 기타 $CO_2$ 및 유해가스 저감사업으로 나누고, 각 사업의 현황 및 관련 업체에 대하여 정리한 것이다. 또한 국내 에너지·환경 정책기관 및 에너지 공기업의 에너지 전환 사업들을 나타냈다.

우리나라는 신재생에너지의 소재/부품 분야에서는 어느 정도 경쟁력을 확보한 부품/소재 산업 위주로 투자가 많이 진행되고 있다. 따라서 강화되는 규제에 빠르게 적응하고, 새로운 기술표준을 주도할 수 있는 기업들은 오히려 시장 지배력이 강해질 것으로 예상된다. 신재생에너지 시장은 새로운 기술들이 하루가 멀다 하고 쏟아지고 있지만, 한편으로는 국내 기업들도 세계시장에서 대등한 조건으로 경쟁과 성장이 가능하며 반도체, 통신, 선박, 자동차, 2차전지 등 한국이 강점을 가진 사업과 더불어 시너지를 낼 수 있는 에너지 전환 사업들이 유리할 것으로 보인다.

관련 기업들은 지속적으로 늘어나고 있기에 모두 다루지는 못했으나 정부의 정책에 호응하고 규제의 흐름을 피하면서 성장하고 있는 많은 기업들이 있다.

| 태양광 관련 가치사슬 및 주요 기업 |

| 구분 | 사업 및 현황 | 관련 기업 |
|---|---|---|
| 소재산업: 폴리실리콘/잉곳/웨이퍼 | • 태양전지의 1차 소재인 폴리실리콘을 이용, 원기둥 모양의 2차 소재인 잉곳을 만든 후 얇게 절단하면 웨이퍼라는 얇은 기판이 제조됨<br>• 중국의 저가 및 물량공세로 경쟁이 치열함 | 한화솔루션, OCI, 티씨케이, 넥솔론, 레이크머티리얼즈 |
| 부품산업: 셀 및 모듈 | • 셀은 표면에 음극과 양극을 띤 캐리어 생성, 전류를 발생시킴(약 10㎝의 태양전지 기본단위), 모듈은 태양전지패널이라고도 하며 셀을 연결하여 판 형태로 제조 | 신성이엔지, 현대에너지솔루션, 에스에너지, 한솔 테크닉스, 윌링스, 코오롱글로벌 등 |
| 시스템 | • 발전사업계획, 사업성 평가, 투자자모집 및 건설. 모듈 설계, 배치, 전력생산 시스템 구축/설치. 모듈, 전력제어기, 인버터, 배터리로 구성 | SDN, 대성파인텍, 윌링스, 뉴인텍, 알에스오토메이션, 아바코, 한화솔루션 |
| 발전소 | • 태양광 전력발전 및 판매, 소규모 루프톱 사업자부터 대규모 생산자까지 다양함 | KC코트렐, SK디앤디, 에스와이, 헤인 등 (소재, 부품 시스템 사업자도 참여 중) |

| 풍력 관련 가치사슬 및 주요 기업 |

| 구분 | 사업 및 현황 | 관련 기업 |
|---|---|---|
| 부품산업: 터빈, 블레이드 | • 터빈은 글로벌 자본재 전문기업들이 참여 중이며 유럽과 중국의 많은 회사들이 참여 중<br>• 블레이드는 전문 제조업체에서 생산 또는 터빈 업체의 OEM으로 생산 | 터빈 제조는 베스타스, 골드윈드, GE 등 상위 3개사가 전 세계 설치용량의 50%를 차지, 국내는 두산중공업 |
| 부품산업: 타워 및 부품 | • 비교적 국내업체들의 사업참여가 활발한 산업으로 국내 철강 및 건설 관련 기술을 이용한 타워 및 풍력 부품 전반에 참여 중 | CS Wind(타워), 동국S&C(타워), 스페코(타워), 태웅(단조품), 포메탈(단조), 삼강멤엔티(강관), 씨에스베어링(베어링) |
| 시스템 | • 입지선정/검토, 풍황 분석 및 사업타당성 검토 등의 사업개발 단계부터 기자재, EPC 및 O&M 서비스 공급 | 두산중공업(육해상), 유니슨(육해상), 비디아이(조사 및 인허가 절차와 설치·시공), 한전기술(EPC), 삼성중공업(해상) |
| 발전소 | • 소형 풍력발전은 보기 힘들며, 일정 규모 이상의 육해상 풍력발전 및 판매 | 유니슨(육상풍력), GS E&R(육상풍력), DMS(육상풍력), 코오롱글로벌(해상풍력 계획 중), 한국석유공사(부유식 해상풍력 계획 중) |

| 수소 관련 가치사슬 및 주요 기업 |

| 구분 | 사업 및 현황 | 관련 기업 |
|---|---|---|
| 생산 | • 부생수소, 추출수소 및 수전해수소 등의 생산 | 효성화학(부생수소), 한국가스공사(추출수소), SK(블루수소) |
| 저장, 운송, 충전 | • 수소의 생산처와 수요처 사이의 시간차를 위한 저장 및 거리 차이를 위한 운송 및 충전 서비스 | 현대글로비스, 일진다이아(고압용기), 이엠코리아(고압수소), 효성그룹 (액화수소), 경동이엔에스(배관), 엔케이(탱크, 운송튜브), 이엠코리아(충전) |
| 활용: 연료전지 (수송용) | • 자동차용 연료전지 시스템 개발, 수소연료통, 수소 연료발전 및 배터리 등을 개발 및 공급 | 현대차(연료전지차), 현대모비스(모듈), 평화오일씰(가스켓), 현대제철(분리판), 효성(수소충전소), 유니크(수소제어모듈) 한온시시템(차 열관리시스템) |
| 활용: 연료전지 (발전용) | • 생산된 수소를 이용하여 수요처 인근에서 전력으로 재생산 및 판매<br>• 정부는 연료전지 기반의 분산발전 시설을 2040년 전체 전원의 30% 비중으로 확대할 계획 | 두산퓨어셀, 에스퓨어셀, 미코, 블룸SK퓨얼셀 |

| 분산 전원 및 수요기반 전력사업 주요 기업 |

| 구분 | 사업 및 현황 | 관련 기업 |
|---|---|---|
| ESS | • 재생에너지의 시간별 전력생산 편차를 줄이고, 안정적인 공급 | LG화학, 삼성SDI, 현대일렉트릭, 세방전지, 피엔티, 포스코ICT, SK이노베이션 등 |
| 전력 수요반응 | • 전력 소비자에 의해 감축된 전력량을 전력시장에서 거래. 전력 수요반응(DR, Demand Response) 거래 사업이라 불림 | 그리드위즈, 그리드파워, 매니지온, 사룬, 벽산파워, 포스코ICT, GS파워, LS산전, 효성, 한화S&C 등 |
| 중개사업 (VPP 등) | • 1MW 이하의 신재생에너지/ESS 전력을 중개사업자를 통해 전력시장에서 거래<br>• 재생에너지 발전량 예측제도를 통해 REC+SMP 수익과 동시에 예측정산금을 추가로 받을 수 있음 | KT, SK텔레콤, 포스코에너지 등 50여 개 사가 전력거래소에 등록되어 있음 |
| 데이터 통합 플랫폼 | • 전·송배전·판매·분산형 전원 등 전력산업 전 분야에서 취득한 전력정보(소비전력량, 발전량, 발전소 설비관리, 송배전 감시진단, 고객정보 등)를 활용해 다양한 응용프로그램 개발 | 한국전력, 엑셈, 한전KDN |

| 기타 $CO_2$ 및 유해가스 저감사업 및 주요 기업 |

| 구분 | 사업 및 현황 | 관련 기업 |
|---|---|---|
| CCUS | • 국내 제조업에 연료로서 공급되는 화석에너지에서 발생하는 이산화탄소 포집 및 활용 | 한국전력(포집), 한전기술(포집), KC코트렐 (포집), 한국석유공사(저장, 계획), DL이엔씨(포집), 그린케미컬(CCU), 롯데케미컬(CCU), 태경 비케이(CCUS) |
| 수소환원 제철공법 | • 고로조업 제철방식에 비해 약 60% 높은 비용 발생 및 새로운 제철소 건립 필요<br>• 최근 국회에서 투자세액공제 논의 중 | POSCO, 현대제철 |
| 선박 유해가스 저감 | • 국제해사기구인 IMO가 환경규제를 강화 중으로 선박 관련 저감장치 시장 확대 중 | 현대중공업 및 HSD엔진(LNG추진 엔진), HSD엔진(질소산화물 저감장치), 파나시아(황산화물 저감장치) |

| 국내 에너지 · 환경 정책기관 |

| 구분 | 사업 및 현황 |
|---|---|
| 한국에너지경제연구원<br>(Korea Energy Economics Institute) | • 에너지 전환 정책 수립<br>• 에너지 전환 및 신재생에너지 등 정책 연구 |
| 한국에너지공단<br>(Korea Energy Agency) | • 합리적·효율적 에너지이용 증진, 신재생에너지 보급 촉진 및 산업 활성화<br>• 기후변화대응, CDM사업, 신재생에너지추진, RPS 제도운영 |
| 한국에너지기술평가원<br>(Korea Energy Technology Evaluation and Planning) | • 에너지 산업의 기술혁신과 산업육성 정책 수립<br>• 에너지 핵심기술 연구개발(ESS, 스마트그리드, 신재생, 자원순환, 방폐물, 해상풍력 등) |
| 한국에너지기술연구원<br>(Korea Institue of Energy Research) | • 에너지 이용 연구 및 기술개발 보급<br>• 재생에너지, 수소에너지, 에너지융복합, 에너지효율 연구 |
| 한국환경정책·평가연구원<br>(Korea Environment Institute) | • 환경정책연구와 환경영향평가 연구<br>• 기후변화, 환경보건, 자원순환, 물환경, 환경영향평가 |
| 한국환경산업기술원<br>(Korea Environmental Industry & Technology Institute) | • (기후변화대응) 환경기술 개발 및 지원<br>• 환경마크제도 운영 및 환경신기술 인증 |

| 국내 에너지 공기업 |

| 구분 | 사업 및 현황 |
|---|---|
| 한국전력거래소(KPX)<br>(Korea Power Exchange) | • 전력 시장과 전력 계통 운영을 전담하고 있는 기관<br>• REC(신재생에너지 공급인증서) 거래시장 운영<br>• 신재생: '20년 20.1GW → '30년 58.0GW → '34년: 77.8GW |
| 한국전력공사<br>(Korea Electric Power Corporation) | • 전국 전력 송배전망 운영, 발전자회사 6사<br>• 송배전 전력망의 디지털화 추진<br>• 신재생에너지 발전사업 진출 추진(특히 대규모 해상풍력) |
| 한국수력원자력<br>(Korea Hydro & Nuclear Power Co.) | • 원자력, 수력/양수, 신재생발전 발전소 운영<br>• 설비용량: 28,600MW(원전 24기, 수력/양수 37기, 신재생 38기)<br>• 신재생목표: '25년 6.8GW(태양광 3.7, 풍력 1.6, 연료전지 0., 바이오 0.3, 수력 0.6) |
| 한국중부발전<br>(Korea Midland Power) | • 석탄발전에서 가스, 신재생에너지 기반 발전소로 전환<br>• '30년까지 태양광, 풍력을 총발전량의 30%로 확대 (설비용량 12GW), 27조원 투자 |
| 한국서부발전<br>(Korea Western Power Co.) | • 석탄발전에서 가스, 신재생에너지 기반 발전소로 전환<br>• '30년까지 태양광, 풍력등 신재생에너지 25%로 확대 (설비용량 6.1GW, 이 중 태양광 2.5GW)<br>• 발전소에 인공지능, 디지털트윈, 사물인터넷 기술 등을 도입하여 스마트 플랜트 구축 |
| 한국남부발전<br>(Korea Southern Power Co.) | • 석탄발전에서 가스, 신재생에너지 기반 발전소로 전환<br>• '21년: 석탄 50%, 유류 3%, 가스 41%, 신재생 6%<br>'30년: 석탄 18%, 유류 1%, 가스 39%, 신재생 42% |
| 한국남동발전<br>(Korea South-East Power Co.) | • 석탄발전에서 가스, 신재생에너지 기반 발전소로 전환<br>• '20년: 석탄 90%, LNG 9%, 기타 1%' 50년: 재생 69%, LNG 20%, 수소 11%<br>• 해상풍력, VPP, 그린수소 기반 수소 활용 기저발전 |
| 한국동서발전<br>(Korea East-West Power Co.) | • 석탄발전에서 가스, 신재생에너지 기반 발전소로 전환<br>• '30년까지 재생에너지 25%로 확대 : 태양광, 풍력, 해양에너지, 바이오에너지, 연료전지, ESS |
| 한국지역난방공사<br>(Korea Distric Heating Co.) | • 열병합 발전설비 기반 지역 중심 발전소<br>• 신재생발전 에너지원으로 전환 중 |
| 한국석유공사<br>(Korea National Oil Corporation) | • 해상풍력발전 사업(동해가스전 활용)<br>• 석유개발기술 활용한 CCS 사업 추진 |
| 한국가스공사<br>(Korea Gas Corporation) | • 수소의 개발/저장/운송/인프라 사업 추진 |
| 한국가스안전공사<br>(Korea Gas Safety Corporation) | • 수소 안전기술 개발, 수소제품 개발 및 인증<br>• 수소 충전소 확대 보급 연구 등 |

# 미래 경영과 투자의 중심, ESG

"저는 여기가 아니라, 바다 반대편 학교에 있어야 합니다. 당신들은 빈말로 내 어린 시절과 내 꿈을 앗아갔어요." 2019년 유엔 기후 행동 정상회의에서 16살 소녀 그레타 툰베리(Greta Thunberg)의 이 한마디는 기후변화를 2020년 다보스포럼의 주요 문제로 거론할 만큼 세계적 이슈로 끌어올렸다.

"환경 위험노출 투자 발 빼겠다…" "석탄 생산기업을 포함해 환경 지속가능성과 관련해 '높은 위험'이 있는 기업에 대한 투자에서 발을 빼는 것을 시작할 것"(BlackRock CEO, Larry Fink). 7조 8천억 달러에 이르는 투자자산을 운용 중인 세계 최대 자산운용사인 미국 블랙록은 '기후변화'와 '지속가능성'을 '20년 투자 포트폴리오의 최우선 순위로 삼겠다고 발표하였다. 또한 향후 투자 및 인수하는 모든 기업에 대한 심사에 탄소 사용량을 15% 저감하는 조건을 추가하고, ESG를 모든 액티브 상품에 고려하기로 결정했다. 블랙록은

| 친환경 투자 촉구에 나선 글로벌 대형 투자업체 |

| | | |
|---|---|---|
| 친환경 투자 촉구 나선 대형 투자업체 | 친환경 투자 요구하는 글로벌 투자자 | • 아문디, 핌코, 리걸앤드제너럴투자매니지먼트, 연국성공회 재무위원회, 스웨덴 노르디아 애셋 매니지먼트, 아비바 인베스터스 등 35개 사 |
| | 변화 요구받는 글로벌 투자은행 | • 골드만삭스, HSBC, BNP 파리바 등 27개 사 |
| | 대형 투자자 연합 요구사항 | • 2050년 탄소 배출 제로 위한 구체적 목표 설정<br>• 석유·가스업체 등 탄소 배출 기업들에 자금 조달 중단<br>• 산림 벌채, 탄소 유발 토지 이용 변화 등에 대출 중단<br>• 대출 자금 환경 파괴에 사용되면 자금 회수<br>• 탄소 배출 저감하는 친환경 대출 확대<br>• 투자은행 임원 연봉 친환경 목표와 연동 |

출처: 매일경제, 2021.

2020년 초 "화석연료로 25% 이상 매출을 올리는 기업을 투자 대상에서 제외하라"는 서한을 국내의 KB금융에도 보냈다.

산업혁명 이래 250년 동안 자본주의 경제하에서 기업은 재무성과 중심의 경영원리를 추구해왔다. 그러나 이제는 기업에게 재무적 성과만을 기대하던 기존의 가치관에서, 주요한 사회적 문제를 야기한 기업이 책임경영 활동을 통해 이를 해결하고 우리의 삶에 긍정적 영향을 주는 행동을 하도록 요구하는 것으로 바뀌고 있다. 또한 기업은 안전하고 친환경적인 제품을 요구하는 고객, 공정한 거래 관계를 요구하는 정부, 환경친화적 운영을 요구하는 지역사회, 자원사용의 감축을 통해 원가 절감을 요구하는 주주 등 다양한 이해관계자의 요구에 직면하고 있다.

그동안은 기업들이 이익 극대화를 가장 중요시했다면, 이제는 기후변화를 비롯한 친환경이 고려된 ESG가 기업경영에 최우선 고려사항이 되었다. ESG란 환경(Environment), 사회(Social), 지배구조

(Governance)의 약자로, 기업이 얼마나 투명하게 운영되는지를 나타내는 비재무적 요소이다. 기업이 환경, 사회에 적극 동참하기 위해서는 올바른 의사결정이 전제되어야 하므로 가장 기반이 되는 것은 지배구조라고 볼 수 있다.

이 세 가지 요소를 통해 투자자들은 기업이 경영활동에서 친환경과 사회적 책임, 적정한 지배구조에 얼마나 충실한지 판단하고, 사회적으로 건전한 기업에 투자할 수 있다. 이처럼 이제는 기업의 역할에 대한 가치관이 '지속가능 발전'으로 변화하고 있다. 즉 기업은 사회 및 경제 발전 이외에 환경보호를 다함으로써 현 세대뿐만 아니라 미래 세대를 위해서도 기여하도록 요구받고 있는 것이다.

최근 사회적 공정을 중시하는 MZ세대가 부상하고 있다. MZ세대는 원칙을 지키지 않는 기업은 무시하고, 공정하고 착한 기업에 더 가치를 부여한다. ESG를 실천하는 기업이 자신과 미래 세대에 더 나은 삶을 가져다줄 수 있다는 신념이 강하다. 눈앞의 단기적 이익에만 매달리는 기업은 젊은 세대로부터 외면당하고 미래의 생존을 보장받을 수 없을지도 모른다.

ESG 투자는 처음에는 주류, 담배, 무기 제조 등 특정 산업을 투자에서 배제하는 윤리적·종교적 동기에서 출발했지만 최근에는 관점이 변하여 지구온난화, 기업 비리, 인권 문제 등에 대해서도 관심을 가지는 등 그 의미와 개념이 진화하고 있다. 2006년 UN PRI 주도로 책임투자원칙(Principles of Responsible Investing)이 제정되면서 ESG 투자에 대한 국제적인 공론화가 이루어졌고, 2008년 글로벌 금융위기 이후 일부 시장 참가자들의 탐욕으로 인한 문제가 불거지고 윤리의 중요성이 부각되면서 현재 ESG 투자는 전 세계적으로 증가하고 있다.

ISO(국제표준화기구), GRI(글로벌보고 이니셔티브), SASB(지속가능성 회계기준 위원회), ICGN(국제 기업지배구조 네트워크) 등 글로벌 평가기관도 ESG 지표를 기업평가의 판단기준으로 삼고 있다. 세계경제포럼 자료에 따르면 리스크의 발생 가능성과 영향력 측면에서 환경·사회 등 비재무적인 요소들이 큰 부분을 차지하는 것으로 나타났다.

| ESG의 주요 주제 |

| 환경(E) 이슈 | 사회(S) 이슈 | 지배구조(G) 이슈 |
|---|---|---|
| 기후변화 및 탄소 배출 | 고객 만족 | 이사회 구성 |
| 대기 및 수질 오염 | 데이터 보호 및 프라이버시 | 감사위원회 구조 |
| 생물의 다양성 | 성별 및 다양성 | 뇌물 및 부패 |
| 삼림 벌채 | 직원 참여 | 임원 보상 |
| 에너지효율 | 지역사회 관계 | 로비 |
| 폐기물 관리 | 인권 | 정치 기부금 |
| 물 부족 | 노동기준 | 내부 고발자 제도 |

출처: 금융투자협회, 〈최근 글로벌 ESG 투자 및 정책동향〉, p. 3, 2020.

## ESG 경영에 분주한 기업들

우리나라는 대외 수출 의존도가 매우 높은 편이다. 세계은행(World Bank)에 따르면, 2019년 기준 GDP에서 수출이 차지하는 비중은 전 세계 평균 약 30% 정도이다. 미국은 10%를 상회하는 수준이며, 중국과 일본은 약 18% 정도에 달한다. 이에 반해 우리나라는 GDP 대비 수출 비중이 약 40% 정도이고, 무역의존도는 2019년 기준 60%를 상회하는 수준으로, G20 국가 중 독일에 이어 2위를 기록했다. 이처럼 수출의존도가 매우 높기 때문에 타국의 규제 및 정책변화에 따라 산업 경쟁력 측면에서 적지 않은 영향을 받는 상황이다.

우리가 ESG에 관심을 가져야 하는 이유는 여러 가지이다. 첫째는 우리나라 유가증권시장에서 외국인 보유 비중이 40% 전후로 글로벌 시장에 많이 노출되어 있기 때문이다. ESG가 비재무적 요소이긴 하지만, 기업의 이익과 그에 따른 투자 수익률에 긍정적인 영향을 미치기 때문이다. ESG 등급이 우수한 기업들은 수익률도 우수하다는 것이다.

모건스탠리 캐피털 인터내셔널(MSCI)에 따르면 2014년부터 2020년까지 7년간 ESG 등급 상위권 30% 기업은 하위 30% 기업보다 이익 증가율과 수익률이 상대적으로 양호했으며, 배당 확대와 자사주 매입 등 주주 친화적 정책도 꾸준히 진행한 것으로 알려졌다.

먼저 환경 분야(E)에 있어서는 에너지 패러다임의 변화에 주목해야 한다. 기후변화 대응을 위한 에너지 전환은 현재 국제 질서를 움직이는 거대한 원동력 중 하나이기 때문이다. 이러한 세계 질서의 변화는 에너지 산업의 관련 가치사슬 전반 및 전후방 산업에 큰 변화를 일으키고 있으며, 글로벌 에너지 기업들도 재생에너지 사업으로 투자를 확대하고 있다.

SK를 비롯한 국내 주요 대기업들 역시 수소와 태양광 등 그린에너지 생태계 구축에 의욕적으로 나서고 있다. 탄소 배출에 따른 환경적 논란을 잠재우는 동시에 미래의 신사업으로 투자 가치가 충분하다는 판단에서이다. 또 이를 통해 최근 글로벌 경영의 화두인 ESG 경영을 가속화할 수 있다.

민간에서는 'RE100' 참여 기업이 지속적으로 늘고 있다. 2021년 5월 현재 애플, 구글 등 글로벌 기업 309개 사가 RE100 참여를 선언했다. 우리나라에서는 2020년 12월 SK하이닉스를 포함한 SK그룹 8개사가 가장 먼저 RE100 가입을 선포했고, 이어서 LG화학, 한화큐셀 등도 잇따라 참여를 선언했다. 기업 입장에서는 재생발전 단가의 하락 이외에도 소비자들의 친환경 제품 선호, ESG 투자 증가와 규제 강화에 따른 비용 증가 위험까지 고려하면, 친환경으로의 전환 유인이 크다.

한편 재생에너지를 사용하는 방법 외에도 다양한 분야에서 자원재활용을 통하여 자원 및 에너지의 사용을 줄일 수 있는 순환경제의 구현도 진행되고 있다. RE100 도입 시 아직은 국내에서 신재생에너지를 경쟁력 있게 공급받을 수 있는 환경이 미국이나 유럽의 기업들만큼은 준비되어 있지 않기 때문에, 기업들은 사업경쟁력에 어떤 영향을 미치는지 사전에 철저히 확인하고, 수시로 변화하는 각국 정부의 규제를 지속적으로 모니터링해야 한다.

두 번째로 사회 분야(S)에서는 특히 코로나19가 일으킨 사회와 시장의 변화에 어떻게 신경 쓰고 있는지 예의 주시하기 시작했다. LG그룹은 'LG 의인상'을 제정해 자신을 희생한 시민을 지원하는 사회책임 활동을 하고 있고, 국제사회에서 비인도적 무기로 분류되어 유럽에서는 이를 생산하는 기업에 투자를 금지하고 있는 분산탄을 제조해왔던 한화는 분산탄 사업을 분사하여 매각했다. 또한 코로나19로 어려움을 겪고 있는 지역사회 구성원들에게 사회정의에 부합하는 지원을 확대 운영하고 있음을 알리는 기업들도 늘고 있다.

내부적으로는 임직원들의 안정된 고용과 건강한 노동환경에 우선순위를 두고 안전보건 경영을 강화해야 한다. 올해 IPO를 앞두고 있는 현대중공업의 ESG 경영은 매우 위태로운 상태이다. 현대중공업 작업장에서 2016년 5명, 2017년 2명, 2018년 3명, 2019년 3명, 2020년 4명, 2021년에도 지금까지 2명의 사망사고가 발생하였다. 현대중공업의 경우에는 ESG 경영에서 가장 시급히 해결해야 할 과제 중의 하나가 바로 안전 문제이다.

마지막으로 지배구조(G)는 투자자 및 주요 이해관계자 입장에서 믿고 맡길 수 있는 튼튼한 인프라 환경과도 같다. 이를 위해서 독립성과 투명성 원칙을 기반으로 최고의사결정 과정에서 기업의 리스크를 선제적으로 막거나 최소화해야 하고, 조직 내 또는 대외 이해관계자들과의 소통까지 포함하여 포괄적인 경영관리 프로세스와 시스템을 구축해야 한다. 국내에서는 이른바 '형제의 난'을 겪은 롯데가 지배구조의 문제점을 드러낸 사례이다. 반면 KB금융그룹은 최고경영자 선임·승계 절차 정비, 내부통제 강화 및 스튜어드십 코드 선제적 도입, 독립적인 이사회 운영 등의 성과를 인정받아 2년 연속 지배구조 최우수기업으로 선정되기도 했다.

현재의 글로벌 흐름에서 ESG는 필연적으로 따라야 하는 대세이다. 그러나 그 바탕에는 역시 자본과 경제의 논리가 깔려 있다. 특히 환경 분야(E)의 경우 저개발국가들은 청정연료 개발에 대한 기술과 자본이 선진국들에 비해 열세이다. 이 때문에 ESG가 선진국과 개발도상국, 후진국 간의 격차를 또 다시 벌릴 수도 있다. 다행히 우리나라는 청정에너지 관련 기술에서 충분한 기반을 보유하고 있다. 다가올 미래는 적극적으로 ESG 이슈를 선정하고 글로벌 기준에 맞추어 해결하는 국가와 기업에게 또 다른 기회가 될 것이다.

# 모든 것이 재활용된다, 순환경제로의 전환

MZ 세대는 미닝아웃(Meaning-Out)이라고 불리는 소비를 통해 자신의 신념을 밝히는 세대라고 한다. 특히 미래 세대로서 환경 위기를 심각하게 여기고 친환경 상품에 대해서도 관심이 많으며 '친환경은 선택이 아니라 필수'라는 생각을 갖고 있다. MZ 세대가 자주 찾는 스타벅스, 맥도날드, 버거킹 등은 포장재, 용기 등의 재활용 또는 심지어는 먹을 수 있는 소재 개발, 활용 등을 통하여 이들 소비자에게 친환경 기업으로 인식되고자 한다.

## 풍요로운 시대가 불러온 위기

오늘날의 우리는 풍요로운 세상을 살고 있다. 문명과 산업의 발전에 따라 인류의 생산물은 얼마나 많아졌을까? 인류가 농경생활을 시작한 약 1만 년 전에는 건조중량 기준으로 지구 전체 생물의 무게는 2조 톤 수준이었다. 그러나 인류의 활동영역이 확대되면서 경작지가 개척되고, 도시와 도로 건설이 이어졌다. 그에 따라 나무와 풀이 자라는 면적은 계속 감소하고 있다. 이스라엘 바이츠만 과학연구소(Weizmann Institute of Science)의 연구에 의하면 현재 지구에 살고 있는 모든 동식물과 미생물의 생물량은 1조 2천 톤으로, 동물이 약 40억 톤, 식물이 9천억 톤으로 추정된다. 반면 1900년대 이후 화석연료, 광물 및 암석 등을 활용한 건물과 인프라 시설의 인공물이 증가하여 2020년 현재 인공물이 1조 1천억 톤, 플라스틱이 80억 톤으로 지구상의 총 생물량의 무게를 초월했다.

특히 플라스틱은 지구상 모든 동물의 생물량보다 2배가량 더 많다. 또한 지구상의 전체 생물 가운데 0.01%에 불과한 인간이 생산한 인공물의 총질량은 2040년에 3조 톤을 넘을 것으로 추정된다. 아이러니하게도 인류문명의 발전으로 지구의 생물질량에는 불균형한 상황이 초래되고, 이는 지구의 탄소순환과 생태계에 심각한 문제를 일으키고 있는 것이다.

1950년 200만 톤에 머물렀던 전 세계 플라스틱 생산량은 2015년 3.8억 톤으로 무려 190배 증가했다. 반면 플라스틱의 60%는 그대로 버려지며 재활용률은 10%에 그치는 상황이다. 만약 아무런 조치를 하지 않는다면 2035년 플라스틱 생산량은 현재의 2배, 2050년에는 4배 증가될 것이다. 2019년 플라스틱 생산량은 3억 6,200만 톤으로, 아시아 지역에서 51%(이중 중국이 31%), 유럽 16%, 중동 아프리카 7%, 남미 4%, CIS 3% 순이다. 또한 UN에 의하면 2019년에 전 세계적으로 5천만 톤 이상의 전자제품 관련 폐기물이 나오고, 이들 중 17%만이 재활용되며 나머지 매립되는 폐기물의 가치는 550억 달러 수준에 달한다고 한다. 반면에 새로운 제품을 만들기 위해서는 광물 등을 채굴해야 하기 때문에, 또 다시 환경파괴의 악순환으로 이어진다. 그리고 지금의 위기는 미래 세대에게는 더 큰 위협이 될 것이다.

| 2020년 인공물과 생물의 총질량 비교 |

출처: 녹색아카데미, 〈인류가 만들어낸 무게〉, 2020.12.11.

지구온난화로 이상기후현상이 속출하는 지금, 쓰레기 대란은 지구환경에 또 다른 재앙이 되고 있다. 2019년 기준 우리나라의 일일 생활폐기물 발생량은 약 50만 톤으로, 연간 약 1억 7천만 톤 규모이다. 이 폐기물을 10미터 깊이의 구덩이를 파고 모두 땅에 묻는다면 해마다 여의도 면적 5배 규모에 해당하는 약 1,400만㎡

(4,200만 평)의 땅이 매년 쓰레기 매립에 필요하다는 뜻이다.

그럼에도 우리 국토가 아직 쓰레기로 뒤덮이지 않는 이유는 발생 폐기물의 86%가 재활용되고, 6%는 매립되며, 5%는 소각 처리되기 때문이다. 전체 폐기물 가운데 매립되는 양은 1,300만 톤 정도로 전체의 9% 수준이다. 하지만 현재 국내에 쌓인 불법 폐기물이 120만 톤, 소위 '쓰레기 산'이라 불리는 쓰레기 더미는 전국에 200곳 이상이다. 이도 모자라 중국, 필리핀, 베트남 등 해외로 쓰레기 수출까지 하면서 국제적인 망신을 당하기도 했다.

대량생산의 시대, 쓰고 버리는 대량소비의 시대. 이는 쓰레기 문제를 넘어선 기후변화의 문제로 연결된다. 필요를 넘어서는 구매는 하지 않는 습관을 들이는 것이 필요하다.

## 이제는 순환경제로

순환경제는 자원사용을 줄이면서 에너지 사용 및 온실가스 배출을 최소화하는 경제모델이다. 미국의 경제학자 케네스 볼딩(Kenneth Boulding)이 1966년 처음 제안한 이론으로서 '경제성장을 자원 제약에서 탈피'시키는 것을 목적으로 해야 한다는 개념이다. 그는 당시의 경제 시스템을 지속한다면 지구의 수용능력에 한계를 맞을 수밖에 없다는 현실을 지적하였다.

1989년 영국의 환경경제학자 피어스(D.W. Pearce)와 터너(R.K. Turner)는 이 개념을 더욱 발전시켰다. 즉 생태계는 생산·소비 경제활동을 가능하게 하는 원료를 제공할 뿐 아니라 폐기물의 처분소이기도 하다는 관점을 도입하여, 지속가능한 방법으로 유한한 자원을 사용하고 폐기물을 자원화해야 할 필요성을 환기시켰다.

이후 이는 중국의 제11차 5개년 계획(2006~2010년)과 2015년 파리협정, 2013년과 2014년 세계지식포럼 등을 통해 새로운 경제 체계로 부상했다. EU 집행위원회는 2015년 12월 경쟁력 제고, 일자리 창출, 지속 가능한 성장을 위한 순환경제 실천을 위한 행동계획 및 이행 방안을 담은 '순환경제 패키지'를 발표했다. 이어서 2020년에는 '그린딜'을 통해 2050년 탄소중립이라는 목표를 위해 "자원 사용을 줄이면서도 경제는 더욱 성장하는 전략"을 내세우며 '신순환경제 실행계획'을 발표하였다.

EU에서는 다음 표와 같이 플라스틱, 전자·IT, 배터리·자동차, 포장재, 섬유, 건축, 식품 등 총 7대 산업별 순환경제 전략을 제시했다. 이를 통하여 재활용이 가능한 원료의 재활용 물질 회수율을 높여 2차 원료로 활용할 수 있다. 이러한 순환경제를 통해서 2030년까지 EU의 GDP가 0.5% 올라가고 신규 일자리가 70만 개 창출될 것으로 전망하고 있다.

EU에서 이러한 실행계획을 수립한 배경은 현재와 같이 자원을 소비할 경우, 2050년이 되면 지구의 가용한 생태용량의 3배에 해당하는 자원을 소비할 것이라는 예상 때문이다. 특히 바이오매스, 화석연료, 금속, 광물 등 전 세계 자원 소비량은 향후 40년 동안에 거의 2배가 될 것으로 예상된다. 그리고 이로 인한 폐기물 발생량은 2050년까지 70% 증가하고, 자원을 가공하는 과정에서 총 온실가스 발생량의 50%가 배출되며, 생물다양성과 물 소비량의 90%가 증가하여, 우리 사회의 지속이 불분명한 방향으로 변화할 것이라는 우려 때문이다.

특히 자원이 부족한 우리나라는 하루에 대략 1조 원의 에너지와 광물을 수입하고 하고 있기에 더욱 시급하게 순환경제 모델로 전환해야 한다.

| EU의 산업별 순환경제 전략 |

| 분야 | 주요내용 |
| --- | --- |
| 플라스틱 | • 금지 중인 일회용 플라스틱 제품에 대한 시장 감독<br>• 포장재, 건축, 차량 내 플라스틱 감축 계획 및 미세플라스틱 규제 방안 고려<br>• 바이오 플라스틱 물질 사용 촉진 |
| 전자 및 IT 제품 | • 수리할 권리(right to repair) 우선 분야로 전자·IT 제품 지정<br>• 스마트폰, 태블릿, 노트북 및 프린터 제품에 에코디자인 확대<br>• 제품별 상이한 충전기 규격의 통일화 추진으로, 여러 개의 충전기를 구입할 필요 없이 1개로 통용 가능<br>• 전자·IT 폐기물 처리에 대한 기준 마련(재사용, 재판매 등)<br>• 전자제품에 포함된 위험물질 사용 제한(REACH 개정) |
| 배터리 및 자동차 | • 배터리 재활용률 향상위한 법제화 추진 및 폐차 처리 지침 개정<br>(*친환경 배터리 규정 초안 발표 2020.11.10.) |
| 포장재 | • 포장재 100% 재활용을 위한 관련 지침(94/62/ec) 개정 추진<br>• 불필요한 포장재 감축 및 재활용 가능한 제품 설계<br>• 분리수거 촉진 위한 라벨링 도입 |
| 섬유 | • 에코디자인 확대 적용 계획<br>• 제조기업의 책임 강화하여 제품 수거 및 재활용이 용이한 생산 유도<br>• 전 생산공정 내 지속가능성 도입 검토(섬유전략 수립) |
| 건축자재 | • 건축자재 규정(EU 305/2011) 개정 통해 지속가능 건축과 재활용 가능 물질 사용 의무화 추진<br>• 에코디자인 대상 분야를 건축제품으로 확대<br>• 시공 시 토양에 사용하는 방수기능 축소시켜 토지 자원 보호 |
| 식품 | • Farm to Fork Strategy* 전략에 따른 식품 분리수거 촉진<br>(* 농장에서부터 식탁까지 식품의 생산·유통·소비까지 전 과정을 의미)<br>• 수돗물 품질관리 강화 통한 식수 전환, 생수병 소비 감소 유도 |

출처: KOTRA, 〈관세무역정보–EU 플라스틱 감축 규제〉, 2021.

SNE 리서치는 전 세계 전기차 판매량이 2020년 850만 대에서 2025년에는 2,200만 대로 증가하면서 전기차 배터리 시장도 성장할 것으로 전망한다. 이와 맞물려 글로벌 폐배터리 재활용 시장 역시 2019년 기준 15억 달러에서 2030년 181억 달러 규모로 10배 이상 성장할 것으로 예측된다.

코발트, 니켈, 리튬, 흑연, 구리, 망간 알루미늄 등 다양한 배터리 원재료 중 95%가 새로운 배터리 셀의 생산이나 관련 산업에 재활용이 가능하다. 특히 전기차 리튬이온 배터리는 에너지 밀도가 높아 사용 후에 성능이 저하되더라도 원재료 재추출이나 ESS로 재사용할 수 있기 때문에 폐배터리를 분해해서 리튬, 코발트, 니켈 등 희귀 금속을 추출하는 배터리 재활용(Recycling)이나 ESS 배터리로 재사용(Reuse)하는 것이 더욱 중요해지고 있다. 또한 배터리의 원재료를 재활용하는 하이드로메탈러지컬(Hydrometallurgical) 공정은 기존 공정 대비 온실가스 배출량이 최대 30%나 낮아 환경에 미치는 영향을 최소화할 수 있는 것이 장점이다.

앞으로 탄소중립으로 나아가기 위해서는 '대량생산–소비–폐기'의 선형경제 구조에서 벗어나 자원의 효율성을 높이고 선순환을 촉진하는 순환경제로 전환하는 것이 중요하다. 전후방산업을 연계하고 신산업을 창출하여 경쟁력을 강화할 수 있으며, 재활용과 에너지 회수를 통해 천연자원을 대체해감으로써 온실가스 배출 감소에도 기여할 수 있다. 이러한 측면에서 탄소중립을 위한 그린뉴딜에서도 순환경제가 중요한 역할을 담당한다. 즉, 자원 사용과 온실가스 배출을 줄이면서 일자리 창출과 경제성장을 꾀하는 순환경제 전략은 우리에게 새로운 사업 및 일자리 기회가 될 수 있다.

| 선형경제에서 순환경제로의 전환 |

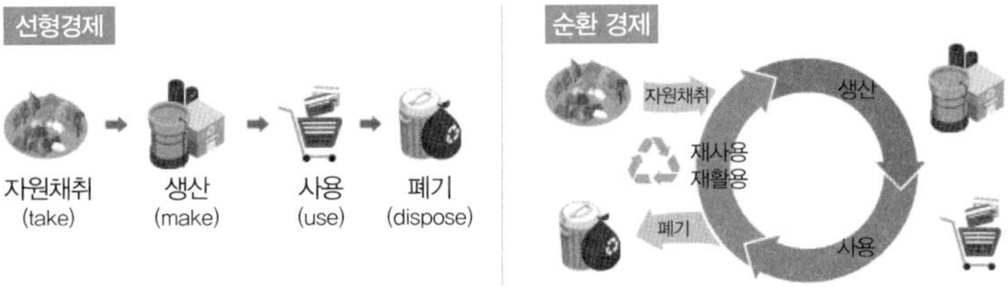


출처: 대한상의, 2018.

앞으로는 신재생에너지를 사용하는 에너지 전환과 함께 자원을 재활용하는 순환경제가 세계 경제의 표준으로 자리 잡을 것이다. 재생원료가 사용되지 않은 제품은 세계시장에서 팔기 어려울 것이며, 순환경제의 흐름을 따라잡지 못하는 산업과 기업은 경쟁력을 잃게 될 것이다. 탄소중립 사회로 가기 위해서도, 또 우리 산업의 경쟁력을 높이기 위해서도 순환경제는 반드시 달성해야 할 새로운 경제 패러다임이다.

# 더 늦기 전에,
# 지구를 위한 행동

4월 22일은 지구의 날이다. 지구의 날은 1969년 1월 28일, 미국 캘리포니아주 산타바바라에서 발생한 해상 원유 유출사고를 계기로 환경문제에 심각성을 느낀 당시 미국 상원의원인 게이로드 넬슨, 대학생 데니스 헤이즈가 원유 유출사고 다음 해인 1970년 4월 22일 '지구를 보호하자'는 메시지를 전달한 것이 계기가 되었다. 이후 2009년에 유엔이 공식 지정하여 190여 개국 약 5억 명 이상의 시민들이 참여하고 있다.

지구온난화를 지금 곧바로 멈추게 할 수는 없다. 이 순간에도 지속적으로 기온이 상승하고 해수면은 상승하고 있으며 태풍, 홍수, 산불, 폭염 등의 이상기온 현상은 더 자주 높은 강도로 발생하고 있다. 이러한 시점에 온실가스 발생을 줄이기 위해서는 각 국가와 기업, 개인 등 모든 구성원들의 절실한 노력이 필요하다.

### 저탄소/탈탄소 신재생에너지의 확대

전 세계 화석연료 사용 비율을 보면 석유가 40%, 석탄 30%, 천연가스가 30%를 차지한다. 석유는 자동차, 항공기 등의 수송용 연료로 사용될 뿐 아니라 플라스틱, 페인트, 생활용품 등 다양한 제품의 원료로도 사용된다. 석탄은 주로 발전소에서 전기를 만드는 데 사용하며 시멘트 생산 및 제철생산 공정에서도 사용된다. 천연가스는 건물이나 산업공정에 필요한 열과 전기를 생산하는 데 사용하고, 비료를 제조하는 원료로도 이용된다. 한편 발전을 포함한 산업공정에 화석연료를 사용하는 과정에서 이산화탄소가 배출된다.

인간의 활동에 의해 배출되는 온실가스의 85%는 화석연료 사용으로 발생한다. 그리고 그중에서 가장 많은 양을 차지하는 것이 에너지 생산 분야이다. 따라서 지구온난화를 늦추기 위하여 이산화탄소를 배출하는 화석에너지에서 태양광, 풍력, 수력, 수소 등 저탄소/탈탄소 신재생에너지로의 전환을 확대하고 있다.

### 청정연료 기반 교통수단의 확대

현재 사용하고 있는 교통수단의 대부분은 화석연료에 기반한 것이다. 교통수단별 평균 탄소배출량(g/㎞)을 살펴보면 자동차(가솔린) 208, 오토바이(가솔린) 145, 지하철 60, 버스 58, 고속열차 50 정도이다. 이 중에서 온실가스 배출이 가장 많은 교통수단이 자동차와 항공기이다. 따라서 전기차 및 하이브리드 자동차를 많이 이용해야 할 것이다. 또 자가용보다는 전철, 버스 등 대중교통을 이용하고 자전거 이용과 걸어다니기 등으로 탄소발자국 줄이기에 적극 참여해야 한다. 항공기의 경우에는 수소, e-연료 등을 활용한 저탄소/탈탄소 기반의 엔진이 개발 중이다.

### 저탄소/탈탄소 공정으로의 개선

현재 우리나라의 주력산업인 철강, 발전, 시멘트 등은 에너지 다소비 산업으로서, 산업구조의 전환 및 개선이 진행되고 있다. 우선 철·시멘트 산업에서는 생산 공정상에서 발생하는 온실가스가 대기 중으로 배출되지 않도록 사전에 관리하는 것이 중요하다. 이를 위해 제조과정에서 발생하는 이산화탄소를 포집해서 땅속에 저장하거나 이를 활용해 연료나 플라스틱, 비료, 건축자재 등의 유용한 물질을 만드는 관련 기술인 CCUS를 개발하고 있다.

제도적으로는 정부가 기업들에게 온실가스 배출량을 배정해주면 각 기업은 배정된 양 이하로 온실가스를 배출하고, 여유분이나 부족분의 배출권을 거래시장에서 사고팔게 하는 탄소배출권 거래제가 2015년부터 시행되고 있다. 이를 위하여 기업들은 저탄소 기술을 개발하고, 신재생에너지의 적극적인 활용을 추진하고 있다.

### 고효율 에너지 시설로의 개선

가정, 사무실, 공장 등의 냉난방 시스템, 조명, 가전제품 등을 사용하는 과정에서도 온실가스가 발생한다. 따라서 건축물의 에너지효율을 개선하고, 에너지 사용을 줄이는 노력도 필요하다. 우선

비용이 덜 드는 에너지 개선을 먼저 하고, 단계적으로 고효율 시설로 변경해나가면 된다. 예를 들면 가정에서는 에너지효율이 높은 기기나 전자제품을 사용하고, 건축물의 경우에는 노후건물을 개보수(건물 단열공사, LED 조명교체, 고효율 보일러 교체 등)하고, 신규 건물은 에너지 절약형 재료들을 사용한다.

앞으로의 주택 트렌드는 에너지 절감과 사물인터넷 등으로 대변되는 '에너지 제로 하우스(Energy Zero House)'와 '스마트홈'이다. 에너지 제로 하우스는 고단열 창호, 보온 단열재 등의 건축 자재로 실내로부터 열손실을 63%가량 줄일 수 있는 패시브(Passive) 기술과 나머지 손실되는 37%의 에너지를 태양열, 지열 등의 청정 신재생에너지로 대체하는 액티브(Active) 기술을 접목한 건축물이다.

## 나무와 숲의 확대

산림은 온실가스 배출을 억제하는 유일한 흡수원이자 매우 중요한 자원이다. 그러나 인류는 농경을 시작한 이래 지금까지 약 3조 그루의 나무를 베었다. 이는 지구 전체 나무 수의 절반에 해당한다. 이제는 이산화탄소를 줄이기 위해서라도 산림파괴를 멈추고 숲을 가꾸는 노력이 필요하다.

전 세계적으로 토양과 산림이 포함하고 있는 탄소의 양은 2조 8,500억 톤이다. 산림은 육지 면적의 1/3 정도를 차지하고 있으며, 지구 전체 광합성의 2/3 정도를 담당한다. 한편 전 지구적 토양 생태계 시스템은 대기 중에서 400억에서 1,000억 톤의 탄소를 추가로 흡수할 수 있다. 이는 앞으로는 지구 토양 생태계에서 자연적으로 발생하는 탄소조차도 더 이상 받아들 수 없다는 의미이다.

지구온난화로 일어나는 산불로 인한 피해는 엄청나다. 우리는 남미대륙에 걸친 방대한 열대우림 지역을 지구의 허파라고 알고 있다. 그러나 난개발과 잦은 산불로 황폐해진 브라질 아마존 지역에서는 지난 10년간 흡수한 것보다 20%가량 더 많은 이산화탄소를 대기 중에 배출한 것으로 확인됐다. 프랑스 국립농림과학원(INRA, Institut National de la Recherche Agronomique)의 연구에 의하면 2010년부터 2019년까지 브라질의 아마존 유역에서는 이산화탄소 139억 톤을 흡수한 반면, 산불 등으로 166억 톤을 배출하여 27억 톤을 순배출하는 결과를 초래하였다.

우리나라의 산림 면적은 전 국토의 63% 수준이다. 2018년 기준으로 국내 산림의 온실가스 흡수량은 연간 4,560만 톤으로, 국가 총배출량 7억 3천만 톤의 약 6.3%를 차지한다. 그러나 산림이 노령화되면서 2050년에는 온실가스 흡수량이 1,400만 톤까지 감소할 것으로 예상된다. 따라서 향후 30년간 30억 그루의 나무를 심어 2050년에는 3,400만 톤 수준으로 탄소흡수량이 유지되도록 할 계획이다.

### 플라스틱 등 해양오염 개선

세계적으로 해양환경의 오염 정도는 점차 심화되고 있다. 해양환경의 악화는 생물 다양성을 감소시키고 기후변화에도 커다란 영향을 미친다. 지구 표면의 71%와 생물권의 90%를 차지하고 있는 해양은 고유한 자정능력과 완충능력을 가지고 있으며, 매년 1조 톤 정도의 탄소를 흡수한다. 그러나 생활하수, 산업 및 축산폐수, 기름 등이 유출되고, 비료나 농약 등의 화학물질과 방사성 물질 등 다양한 오염물질들이 바다로 흘러들고 있다.

바다 역시 한계를 초과하여 환경파괴가 발생하면 원래의 상태로 회복시키기가 매우 어렵다. 특히 플라스틱으로 인한 오염은 매우 심각하다. 매년 1,200만 톤의 플라스틱이 바다로 유입되고 있는데, 2050년에는 바다에 물고기보다 플라스틱이 더 많아질 것이라고 한다. 해양 생태계의 위협은 어류자원 부족, 탄소흡수능력 저하 등 결국 인류에게 부메랑으로 돌아오게 되어 있다. 순환경제가 반드시 실현되어야 하는 이유이다.

### 고기를 줄이는 식생활 개선

정육산업은 전 세계 지구온난화 물질 배출량의 18%를 차지한다. 식생활에서는 많은 양의 메탄을 방출하는 가축, 특히 소에 대한 의존도를 줄여야 한다. 1kg의 소고기를 생산하기 위해서는 1만 6,500ℓ의 물이 필요하고, 26.5kg의 이산화탄소를 배출한다. 반면 버터는 12kg을 배출하고 두부는 약 4kg을 배출한다.

또한 매년 전 세계 음식의 1/3이 버려지고 있다. 이는 양으로 환산하면 연간 1.3억 톤이고, 과일의 45%, 해산물의 52%, 곡물의 32%가 버려진다고 한다. 우리가 아무런 행동을 하지 않으면 이는 2030년에는 매년 2억 톤으로 늘어난다. 낭비되고 버려진 식량에서도 다량의 메탄이 발생하므로 음식물을 계획적으로 소비하는 습관이 중요하다.

### 친환경 소비와 재활용

우리가 사용하는 제품 중 많은 것이 화석연료를 통해 만들어지며, 제조과정에서도 많은 에너지를 사용한다. 따라서 온실가스를 줄이는 방법 중 하나는 불필요한 소비를 줄이고 재사용을 일상화하는 것이다. 친환경 제품과 에너지효율이 높은 제품을 구매하고 자원을 절약하며 재활용하는 생활습관을 길러야 한다.

- 백열등 대신에 LED 사용하기: LED는 형광등에 비해 이산화탄소 배출이 최대 85% 적으며 전력소비량도 10% 수준이다.
- 대중교통, 걷기나 자전기로 이동하기: 100만 명이 일주일에 1회 자전거로 8㎞ 통근하면 연간 10만 톤의 이산화탄소를 감축하는 것과 같다.
- 일반 쓰레기와 음식 쓰레기 줄이기: 전체 음식의 1/3, 연간 1.3억 톤 수준이 버려지고 있다.
- 고지서 이메일로 받기: 종이봉투 1톤을 만들기 위해서는 나무 17그루가 필요하다.
- 일회용 컵 대신 텀블러 사용하기: 우리나라에서는 연간 일회용 컵을 1인당 500개 소비하며, 하루에 7천만 개의 일회용 컵

을 소비하지만 재활용은 5% 수준이다.

- 헌책과 헌 물건, 헌 옷 등 기부하기
- 양치할 때 수돗물 잠그기: 하루에 물 19ℓ를 절약할 수 있다.
- 장 보러 갈 때 장바구니 챙기기: 비닐봉투의 분해기간은 약 400~500년이다.
- 전자제품을 사용하지 않을 때는 플러그 뽑기: 전기소비량의 10%를 절약할 수 있으며, 100만 가구가 동참하면 연간 15만 톤의 이산화탄소 배출을 줄이는 결과를 가져온다.
- 환경보호용 제품 사용하기: 에코라벨(eco-label) 환경인증 제품을 이용한다.
- 분리수거 생활화하기: 종량제 봉투 속 폐기물의 53.7%는 종이·플라스틱·유리 등 재활용이 가능한 물품이다(2018년 기준).

우리가 일상에서 습관적으로 해오던 행동들이 지구온난화를 더욱 가속화할 수 있다. 우리 모두, 바로 지금부터 미래를 위해 절제되고 현명한 에너지 사용으로 지구를 보호하는 데 나서야 할 것이다.

# 참고 용어

1장

### IPCC(Intergovernmental Panel on Climate Change)

세계기상기구(WMO)와 유엔환경계획(UNEP)에 의해 1988년 설립된 조직으로, 인간 활동에 대한 기후변화의 위험을 평가한다. 유엔기후변화협약(UNFCCC, United Nations Framework Convention on Climate Change)의 실행에 관한 보고서를 발행하는 것이 주 임무다. 이 조직은 미국의 앨 고어 전 부통령과 함께 2007년 노벨 평화상 수상자로 선정되었다. UNFCCC는 중대한 기후변화가 일어날 가능성에 대해 인정하는 내용을 담은 국제협약이며, 이에 대한 구체적인 이행 방안이 교토의정서(Kyoto Protocol)이다. IPCC는 저작물에 대한 검증을 관련 분야 종사자에게 맡기고 있으며 과학적인 근거를 확인한다. 실제로 IPCC가 발표하는 보고서는 기후변화 논쟁 및 공식 토론에서도 널리 쓰이고 있다.

2장

### 배출권 거래제(ETS, Emission Trading System)

정부가 온실가스 감축 의무가 있는 기업에 온실가스 배출권을 할당 또는 판매하고 기업들이 시장에서 배출권 거래를 통해 여분 또는 부족분에 대해 배출권 거래가 가능하게 한 제도다. 온실가스 감축 능력이 뛰어난 기업은 할당받은 배출권보다 적게 배출해 배출권을 남기고 이를 감축 능력이 부족한 기업에 양도하게 되는데, 이로써 두 기업 모두 감축목표를 보다 저렴하게 달성할 수 있다. 또한 혁신기업들이 온실가스 배출감축 기술개발에 투자할 수 있는 유인을 제공해 전체적인 온실가스 감축을 달성할 수 있다.

각국 정부는 배출권 거래를 자국의 여건에 따라 지역 단위와 대상 부문을 다양하게 설계해서 운용하고 있다. 지역 단위로는 EU와 같은 초국가적인 단위, 미국이나 캐나다와 같은 주/지방정부 단위, 도쿄와 같은 대도시 단위까지 운영 범위를 다양하게 구현하고, 발전, 산업, 건물, 공공, 수송, 산림 등 다양한 부문을 정책 취지에 맞게 감축 대상에 포함하고 있다.

### 온실가스(GHG, Green house Gas)

온실가스는 일반적으로 자연·인위적인 지구 대기 기체의 구성물질이다. 대기 중에 장기간 체류하면서 지구표면과 대기, 그리고 구름에 의해 우주로 방출되는 특정한 파장 범위를 지닌 적외선 복사열 에너지를 흡수해 열을 저장하고 다시 지구로 방출해 지구의 온실효과를 유발하는 기체를 말한다.

이러한 온실기체의 특성으로 지구의 온도를 일정하게 유지하는 온실효과가 발생한다. 주로 수증기, 이산화탄소, 메탄, 아산화질소, 오존, 프레온 가스(CFCs) 등이 온실효과를 일으키는 일반적인 지구 대기의 온실가스 성분이다. 자연적인 온실효과는 주로 수증기에 의해 발생하는데, 이는 지구의 기온 유지에 필수적인 작용이다. 태양이나 물의 순환과 같은 많은 요소에 의해 지구의 날씨와 에너지 균형이 유지되어 약 15℃ 정도의 살기 좋은 날씨가 유지되고 있지만, 온실가스가 없다면 지구의 평균기온은 영하 19℃가 될 것이다. 현재 문제가 되는 것은 수증기와 같은 자연적인 온실가스가 아니라, 산업화로 비롯된 화석연료의 과도한 사용으로 발생한 이산화탄소, 메탄 등과 같은 인위적인 온실가스다.

### 온난화지수(GWP, Global Warming Potential)

이산화탄소가 지구온난화에 미치는 영향을 기준으로 다른 온실가스가 지구온난화에 기여하는 정도를 나타낸 것이다. 개별 온실가스 1㎏의 태양에너지 흡수량을 이산화탄소 1㎏이 가지는 태양에너지 흡수량으로 나눈 값을 가리킨다.

| 온실가스 특성 및 온난화지수 |

| 온실가스 종류 | 화학식 | 주요 배출원 | 배출량 (%) | 체류시간 (년) | 지구온난화 지수 (GWP) | 주요 특성 |
|---|---|---|---|---|---|---|
| 이산화탄소 | $CO_2$ | 연료 사용, 산업 공정 | 77 | 100 ~ 250 | 1 | 에너지원, 공정배출원 |
| 메탄 | $CH_4$ | 폐기물, 농업, 축산, 매립장, 천연가스 | 14 | 12 | 21 | 비점오염 형태로 포집 난해성 |
| 아산화질소 | $N_2O$ | 산업공정, 비료, 질산 | 8 | 121 | 310 | 배출원에 따라 포집 난이도 존재 |
| 수소불화탄소 | HFCs | 반도체 세정, 냉매, 발포제 | 1 | 1 ~ 270 | 140~11,700 | 대기 중 잔존 기간 길고 화학적으로 안정적 |
| 과불화탄소 | PFCs | 반도체 제조 | | 2,600 ~ 50,000 | 6,500 ~ 9,200 | |
| 육불화황 | SF6 | 자동차/ LCD 공정, 전기절연체, 세정가스 | | 3,200 | 23,900 | |

출처: 기상청, 한국에너지공단

좌초자산(Stranded Assets)

시장이나 사회의 환경 변화로 그 가치가 급격히 떨어져 부채로 전환되는 자산을 의미한다.

탄소국경조정세(Carbon Border Adjustment Mechanism)

탄소 배출에 대한 규제가 상대적으로 저조한 국가가 규제가 강한 국가로 상품 또는 서비스를 수출할 때 적용받게 되는 무역 관세를 뜻한다. EU는 2023년 탄소국경세를 도입하겠다고 예고했으며, 조 바이든 미국 대통령도 탄소국경세 도입을 추진할 것으로 예상한다.

탄소(Carbon)

우주 전체로는 수소, 헬륨, 산소 다음으로 4번째 많은 원소가 탄소다. 지구상에서는 15번째로 많이 존재한다. 인체도 산소 다음으로 많은 성분이 탄소이며, 약 18.5%를 차지한다. 지구의 탄소 대부분은 주로 암석에 저장되어 있다.

이산화탄소는 지각에 285,000,000기가톤, 해양에 148,000기가톤, 생물계에 15,000기가톤과 대기 중에 3,150기가톤 정도가 저장되어 있다. 인간 활동에 의한 배출량과 토지, 바다 등의 자연환경에서 흡수하는 양을 제외한 대기 중의 이산화탄소 순증가량은 연간 약 17기가톤이다.

| 세계 탄소사이클 |

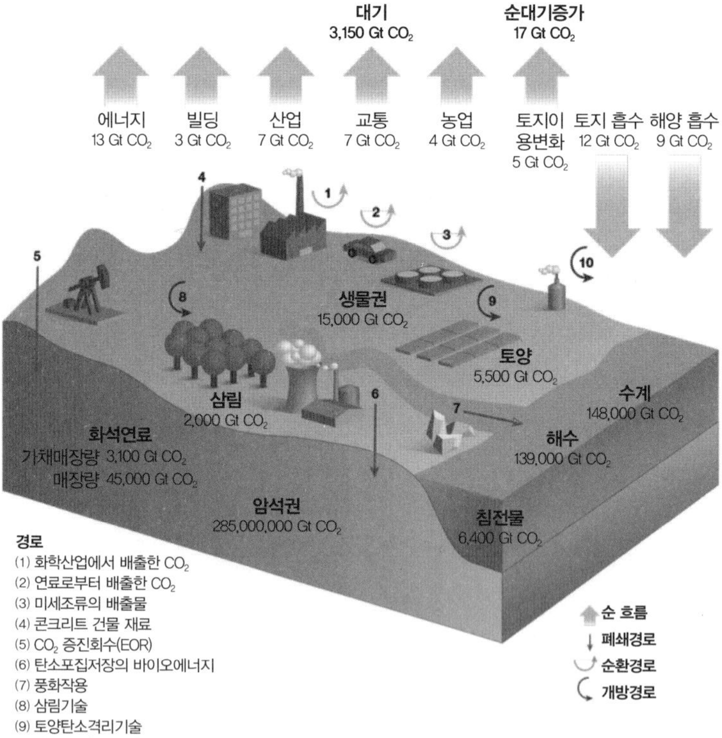


출처: Cameron Hepburn et al, 'The technological and economic prospects for CO2 utilization and removal', Nature 575, p.87－97. 2019.

### 탄소중립(Carbon Neutral)

기업이나 개인이 발생시킨 이산화탄소 배출량만큼 이산화탄소 흡수량도 늘려 실질적인 이산화탄소 배출량을 '0(zero)'으로 만든다는 개념이다. 즉 대기 중으로 배출한 이산화탄소의 양을 상쇄할 정도의 이산화탄소를 다시 흡수하는 대책을 세움으로써 이산화탄소 총량을 중립 상태로 만든다는 뜻이다.

### 탄소세(Carbon Tax)

1990년대 초반 미국경제학자인 윌리엄 노드하우스 교수가 제안한 개념이다. 이산화탄소 저감대책의 하나로 선진국을 중심으로 논의되고 있는 세제로서, 그 본질상 부과금의 한 형태로서 화석연료를 사용하는 경우 연료에 함유된 탄소 함유량을 과세표준으로 삼아 화석연료의 생산이나 이용하는 대상에게 부과하는 제도다.
탄소세란 일종의 종량세로서 탄소배출량에 따라 세를 부과하는 것이며 에너지 사용에 따라 불가피하게 배출되는 이산화탄소의 배출을 억제하는 데 목적이 있는 목적세이다.

### IPCC 지구온난화 1.5℃ 특별보고서(Global Warming of 1.5℃)

유엔기후변화협약(UNFCCC) 당사국총회(COP, Conference of Parties)는 2015년 파리협정에서 "2100년까지 지구 평균온도가 산업화 이전(1850~1900년 평균)보다 2℃ 이상 상승하지 않도록 하되 1.5℃를 넘지 않도록 노력한다"라는 데 합의한 바 있다. 목표는 2℃로 설정하면서 1.5℃는 노력의 영역으로 남겨둔 셈이다. 보고서에 따르면 산업화 이전 대비 현재 지구 평균온도는 약 1℃ 올랐는데, 현재 속도로 온난화가 지속되면 2030년에서 2052년 사이 상승 폭이 1.5℃를 넘어설 것으로 예상한다. 보고서는 지구 평균온도 상승폭이 2℃일 때와 1.5℃일 때 확고한 차이를 보인다고 전망하고 있다.

## 3장

### 국제에너지기구(IEA, International Energy Agency)

세계의 주요 석유소비국에 의한 초국가적인 기구다. 산유국의 공급감축에 대항해 참가국 간 석유의 긴급융통, 소비 억제, 대체에너지의 개발 촉진 등이 목적이다. 1974년 OECD 이

| 2100년까지 전 지구 평균온도 2℃와 1.5℃ 상승 시 영향 |

| 구분 | 2℃ 상승 | 1.5℃ 상승 |
| --- | --- | --- |
| 기온 | 중위도 폭염 시 4.5℃ 상승<br>고위도 혹한 시 6℃ 상승 | 중위도 폭염 시 3℃ 상승<br>고위도 혹한 시 4.5℃ 상승 |
| 해수면 | 0.3~0.93m 상승 | 0.26~0.77m 상승 |
| 연안홍수 | 매우 높음 | 보통 |
| 북극해 해빙 | 10년에 한 번 여름철 북극해 해빙 | 100년에 한 번 여름철 북극해 해빙 |
| 육지 생태계 변화율 | 약 13%(예: 툰드라 → 관목지대 등) | 약 6% |
| 산호초 | 99% 소멸 | 70~90% 소멸 |
| 어획량 | 300만 톤 감소 | 150만 톤 감소 |
| 생물종<br>(10만 5,000종) | 곤충 18%, 식물 16%, 척추동물 8%<br>서식지 절반 사라짐 | 곤충 6%, 식물 8%, 척추동물 4%<br>서식지 절반 사라짐 |

출처: IPCC, 〈지구온난화 1.5℃ 특별보고서〉, 2018.

사회에서 설립을 결의하여 1976년 1월에 발족했다. 최고결정기관으로서 이사회를 두고 ① 긴급융통 ② 석유 시장 ③ 장기적 협력 ④ 에너지 연구개발 등 4개 상설위원회와 사무국으로 구성되어 있다.

### 에너지집약도(Energy Intensity)

국내총생산(GDP) 1,000달러 생산을 위해 투입되는 에너지의 양(TOE : Tonnes of Oil Equivalent)으로 '에너지원단위'라고도 한다. 에너지집약도는 에너지 효율성이 높아질수록, 국민경제에서 에너지 다소비 산업의 비중이 작을수록, 동일 산업 내에서도 고부가가치 제품을 생산할수록 낮아진다.

### 인더스트리 4.0(Industry 4.0)

사물인터넷(internet of things)을 통해 생산기기와 생산품 간의 정보교환이 가능한 제조업의 완전한 자동 생산 체계를 구축하고 전체 생산과정을 최적화하는 산업정책으로, 제4세대 산업생산시스템이라고도 한다. 1차 산업혁명(증기기관의 발명), 2차 산업혁명(대량생산,

자동화), IT가 산업에 접목된 3차 산업혁명에 이어, 사이버물리시스템(CPS)이 네 번째 산업혁명을 가져올 것이라는 의미에서 붙여진 명칭이다. 독일의 경우 제조업 경쟁력이 세계 최고 수준이지만, 경쟁 심화 등에 대비해 2010년부터 이 정책을 적극적으로 추진하고 있다.

### 줄(Joule)

에너지(energy), 일(work)과 열량(amount of heat)의 단위로, 기호로 J를 사용한다. 1J은 물체에 1N의 힘을 가해 물체가 힘의 방향으로 1m 이동했을 때 힘이 물체에 해준 일이다. 에너지에 대한 단위로 엑서줄(Exajoule)을 사용하는데, 엑서줄에서 'exa'는 뒤에 0이 18개 붙는다는 뜻이다. 100EJ(exajoules)은 2,388만TOE로 환산된다.

### 화이트바이오(White Bio)

산업 생산 공정에 생명공학이 응용된 개념이다. 옥수수 · 콩 · 사탕수수 · 목재류 등 재생 가능한 식물 자원을 원료로 사용해 화학제품 또는 바이오 연료 등의 물질을 생산하는 기술을 말한다.

### TOE(Tonnage of Oil Equivalent)

kl, t, ㎥, kW 등 여러 가지 단위로 표시되는 각종 에너지원을 원유 1톤이 발열하는 칼로리를 기준으로 표준화한 단위다. 1TOE는 원유 1톤(7.41배럴)의 발열량 1,000만kcal가 기준이 되며 석탄 1.55톤, 천연가스 1,150㎥에 해당된다.

## 4장

### 가상발전소(VPP, Virtual Power Plant)

지역별로 흩어져 있는 재생에너지 발전 설비와 ESS를 클라우드 기반 소프트웨어로 통합한 뒤 하나의 발전소처럼 관리하는 발전소이다. 인공지능 기술 등을 활용해 전력망에 존재하는 다양한 전원들을 효율적으로 통합관리하고, 분산된 전력소비 정보를 수집하고 분석한 뒤 필요한 전력만 생산하는 맞춤형 발전사업이다.

### 계통한계가격(SMP, System Marginal Price)

공급 입찰에 참여한 발전기의 비용 최소화 원칙에 따라 발전기 가동 여부와 발전출력을 결정하게 되는데, 이 중 가장 높은 발전비용의 발전기를 한계가격 결정 발전기(Marginal Plant)로 처리하고 이 한계가격을 그 시간대의 시장가격으로 결정한다. 전력거래소는 거래일의 수요를 예측해 하루 전에 발전회사로부터 공급 가능한 용량을 입찰받는다. 이를 바탕으로 시간대별 수요에 맞게 발전계획을 수립해 시장가격을 결정하게 된다.

### 그리드 패리티(Grid Parity)

대체에너지의 발전 단가가 일반 전력회사(화석연료 등)에서 전력을 구입하는 가격보다 작거나 동등한 수준의 비용으로 공급받을 수 있는 상황을 말한다. 이 용어는 재생 가능한 에너지 자원, 특히 태양에너지와 풍력 에너지에 대해 논할 때 가장 많이 사용된다.

### 기저부하(Base Load)

주어진 일정 기간 중의 최저 부하를 담당하는 것으로 전체 부하 중 24시간 또는 어떤 시간 동안에 계속 걸리는 부하다. 일정 기간(일, 달, 년) 동안 총수요량이 변하지 않는 부분이다.

### 분산에너지(Distributed Energy)

수용가 내부 또는 수요지 인근에 있는 분산형 전원과 전력계통 안정화에 기여할 수 있는 자원이다. 전기사업법에 의하면 분산형 전원이란 수요지역 인근에 설치해 송전선로 건설을 최소화할 수 있는 40MW 이하의 모든 발전 설비, 500MW 이하의 집단에너지·구역 전기·자가용 발전 설비를 말한다.

### 수소발전의무화제도(HPS, Hydrogen Energy Portfolio Standard)

2020년 10월 15일 열린 '제2차 수소 경제위원회'에서는 수소발전의무화제도(HPS) 도입방안을 의결했다. 위원회 계획대로면 발전 관련업계는 오는 2022년부터 매년 일정 비율의 수소발전량을 의무적으로 채워야 한다. 재생에너지 전반에 대한 의무발전제도(RPS)는 2012년부터 이미 시행하고 있다. 이에 따라 각 발전사는 연료전지를 이용한 수소발전은 물론 태양광, 풍력, 지열 등 신재생에너지를 이용해 일정 비율의 의무 발전량을 채우고 있다. HPS는 이 가운데 수소발전만 따로 떼어내 별도 할당량을 추가 부여하기로 한 것이다. 수소 분야에 무게를 실어주는 조치이다.

### 스마트 그리드(Smart Grid)

'똑똑한'을 뜻하는 'Smart'와 전기, 가스 등의 공급용 배급망, 전력망이란 뜻의 'Grid'가 합쳐진 단어다. 차세대 전력망, 지능형 전력망으로 불린다. 한국스마트그리드협회에서는 스마트 그리드를 '기존 전력망에 정보통신기술(ICT)을 더해 전력 생산과 소비 정보를 양방향, 실시간으로 주고받음으로써 에너지효율을 높이는 차세대 전력망'이라고 설명한다.

### 신재생에너지(New and Renewable Energy)

'신에너지 및 재생에너지 개발·이용·보급 촉진법' 제2조의 규정에 따라 "기존의 화석연료를 변환시켜 이용하거나 햇빛, 물, 지열, 강수, 생물유기체 등을 포함해 재생 가능한 에너지를 변환시켜 이용하는 에너지"를 신에너지 및 재생에너지로 정의하고 있다. 신에너지는 수소에너지, 연료전지, 석탄가스화 및 중질잔사유가스화 3개 분야이고, 재생에너지는 태양광, 태양열, 바이오, 풍력, 수력, 해양, 폐기물, 지열, 수열의 9개 분야이다.

### 신재생에너지 공급의무화 제도(RPS, Renewable Portfolio Standard)

500MW 이상의 발전 설비를 보유한 공급의무자에게 총발전량의 일정량 이상을 신재생에너지로 공급하도록 의무화하는 제도다. 총 21개 공급의무자는 신재생에너지를 생산하는 발전사업자의 신재생에너지 공급인증서(REC, Renewable Energy Certificate)를 구매해 RPS 비율을 충족시켜야 한다.

### 전력공급곡선(Dispatch Curve)

전력가격 산정 시 가장 효율이 높은(같은 전기를 생산할 때 원가가 적게 드는) 발전기부터 비효율적인 발전기까지 순서대로 세울 때 만들어지는 곡선으로 SMP의 기초가 된다.

### 전력 수요반응(DR, Demand Response)

전기 사용자가 전력시장 가격이 높을 때 또는 전력계통 위기 시 아낀 전기나 보유한 전기를 전력시장에 판매하고 수익을 창출하도록 하는 것이다. 수요반응 거래시장은 크게 전력거래소의 최대 전력 감축 지시를 이행해야 하는 피크 감축 DR과 전력공급 비용 절감을 위해 자발적으로 감축하는 요금 절감 DR로 구분된다. 피크 감축 DR은 의무 감축 이행으로 수요관리 사업자(자원운영)와 전력거래소가 의무 감축 용량을 사전에 계약하고, 전력거래소가 계약용량에 대해 감축 지시를 발령하면 수요관리 사업자가 의무적으로 부하 감축하는 방식이다. 요금 절감 DR은 전력거래소의 감축 지시가 없고, 하루 전 전력시장에서 일반 발전 입찰가격보다 저렴할 경우 수요반응을 감축하는 방식이다.

### 첨두부하(Peak Load)

지정된 시간 동안 설비들에 의해 소비되거나 생산된 최대 부하다. 이것은 어떤 정해진 기간의 최대 순간 부하나, 최대 평균부하일 수 있다. 일반적으로 최대 평균부하를 주로 쓴다. 상업적인 거래에서의 첨두부하는 그 기간의 최대 평균전력을 의미한다.

### CCUS(Carbon Capture Utilization and Storage)

이산화탄소가 생산되는 근원지에서부터 공기 중으로 방출되는 것을 막고(Carbon Capture) 필요한 곳에 사용(Utilization)하거나 지하에 저장(Storage)하는 기술이다.

### LEDS(Long-term low greenhouse gas Emission Development Strategy)

파리협정에서는 기후변화 대응을 위해 화석연료 의존을 어떻게 낮춰갈지 각 나라에 장기계획(장기저탄소전략)을 요청했다. 탄소중립 실현을 위해 무엇을 어떻게 바꿔나갈지 각 정부가 세운 계획이다.

### NDC(Nationally Determined Contributions, 국가결정기여)

파리협정에서는 더 많은 국가의 참여를 유도하고 기후변화에 신속하게 대응하기 위해 각 당사국이 현재의 상황을 고려해 온실가스 감축 목표를 자발적으로 정하도록 했는데, 이 목표를 국가결정기여(NDC)라고 한다. 많은 국가의 참여를 유도하기 위해 NDC의 내용에는 법적 구속력이 없더라도 당사국은 NDC를 달성하기 위해 국가 정책을 시행해야 하고, 5년 주기로 새로운 NDC를 제출할 의무가 있다. 2021년 1월 말까지 75개 국가가 UNFCCC에 NDC를 제출했다.

### REC(Renewable Energy Certificate)

REC는 발전설비 용량이 500메가와트(MW) 이상인 대형 발전사가 신재생에너지 의무할당량을 채우기 위해 신재생에너지 사업자로부터 구매하는 인증서를 말한다. 정부는 신재생에너지 인증서를 바탕으로 대상 업체들의 의무이행 여부를 판정하고, 이행하지 못했을 경우 과징금을 부과한다. 이 신재생에너지 공급량은 2012년 전체 공급량의 2%에서 시작돼 2024년에는 10%로 높아지게 된다.

### RE100(Renewable Energy 100 Percent)

기업이 사용하는 전력량의 100%를 2050년까지 풍력, 태양광 등의 재생에너지 전력으로 충당하겠다는 목표로 민간 차원에서 추진하는 국제적 온실가스 저감 캠페인이다. 대체로 2030년 60%, 2040년 90%라는 단계를 거친다. 2014년 영국 런던의 다국적 비영리기구인 'The Climate Group'과 CDP(Carbon Disclosure Project)가 협력해 발족했다. 현재 RE100은 연간 100GWh 이상의 전력을 사용하는 기업을 대상으로 하며 2021년 5월 현재 구글, 애플, 마이크로소프트, BMW, GM 등 전 세계 309개 사가 참여하고 있다. 마이크로소프트, 애플, 구글 등 30개 기업은 이미 100% 전환에 성공했다. 80% 이상을 달성한 기업은 25개, 90% 이상은 45%에 달할 만큼 전환속도가 빠르다.

### Semisub(Semi-submersible)

반잠수식 구조물로 반잠수식 플랫폼을 말한다. 일반적으로 사용 중인 위치로 운송되며, 석유와 천연가스를 탐사, 추출, 저장 및 처리하기 위한 유정 드릴링 시설이 있는 대형 구조물이다.

### Spar

수직으로 고정된 속이 비어있는 긴 원통형 구조로, 실린더는 해저까지 닿지 않고 고정하는 케이블만 바닥에 닿아 있는 부유 형식의 구조이다. 허리케인 등에 견딜 수 있도록 설계된 가장 큰 퍼디도 스파(Perdido Spar)는 수심 약 2,450m에서 활동 중이며 길이가 에펠탑과 거의 같다.

### TLP(Tension Leg Platform)

해저에 설치된 앵커와 부체(浮體) 플랫폼이 긴장력이 주어진 케이블 등에 의해 결합되어 있는 양상(洋上)의 부체 구조물이다.

## 5장

### 고형연료제품(SRF, Solid Refuse Fuel)

플라스틱 쓰레기 등 생활폐기물 등으로 만든 고체 재생연료다. SRF를 태워 열과 전기를 얻는 SRF발전은 정부 보조금을 받는 신재생에너지 취급을 받아왔다. 하지만 2019년 10월부터 신규 SRF발전소 및 소각장의 신재생에너지 공급인증서(REC 0) 가중치는 2018년 말 0.25에서 0으로 하향 조정돼 아예 폐지됐다. 즉 SRF발전은 신재생에너지에서 사실상 제외되었다.

### 그린슈머(Greensumer)

자연을 상징하는 말인 '그린(green)'과 소비자라는 뜻을 가진 '컨슈머(consumer)'의 합성어로, 친환경적인 제품을 구매하는 소비자를 말한다. 우리말 순화어는 '녹색소비자'다. 기본적으로 환경 문제에 관심이 높고 생활 속에서 환경보호를 실천하려는 의지가 있으며 식품, 의류, 생활용품 등을 구매할 때 제품의 친환경성 여부를 중요한 기준으로 삼는다.

### 니어쇼어링(Nearshoring)

비용 절감을 위해 기업의 생산기반을 인접 국가나 지역에 두거나 가까운 국가에 아웃소싱을 하는 것을 말한다.

### 리쇼어링(Reshoring)

인건비 등 각종 비용 절감을 이유로 해외에 나간 자국 기업이 다시 국내에 돌아오는 현상을 말한다. 장기화되는 경기침체와 급증하는 실업난을 해결하기 위한 것으로, 자국 기업이 해외로 이전하는 '오프쇼어링(off-shoring)'의 반대 개념이다.

### 순환경제(Circular Economy)

종래의 '자원 투입(take) → 생산(make) → 사용(use) → 폐기(dispose)'라는 단선적 경제 패러다임 안에서 활용되지 않고 폐기되고 있던 제품이나 원재료 등을 새로운 자원으로 파악해 폐기물을 배출하는 일 없이 자원을 순환시키는 경제 패러다임을 의미한다. 1989년 영국의 환경경제학자 피어스와 터너에 의해 발전된 개념으로 중국의 11차 5개년 계획(2006-2010) 및 파리협정(2015), 세계경제포럼(2017) 등을 통해 새로운 경제 프레임워크로 부상하고 있다.

### 업사이클링(Upcycling)

버려진 자원이나 쓸모없는 폐품을 원재료를 분해하는 과정 없이 잘 활용해 원래보다 더 좋은 품질 또는 더 높은 환경적 가치가 있는 제품으로 재가공하는 과정이다. 기계적, 화학적 공정을 통해 사용 가능한 다른 형태의 재료로 바꾸어 사용하는 다운사이클링과는 다르다.

### 유럽 그린딜(European Green Deal)

2050년까지 탄소 배출 제로 달성이라는 친환경 목표 안에 에너지 탈탄소화, 지속가능한 사업, 건축·운송 분야 에너지 효율성 강화, 식품안전, 생물다양성 등 다양한 정책안을 제시했다. EU는 이를 위한 제도적 장치로 탄소국경조정세 및 탄소배출권 거래제(ETS) 확대 추진을 발표했다.

### 지구환경 관련 금융(Finance)

기후금융 중 온실가스 감축사업과 관련된 분야에 활용되는 금융을 말한다.

- 지속가능금융(Sustainable Finance): 지속가능성 제고를 위해 지원되는 금융으로, 환경 이외에 사회적 약자 보호 분야까지 포함한다.
- 환경금융(Environment Finance): 광의적 개념으로는 환경개선을 위해 지원되는 금융으로 녹색금융, 탄소금융 등을 포괄하지만 협의적 개념으로는 대기, 수질, 폐기물 관련 금융으로 제한된다.
- 녹색금융(Green Finance): 공기·수질·토양 등 기타 환경 오염 방지를 지원하는 녹색성장을 위해 지원되는 금융 일체를 의미한다. 국내적으로는 탄소금융과 거의 동일하다.
- 기후금융(Climate Finance): 온실가스 감축과 기후변화에 대응해 기업과 사회의 탄소 배출 경감을 유도하고 저탄소 경제로 이행하기 위해 지원하는 금융이다.
- 탄소금융(Carbon Finance): 기후금융 내에서 특히 배출권 거래제 등 온실가스 감축사업 관련 금융이다. 국제적인 탄소금융으로는 송도에 본부가 있는 녹색기후기금(GCF, Global Carbon Fund)가 있다.

### 탄소발자국(Carbon Footprint)

일상생활을 하면서 직간접적으로 배출하는 탄소의 양을 측정한 것이다. 무언가를 할 때마다 배출되는 탄소배출량을 발자국으로 상징화한 것이다.

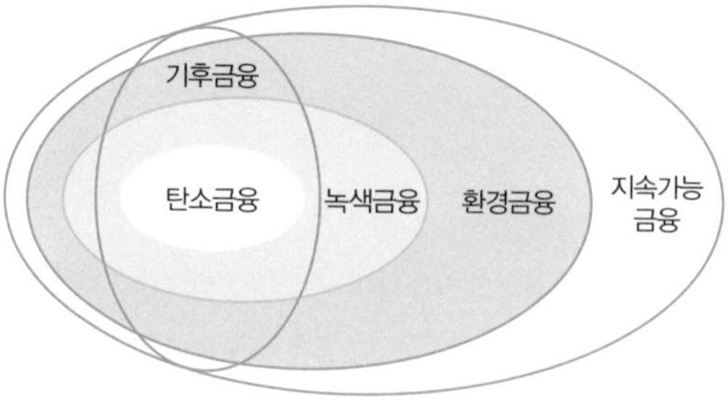


출처: 나겸재, 탄소금융의 현재와 미래, korea Carban forum 2019 세미나.

### ESG(Environment, Social, Governance)

ESG는 유엔환경계획(UNEP)과 주요 금융기관들이 결성한 국제 파트너십인 유엔환경계획 금융이니셔티브(UNEP FI)에서 2003년에 처음 사용했다. UNEP FI에서 탄생한 ESG는 2000년 출범한 기업의 사회적 책임에 대한 국제협약인 유엔글로벌콤팩트(UNGC)에서 2005년에 공식 용어로 사용되었다. 2006년 UNEP와 UNGC 두 기관이 공동으로 유엔책임투자원칙(UN PRI, UN Principle for Responsible Investment)을 제정했다. UN PRI 6대 책임투자원칙에는 1) 투자 분석과 투자 의사 결정에 ESG를 반영하고 2) ESG를 주주권 행사에 활용하며 3) ESG 정보공개를 요구한다는 내용 등이 포함되어 있다.

| 1987년 | 2003년 | 2005년 | 2006년 | 2016년 | 2018년 | 2019년 |
|---|---|---|---|---|---|---|
| **브룬틀란 보고서** | UNEP FI | UNGC | UN PRI | GRI | SASB | BRT |
| 지속가능성 제시 | ESG 용어 처음 사용 | ESG 공식 용어 채택 | 책임투자원칙 제정 | 지속가능성 평가지표 발표 | 산업별 지속가능성 보고 표준 | ESG 포함 새로운 기업 목적 선언 |

출처: 매일경제

# 참고 문헌

## 1장

김백민, 《우리는 결국 지구를 위한 답을 찾을 것이다》, 블랙피쉬, 2021.

딜로이트, 〈전기차 시장 전망- 2030을 대비하기 위한 전략〉, 2020.

박호정, 《탄소전쟁》, 미지북스, 2015.

geosky, 〈빙하시대의 비밀 밝힌 밀란코비치(Milankovitch), 2017. 5. 27.

서울경제, 〈'오일의 시대'는 끝났나… 울상짓는 석유업계〉, 2020. 8. 31.

소프트정책연구소, 〈제4차 산업혁명과 산업의 디지털 전환: 위기와 전략〉, 2017.

오강선, 《디지털 혁명 사용설명서》, 클라우드나인, 2019.

연합인포맥스, 〈석유에너지의 종말… OPEC, 패러다임 변화 흐름 놓쳐〉, 2015. 12. 24.

융합연구정책센터, 〈디지털산업 패러다임 변화분석〉, 2018.

위키피디아, '에너지 전환'.

조천호, 《파란 하늘 빨간 지구》, 동아시아, 2019.

토머스 S. 쿤, 《과학혁명의 구조》, 까치, 2013.

프레시안, 〈'지하 자원'에서 이제 '천상 자원'으로 가는 길〉, 2021. 3. 17.

한국경제, 〈김홍일쌤의 서양철학 여행 (55) 토머스 쿤 '과학혁명의 구조'〉, 2018. 10. 8.

하태정, 〈미래 기술 트렌드의 핵심: 컨버전스〉, 과학기술정책연구원, 2006.

YTN 사이언스 〈천문학의 오해와 진실… 천동설과 지동설〉, https://science.ytn.co.kr/program/program_view.php?s_mcd=0082&key=201909061705438118

2장

기상청, http://www.climate.go.kr/home/10_wiki/index.php/온실가스

기후변화행동연구소, 〈탄소예산 감소: 2020년을 맞는 지구에 주는 메시지〉, 2019.12.

나오미 클라인, 《미래가 불타고 있다 - 기후 재앙 대 그린 뉴딜》, 열린책들, 2021.

나오미 클라인, 《이것이 모든 것을 바꾼다》, 열린책들, 2016.

남종영, 《지구가 뿔났다 - 생각하는 십대를 위한 환경 교과서》, 꿈결, 2013.

대한민국 정책 브리핑, 〈온실가스 감축〉, 2020.03.12.

데이비드 월러스 웰즈, 《2050 거주불능지구》, 청림출판, 2020.

삼성증권, 〈ESG 시대, 에너지 대전환〉 :1편 Overview, 2020.

소비라이프, 〈언제부터 경제학에 '스완(백조)'이 등장했을까〉, 2020.10.30.

신동한, 《왜 에너지가 문제일까?》, 생각비행, 2017.

윌리엄 노드하우스, 《기후 카지노》, 한길사, 2017.

윌리엄 노드하우스, 《균형의 문제》, 교유서가, 2020.

이반 스크레이즈·고든 매케론, 《에너지의 미래》, 교보문고, 2019.

임동민, 〈기후위기 대응, 왜 그린뉴딜인가?〉, 한국에너지정보문화재단 유튜브 라이브 방송 www.youtube.com/iloveKEIA

정치경제연구소 대안, 〈탄소배당 연계 탄소세 도입의 필요성 및 기본방향〉, No.22

조선일보,〈꿀벌이 사라진다면? … 식량자원 3분의 1 줄어들어요〉, 2021.5.11.

조선일보, 〈빼앗긴 능금의 도시 … 그 많던 대구 사과는 어디로 갔나〉, 2021.4.7.

크리스티아나 피게레스·톰 리빗카낵, 《한배를 탄 지구인을 위한 가이드》, 김영사, 2020.

토니 세바, 《에너지혁명 2030》, 교보문고, 2015.

포스코경영연구원, 〈기후변화의 주범 이산화탄소(CO2) 미래 자원 가능성은?〉, 2019.

한겨레신문, 〈유엔 "한국 등 온실가스 감축목표 다시 내라"〉, 2021.2.26.

한국과학기술연구원(KIST), 〈스마트팜으로 여는 농업의 미래〉, 2020.

Circular Carbon Network, Circular Carbon Market Report,

CONSTRAIN. (2019). ZERO IN ON the remaining carbon budget and decadal warming rates. Leeds, UK: The CONSTRAIN Project.

Friedlingstein, P., Jones, etc (2019). Global Carbon Budget 2019. Earth System Science Data, 11(4), 1783-1838.

KDB미래전략연구소, 〈탄소가격제 현황 및 최근 동향〉, 2020.

World Bank Group, State and Trends of Carbon Pricing, 2020.

3장

김지연, 《4차 산업혁명 시대에 살아남기》, 페이퍼로드, 2017.

김병권, 〈경제성장과 탄소중립, 같이 갈 수 있나?〉, 2020.12.22.

산업연구원, 〈제4차 산업혁명이 주력산업에 미치는 영향과 주요과제〉, 2017.

삼성증권, 〈ESG 시대, 에너지 대전환〉, 2020.

서울경제, 〈인류와 함께 한 에너지〉, 2017.12.27.

에너지경제연구원, 〈발전 부문 에너지 전환 달성을 위한 세제 개편 방안 연구〉, 2018.

에너지고위경영자과정 변화와 미래 포럼, 〈기후변화와 에너지산업의 미래〉, 아모르문디, 2021.

에너지기후정책연구소, 〈경제성장과 탄소배출은 결별할 수 있나〉, 2020.1.16.

에너지신문, 〈김신종의 에너지 이야기- 산업혁명과 에너지〉, 2019.3.18.

에너지신문, 〈석유산업 제품전환과 청정에너지로의 부활〉, 2021.3.24.

에너지투데이, 〈에너지와 인류의 역사〉, 2007.4.6.

제러미 리프킨, 《글로벌 그린 뉴딜》, 민음사, 2020.

제러미 리프킨, 《노동의 종말》, 민음사, 2005.

한국경제신문, 〈에너지의 진화〉, 2013.10.28.

한국시니어과학기술인협회, 〈4차 산업혁명시대의 기초과학의 발전전략 연구〉, 2018.

IEA, Net Zero by 2050 - A Roadmap for the Global Energy Sector. 2021.5.

BP, 《Statistical Review of World Energy 2020》, 69th edition

Nabo Focus 제24호, 〈주요국의 온실가스 배출량과 GDP의 탈동조화 경향과 시사점〉, 2020.9.29.

Shell, 〈THE ENERGY TRANSFORMATION SCENARIOS〉, 2021.

World Energy Data https://www.worldenergydata.org/world-total-final-consumption/

4장

김경수, CGO, 〈에너지혁명과 풍력〉, 2021.5.

대한민국 정부 관계부처 합동, 〈2050「탄소중립」추진전략안〉, 2020.12.7.

삼성증권, 〈ESG 시대, 에너지 대전환〉, 2020.

아시아경제, 〈글로벌 석유기업 '재생에너지에 미래 있다' 환골탈태〉, 2020.6.25.

에너지경제연구원, 〈분산전원을 활용한 지역경제 활성화방안 연구〉. 2016.

에너지경제연구원, 〈시장주도형 수소경제 조기 정착을 위한 전략 연구〉, 2021.4.

에너지경제연구원, 〈재생에너지 공급 확대를 위한 중장기 발전단가(LCOE) 전망 시스템 구축 및 운영〉, 2020.

에너지고위경영자과정 변화와 미래 포럼, 〈기후변화와 에너지산업의 미래〉, 아모르문디, 2021.

에너지단열경제, 〈신재생에너지의 한계〉, 2019.11.15.

에너지데일리, 〈수소는 '저탄소 에너지 시스템' 구현에 기여할 수 있나〉, 2019.6.28.

에너지포럼 2021, 〈탄소중립, 에너지산업의 기회와 도전〉, 2021.4.

이준석, 〈에너지 전환의 게임체인저 : 부유식 해상풍력〉, 한국석유공사, 2021.4.

지앤이타임즈, 〈에너지 전환 요구 직면한 글로벌 석유가스 기업〉, 2021.3.7.

충청투데이, 〈초지능-초연결-초융합 …생활, 산업… 뿌리부터 바뀐다〉, 2019.6.10.

포스코경영연구원, 〈수소경제의 경제적·기술적 이슈〉, 2019.5.1.

한국에너지정보문화재단, 〈주목받고 있는 ESS의 역할〉, 2019.7.29.

한국전력공사, 〈에너지 전환과 스마트에너지〉, 2021. 4.
해외자원개발협회, 《자원 가치 미래》 (Vol. 21, 겨울호), 2020.
BloombergNEF, 〈New Energy Outlook 2020〉
GE코리아, 〈이산화탄소 포집기술은 지구온난화의 해결책이 될 수 있을까〉, 2015. 12. 29.
GS칼텍스 미디어허브, 〈에너지 전환이 석유업계에 미치는 영향과 대응전략 분석〉, 2020. 8. 7.
IEA, 〈Net Zero by 2050 - A Roadmap for the Global Energy Sector〉. 2021. 5.
KOTRA, 〈엘론 머스크도 찾는 탄소포집(CCUS)기술이란〉, 2021. 2. 10.
KOTRA 해외시장뉴스, 〈그린으로 나아가는 사우디 수소산업〉, 2021. 3.
LAZARD, Levelized Cost of Energy, Version 14. 0, 2020. 8.

5장

강원발전연구원, 〈탄소배출권 그리고 강원도 산림 자원〉, 2013.
그린피스, 〈탄소 국경세에 가장 큰 영향 받을 대한민국 산업 TOP 3–2년 뒤 대한민국이 지불해야 할 탄소 국경세는 얼마?〉, 2021. 1. 31.
금융투자협회, 〈최근 글로벌 ESG 투자 및 정책동향〉, 2020.
기후변화행동연구소, 〈탄소예산 감소: 2020년을 맞는 지구에 주는 메시지〉, 2019. 12. 26
대니얼 서스킨드, 《노동의 시대는 끝났다》, 와이즈베리, 2021.
대한민국정책브리핑, 〈2050 탄소중립으로 가기 위한 순환경제〉, 2020. 12. 21.
매경이코노미, 〈탄소국경세·유럽기후법…· ESG 현실로〉, 2021.
삼정KPMG, 〈ESG의 부상, 기업은 무엇을 준비해야 하는가?〉, 2021.
신한금융투자, 〈2021년 경제 및 금융시장 전망 - 뉴딜〉, 2020.
신한금융투자, 〈뉴딜2〉, 2021.
에너지신문, 〈LG에너지솔루션, 배터리 재활용사업 집중하는 이유〉, 2021. 5. 12.
에너지신문, 〈2050년 재생에너지 일자리 전망〉, 2020. 4. 24.
이준희, 〈한국 기업들의 ESG 경영을 위한 변화〉, 2020.

제이비안, 〈지구온난화를 막기 위해 내가 할 수 있는 일 10가지〉, 2017.10.23. https://jay828282.tistory.com/73

주간조선, 〈인간이 만든 인공물, 자연산 생물의 총질량을 능가하다〉, 2020.12.21

중앙일보, 〈'지구의 허파'? 브라질 아마존, 탄소 배출량이 흡수보다 많아져〉, 2021.5.3.

크리스티아나 피게레스, 톰 리빗카낵, 《한배를 탄 지구인을 위한 가이드》, 김영사, 2020.

타임, 〈변화를 위해 당신이 할 수 있는 51가지 일들〉, 2007.4.9.

한국무역협회, 〈유럽의 순환경제 가속화와 우리의 대응〉, 2018.

한국무역협회 해외시장뉴스, 〈EU, 플라스틱 제로 사회로 나아가다〉, 2021.

한국탄소금융포럼(IBK기업은행), 〈탄소금융의 현재와 미래〉, 2019.

한국환경정책연구원(KEI), 《순환경제로의 전환을 위한 그린 뉴딜 추진 방향》 제24권 제12호, 2020.

환경부, 〈교토의정서 이후 신기술체제 – 파리협정 길라잡이〉, 2016.

CONSTRAIN. (2019). ZERO IN ON the remaining carbon budget and decadal warming rates. Leeds, UK: The CONSTRAIN Project.

EY한영, 〈기후변화 규제가 한국 수출에 미치는 영향 분석: 주요 3개국(미,중,EU)을 중심으로〉, 2020.

IRENA, Measuring the Socio-eocnomics of the Transition- Focus on jobs, 2020.

Friedlingstein, P., Jones, M. W., O'Sullivan, M., Andrew, R. M., Hauck, J., Peters, G. P., Zaehle, S. (2019). Global Carbon Budget 2019. Earth System Science Data, 11(4), 1783-1838.

GS칼텍스 미디어 허브, 〈우리는 왜 ESG에 주목해야 할까?〉, 2020.2.20.

Green News 360, 〈지구온난화 해결 9가지〉, 2020.11.5.

WWF Korea, 〈지구를 위한 작은 습관 7가지〉. https://blog.naver.com/wwf-korea/221516043814

**북큐레이션** • 인생을 주도적으로 살고 싶은 사람들을 위한 책.

《2050 에너지 레볼루션》과 함께 읽으면 좋은 책, 당신의 미래에 언제나 기회가 가득하길 응원합니다.

플랫폼BM과 콘텐츠BM의 전쟁

## 애프터 코로나 비즈니스 4.0

**선원규 | 18,000원**

**강력한 생태계를 만들어가는 플랫폼 사이에서 생존하는 콘텐츠를 발견하라!**

지금은 플랫폼의 시대다. 두말하면 입 아픈 구글과 아마존, 숨 쉬듯이 사용하는 네이버와 카카오, 전 세계 시청자들의 마음을 사로잡은 넷플릭스, 로켓 강자 쿠팡 등 온라인 플랫폼이 생활의 중심이 되어가고 있다. 그렇다면 앞으로의 미래 시장에서 살아남으려면 플랫폼과 콘텐츠 중에서 어떤 것에 중점을 두어야 할까? 《애프터 코로나 비즈니스 4.0》은 이 문제에 대해 해결점을 찾아갈 수 있도록 플랫폼과 콘텐츠를 자세히 다루고 있다. 현 사회와 플랫폼과 콘텐츠의 상관관계를 이야기하며 플랫폼과 콘텐츠 사업모델의 다양한 종류를 소개한다. 또한 어떻게 해야 강력한 플랫폼과 콘텐츠를 만들 수 있을지 그 전략을 설명하며 앞으로의 미래 시장의 전망을 다루고 있다.

서울대 유기윤 교수팀의 미래 도시 빅피처

## 미래사회보고서

**유기윤, 김정옥, 김지영 | 14,300원**

**'플랫폼·인공지성·가상현실' 세 가지 재료로 2050년 미래 도시의 모습을 그리다**

이 책은 '플랫폼', '인공지성', '가상현실'이라는 세 가지 재료에 '인간의 본성'을 더해 아주 쉽고도 구체적으로 미래의 모습을 그려내고 있다. 미래의 도시가 어떤 궤적을 그릴지 누구도 단언할 수 없다. 한 가지 확실한 건 미래를 향한 변화의 속도가 정신 차릴 수 없을 정도로 빠르다는 점이다. 이러한 변화는 위기이기도 하지만 기회이기도 하다. 미래를 어떤 사람들이 지배하게 될지, 미래 도시의 모습은 어떨지 큰 그림을 알면 무엇이 기회가 될지 알 수 있다. 저자는 이 책을 통해 현재의 기술이 미래를 어떻게 바꿀지, 나아가 우리의 삶을 어떻게 변화시킬 것인지 미리 들여다보기를 권한다. 멀지 않은 30년 후 미래 세계를 예측해 보는 일은 나의 미래뿐 아니라 현재를 위해서도 반드시 필요하기 때문이다.